凝煉知識品味閱讀

幼兒數學教材教法

林嘉綏、李丹玲　著
蔡明昌、吳瓊洳　校訂

五南圖書出版公司　印行

校 訂 序

在面臨二十一世紀高度競爭的未來，我們究竟要培養甚麼樣的下一代？是培養僅能做快速、機械式反應的個體？還是可以做邏輯推理、批判思考的公民？在國內，坊間有關幼兒數學之教科書及參考書很多，但其內容多半以教師講授爲主。事實上，幼兒的生活主要是遊戲，因此在教授幼兒教學時，教師應將教材教法融入幼兒的實際生活經驗中，才能激發幼兒的學習動機，讓幼兒從小就在充滿趣味的環境中學習數學。

本書——「幼兒數學教材教法」是由北京師範大學出版社所出版，內容不僅從理論取向著手，來闡述幼兒數學概念的發展，更列舉了許多教學實例，供幼教工作者參考。

由於海峽兩岸五十多年來的分隔，使兩地在生活及用語上有很大的差異，因此，在閱讀大陸所出版的書籍時，讀者常常會因爲語言上的差異，有「無法甚解」的困難。爲了使本書能更適合國內讀者閱讀，我們在做校訂的工作時儘可能地將本書中一些大陸的術語修改成本地所熟悉的用法。但在另一方面，基於兼顧「信、達、雅」的考量，爲了不使著者的原意受到曲解，在讓讀者可以理解的前提下，我們也保留一些大陸的用語，使本書的精神得以詳實地呈現。

原書中的第十一章本爲「學前兒童數學教學的計畫和記錄」，內容包括了幼兒數學的教學計畫與評量時的記錄表格。由於本章內容可供幼兒教育者在實際教學時依循之用，爲了提供更多的實用內容，我們將之分爲第十一章「幼兒數學教學課程與活動設計」及第十二章「幼兒數學的教學評量」兩章詳述之，並增加了若干內容。至於原書中的第十二章「學前兒童數學教育的科研方法」，因其內容屬於教育方法論，與本書旨趣較不相符，故刪除之。

由於校訂者並非實際的幼教工作者，因此在校訂期間我們除了參考國內、外的幼教相關書籍之外，更積極訪談了幼稚園教師若干實際工作上的問題，希望能使本書更臻至善。雖然校訂者花費將近一年的時間對原書字句斟酌，但因才疏學淺，誤漏難免，敬請先進、學界朋友不吝指正。

蔡明昌、吳瓊洳

序於民國八十八年元月十七日

目　錄

緒　　言

幼兒數學教學是一門研究幼兒初步數學概念發展及其教育原則的科學。主要任務是在解決有關幼兒數學教育的理論及實際問題。

幼兒數學教學研究的年齡範圍應自出生至就讀小學之前（0～6歲）。

此階段數學教學的研究內容可包括以下幾方面：

(一)幼兒數學概念的產生

兒童自出生之日起就生活在充滿著數量、形狀、大小以及空間位置的世界裡。在和這些事物的交互作用中，幼兒的數學概念是怎樣產生的？何時出現？又以何種形式表現？這些都是幼兒數學教學應研究的重要內容。

(二)幼兒數學概念發展的一般原則及各年齡的發展特徵

如同幼兒的認知心理發展一樣，幼兒數學概念的發展也具有個別差異。但同一年齡階段（如 0～3 歲，3～6 歲）的幼兒，其數學概念的發展卻大致相同，表現出一定的發展趨勢。兒童的認知心理發展的一般原則是由具體到抽象，那麼幼兒期的自然數概念又是如何由具體至抽象地發展呢？又如辨別空間方位，幼兒期要經過一個什麼樣的發展過程？這些也都是幼兒數學教學研究的重要內容。

幼兒時期包括連續發展的各年齡階段（如 2 歲以前、2 歲、3 歲……等）。同一年齡的幼兒，儘管個別差異很大，但又具有大致相同的特徵。在另一方面，由於幼兒期是萌芽時期，各年齡之間的差異有時表現得十分明顯和突出，因此會出現了對某種數學概念和理解數量關係的加速期（飛躍期）。所以，除了研究整個幼兒期數學概念發展的一般原則之外，還應研究幼兒期各年齡的發展特徵。

㈢幼兒數學教學的理論及方法

幼兒數學教學的基本任務是對幼兒進行數學的啓蒙教育。研究幼兒數學概念發展的目的，在於解決幼兒數學教學的理論及方法，提供科學的心理依據。從教育的角度來看，幼兒數學教育尙需回答一系列的教育理論問題，如爲什麼要對幼兒進行數學教育（幼兒數學教育的意義）？幼兒數學教育的任務、內容、途徑及方法是什麼？它們的依據是什麼？這些教育理論問題就是教育的原則性問題，是幼兒數學教學首先需闡明的內容。本書（第一、二、三章和第十一、十二章）即在於闡述幼兒數學的基本理論問題。

在實際的數學教學方面，根據幼兒數學概念認知發展的理論和實際經驗，選擇和說明各年齡層數學教學內容和具體的教學方法，是實際教學工作不可缺少的。因此，本書第四章至第十章則分別探討各種教學法的問題。

總之，幼兒數學教學的研究對象，涉及了心理和教育的、理論和實際的範疇。它有別於純心理的科學，又不同於純技術的學科。而是強調以兒童心理發展爲依據，建立幼兒數學的教學體系，從而解決幼兒數學教學「教什麼？」「如何教？」「如何學？」以及「爲什麼？」等問題。

從研究對象可以看出，幼兒數學教學是一門具有理論性和實際性的學科。它與數學、幼兒心理學、認知心理學、幼兒教育學等都有密切的關係。因此，學習這門學科應綜合運用以上相關學科的知識，並實際運用到幼兒教學之中，才能達到預期的目的。

CHAPTER 1

幼兒數學教學的意義及目標

第一節
幼兒數學教學的意義

數學是現代科學技術的基礎和工具

數學是研究現實世界中空間形式和數量關係的科學。一個人的全部生活，包括食、衣、住、行、育、樂幾乎都離不開數學。最簡單的例子，像小朋友有幾隻手，班上有多少位小朋友等，均要用數量來表示。數學還廣泛地運用於音樂、科學技術等各個方面，甚至自然界的一切生物，像花朵、蝸牛等也可用幾何圖形的組合予以表示。所以伽利略曾說過：「數學是上帝用來書寫宇宙的文字」。人們還讚譽數學「是打開未來世界大門的鑰匙」。

近幾十年來，隨著現代科學技術的發展，特別是訊息論、控制論、電子計算機的產生和廣泛應用，更促進了各學科的發展。像生物數學的形成，涉及到數量遺傳學、數量生態學、數量分子生物學、數量分類學等。反之，生物的「數學化」也為數學的發展提供了肥沃的土壤，像生物統計學、生物概率論、生物運籌學、生物訊息論、生物控制論等新學科也相繼產生。社會科學也不例外，數學現在已被廣泛地運用於經濟學、語言學、史學、心理學、教育學和管理、通訊等各個領域中，從而提高了這些學科的科學性程度。

社會科學不能只是一種定性、描述性的科學，也不能只靠一個典型個案就來證明一個理論。換言之，社會科學不應忽視定量，科學的規律應該是把握大量的事實，從量的分析中引伸出來。因為沒有數量也就沒有質量，所以一個科學的理論，包括社會科學，應該是能夠而且必須進行定量和定性的分析，這就是質和量的結合。

未來科學研究的趨勢是兼重質與量，因此數學是社會科學現代化的重要基礎和工具。

數學是普通教育中一門重要的基礎課程，是每個人應具備的知識

由於數學在自然及社會科學中有重要的地位和作用，因此數學是小學和中學裡一門主要的基礎課程，也是一門工具課程。數學是學生學習其他科學知識，從事各種活動的必要知識和基礎工具。

從近二、三十年世界各國的教育改革動態，也可說明數學教學的重要性。像本世紀五〇年代前蘇聯第一顆人造衛星發射成功，震驚了全世界以後，歐美國家紛紛探討自己國家爲什麼落後，找到的原因中很重要的是在人才培養上，尤其是中小學的數學教學方面比前蘇聯落後。例如：一九八一年美國華盛頓郵報曾報導，在過去二十年中，日本、德國和前蘇聯政府的教育計畫提高了對數學的要求，而美國的中學和大學的數學課程卻降低了。前蘇聯中學畢業生，每年約有 500 萬人學過兩年微積分，而美國每年只有 10.5 萬的高中畢業生學過一年微積分，因此衆聲疾呼美國中學數學教學的落後。這一問題不僅存在於中學，甚至美國的早期數學教育也不例外。一九八六年一份對美國、日本、台灣幼兒數學水準的跨文化研究報告指出，美國的數學程度最低。如以國小五年級爲例，美國學生數學平均分數最高的班比日本學生數學平均分數最低的班還要低，甚至比台灣學生數學平均分數最高的國小一年級班的分數僅僅略高一點。可知，美國普通教育的數學程度不高，連美國聯邦政府官員也直言不諱。因而近二十多年，出現了世界各國的「新數學教育」改革運動。目的即在提高普通中、小學學生的數學水準，藉以改善普通教育中的基礎課程。

幼兒數學啓蒙教育使幼兒能正確地認識周圍的世界

在幼兒所生活的世界中，周圍環境的形形色色物體均有一定的數量，有一定的形狀，而大小也各不相同，並以一定的空間形式存在著。因此，幼兒自出生之日起，就不可避免地要和數學打交道。因此我們必要教導幼兒掌握一些簡單數學的初步知識和技能，使他們更能認識客觀事物。並使他們在與他人交往之際，能解決生活中遇到的各種問題。例如，在生活中，幼兒常用「大小」來判別、表示和索取物體。如：「我要大的！」幼兒總是喜歡這樣來表示他們的願望。「請玲玲給媽媽搬個圓凳子！」此時幼兒需要具備簡單的圖形知識才能完成任務。例如，要認識小白兔的外形特徵也離不開必要的數學知識，因為幼兒必須知道小白兔有兩隻長長的耳朵、兩隻紅眼睛、三瓣嘴、四條腿，還有一條短尾巴。這裡 1、2、3、4 都包括在內了。又如早操兒歌：「早早起，做早操，伸伸腿，彎彎腰，兩手向上舉，還要跳一跳。」其中包含了對時間（早上）、數（兩手）、空間定向（向上）等方面的簡單數學知識。所以向幼兒進行初步數學教學能使幼兒正確認識他們所生活的世界。

幼兒數學啓蒙教育能為日後小學學習數學奠定有利的基礎

由於數學是現代科學技術的基礎和工具，又是普通教育中的一門重要的基礎課程，那麼在幼兒入學前進行數學的啓蒙教育，將有利於幼兒順利地在小學學習數學，並提高數學學習的基本能力。入學前受過一年學前教育的幼兒不僅在學習習慣，言語的發展以及品德行為等方面優於未受過幼兒教育的幼兒，而且在語文和數學兩門主要科目上成績的差距也很明顯。

有的研究認爲，小學生數學能力的發展與初入學時的數學水準有密切關係。一年級小學生如果在初入學時就會正確地計數、倒數，具有初步的數概念，會 10 以內的數分解、組合，以及在此基礎上進行 10 以內的加減，而不是逐一計數水準上的加減，那麼他們在以後數學的多位數、小數和分數的學習上，都能表現出較高的理解能力和計算能力。反之，則計算能力差，解答應用題的能力更差。

若從一入幼稚園就進行一些初步的數學訓練，到十三、四歲時，他們的數學成績比未經過幼兒期訓練的同齡人還要好。

以上情況說明，幼兒初步數學教學對幼兒進入小學，甚至中學的數學學習均具有正面影響，並奠定了學習的基礎。

第二節 幼兒數學教學的目標

向幼兒進行數學教育，是發展幼兒智育中不可缺少的部分。尤其在面對二十一世紀的未來世界，諸多國家爲因應社會變遷，以培養能適存於未來社會的公民，因此在幼兒的數學教學上，大多強調以培養思考與解決問題能力之教學取向。總體而言，幼兒數學教學的目標是在對幼兒進行數學的啓蒙教育，藉由幼兒在學習基本的數學知識和技能中，來發展幼兒的思維推理能力，進而爲未來的學習數學創造有利的條件。爲此，根據幼兒認知發展的特點和社會需要，提出以下幾項數學教學的目標：

幫助幼兒獲得初步的數學知識和技能

傳授簡單的數學初步知識和技能是幼兒教育的重要任務。幼兒學習的簡單數學初步知識主要包括：感知集合及元素；認識 10 以內數和初步掌握 10 以內數的組成；初步學習 10 以內數的加減法；初步認識一些簡單的幾何形體；初步認識一些常見的量，以及空間方位和時間方面的一些簡單知識。

幼兒學習簡單的數學初步技能主要有：對應、計數、簡單加減和自然測量等。

幼兒學習的數學知識和技能與小學數學的要求有很大差異。小學數學教育的目的之一，是使學生掌握數的最基礎知識和技能，而幼兒學習的內容僅是爲這個基礎知識和技能做準備的一些簡單的數學知識，這些簡單的數學知識，只具有數學的啓蒙作用，還不屬於數學的基礎知識範圍。小學數學教材中數學基礎知識、包括了算術知識（整數、小數、分數、百分數、比和比例）、代數初步知識（用口表示某數、簡易方程式）、幾何初步知識（一些簡單的幾何形體及周長、面積、體積的求法）等。幼兒所涉及的僅是自然數中最簡單的知識——10 以內數。又如小學數學要求學生掌握的基本運算技能，包括對整數、小數、分數的四則運算，以及會解簡易方程式等，而要求幼兒的僅是 10 以內的加減運算。

事實上，幼兒本身從小就具有接受簡單的數學初步知識的可能性了，爲什麼呢？首先，幼兒在早年生活中已接觸並積累了大量有關數學方面的感官經驗，這是幼兒數學教學的重要前提。幼兒在很小的時候，用手抓東西，有的能握在手中，有的卻拿不住；不同形狀的東西有的能站住不動，有的卻滾掉了；淘氣時，一會爬到桌面上，一會又鑽到桌子下面，新奇地探索著不同的空間；各種玩具，積木又以鮮艷的色彩、不同的形狀、大小和數量吸引著他們。總之，他們生活所接觸到周圍世界中五彩繽紛、形形色色的物體無不在他們幼小心靈中累積了豐富的關於數、形、時、空方面的感官經驗。這些均能引起幼兒對數學知識的興趣和探求，爲學習初步的數學知識提供了感官經驗和基礎。其次，國內外大量的實驗研究證明，三至六歲的幼兒已經能夠理解一些最初步的數學知識，特別是五歲以後更是初步數概念迅速發展時期。例如，在正確教育下，四至五歲幼兒能理解 10 以內數的實際涵義，並能不受其他因素的干擾，準確地理解 10 以內的數。五歲半以後，隨著幼兒抽象思維的初步發展，幼兒掌握數概念的抽象程度有所提高，此時他們可以不用完全依靠直觀的方法就可以理解數量關係，並在一定抽象層次上掌握 10 以內數的組成和加減運算。本書從第四章開始，均有專門的一節，闡明幼兒認識有關數學知識發展的過程。

發展幼兒思維能力

智力是人類創造發明的主要內在因素。智力的早期開發對提高人口素質具有重要的作用。在當前科學技術快速發展的時代，培養年輕一代具有獨立獲得知識的能力，已成爲全世界教育關心的課題，也在我國幼教改革中引起廣泛的注意。日本早在四〇年代，就規定把學生的主動探索精神、邏輯推理能力和處理問題的能力，作爲小學理科教學的第一目的。美國著名的心理學家布魯納認爲，一個好的數學課程重要的是要爲幼兒提供智力的訓練，美國的幼兒數學教育，十分重視環境的佈置，讓幼兒在操作具體材料的過程中進行探索，經由自己的思維活動，達到建構數學知識的目的。

一般而言，智力是指由感知、觀察力、注意力、記憶力、想像力、思維能力和語言能力所組成的一種綜合的能力。其中思維能力是尤其是智力的核心部分。

發展幼兒的思維能力有許多途徑，幼兒初步數學教學是一個重要而有效的途徑。主要是因爲數學本身具有抽象性、邏輯性以及廣泛的應用性等的特點。例如，數學具有抽象性，因爲數學在研究量的關係時，總是暫時捨去事物所具有的許多具體的特點，而抽象地探討事物的量。乍看之下，好像數學所探討的量和具體事物無關，然而事實上它卻是從許多具體事物中抽象出來的一種普遍關係。例如：自然數3，它可以代表3個皮球、3隻小雞、3架飛機、3朵花……等一切數量爲3的事物的集合。因此，3這個數就是從元素爲3的具體物體集合中捨去了皮球、小雞等具體的特點，僅抽象出它們數量關係的結果。

思維按其抽象性可分爲感覺動作思維、具體形象思維和抽象邏輯思維。在幼兒時期，感覺動作思維發生變化，具體形象思維成爲幼兒思維的主要特徵，抽象邏輯思維此時開始萌芽。思維又具有敏捷性、靈活性、深刻性、獨創性和批判性等特質，是衡量思維層次的依據。

以下對思維活動的態度、思維類型以及思維的特質三方面來探討幼兒思維特點及發展趨勢，並提出在幼兒數學教學中發展幼兒思維的具體原則。

㈠應透過教學來激發幼兒思維的積極性和主動性，就是指使幼兒願意動腦筋思考問題。幼兒思維活動的積極性和主動性是獲得數學知識和技能以及發展思維能力的基本前提，是智力發展的一個重要的因素。

㈡運用幼兒的具體形象思維，來促進幼兒思維抽象能力和推理能力的發展。具體形象思維是指依靠相關事物的具體形象或表象進行思維。具體形象思維是幼兒期的主要思維方式，它是以感覺動作思維爲基礎加以發展的，同時又成爲抽象邏輯思維的基礎。幼兒初步數學概念的獲得，首先應充分運用具體形象思維。例如，運用不同材料，透過各種活動形式，讓幼兒反覆地去感受同樣數量的多種物體，在取得豐富的感官經驗的基礎上，初步歸納出在數量方面的共同特徵。這是依靠具體形象思維爲基礎的最初步的數抽象。當然，在這個過程中幼兒的具體形象思維也進一步得到了發展。

在數學教學中，發展幼兒的思維應不限於此，重要的是還要在這個基礎上，發展幼兒思維的抽象能力和推理能力，這是發展幼兒思維的一個重要內容。思維的抽象能力和推理能力是較高層次的能力，這種能力的發展離不開具體形象思維，但與具體形象思維又有分別。長期以來，我們習慣稱爲促進幼兒初步「邏輯思維能力」的發展，在此，我們不如此稱呼，而是把它具體化爲幼兒思維的抽象能力和推理能力，一是因爲事實上抽象邏輯思維主要就是表現在思維的抽象概括能力和推理能力；二嚴格說來，幼兒的邏輯思維能力還有限，僅是初步發展；三是思維的抽象能力和推理能力比較具體，便於教育工作者理解和實施。

促進幼兒思維初步抽象能力和推理能力的發展是可能的。近年來，從一些心理和教育的實驗來看，亦證明了發展幼兒初步抽象思維能力和推理能力的可行性。一項以長度守恆、體積守恆、面積守恆、容積守恆、重量守恆、數量守恆等爲內容，研究幼兒推理能力的發展的研究。結果發現幼稚園大班的幼兒已初步具備了推理能力，顯示了幼兒邏輯推理的可接受性和培養的可能性，研究並建議用操作、遊戲等方法，讓大班的幼兒透過自己的體驗，來啓發、誘導幼兒對守恆概念有個初步的認識，以促進幼兒推理能力的發展。

㈢培養幼兒思維的敏捷性和靈活性。這是幼兒在數學活動中能力所及的。敏捷性指思維活動的速度，即反應的快與慢。靈活性指思維的靈活程度，即善於改變思維的方向，從不同方面思考問題，靈活運用知識。例如，讓小班幼兒找一找自己身上什麼東西是兩個的（兩隻眼睛、兩隻手、兩隻腳、兩隻耳朵等）；讓中班幼兒用不同的方法使相差爲 1 的兩排物體變成一樣多（給少的一排物體添上一個或從多的一排物體中取走一個）；大班的幼兒可對不同顏色和不同形狀甚至不同大小的幾何圖形進行多種角度的分類（可按顏色或形狀或大小）等等。這些活動均要求幼兒改變原來的思維方向，從不同方面對同一對象進行觀察、思考，才能作出正確的回答。

幼兒數學教學應把發展幼兒的智力這一任務放在顯要的地位。就某種意義而言，它比掌握簡單的數學知識更爲重要。事實上，幼兒所能接受的數學知識是很有限的，然而在幼兒獲取數學知識過程中，若能特別注重幼兒思維能力的啓迪，這將對幼兒日後的學習和成長產生很大的影響。

然而，長期以來，這種在幼兒數學教學實際中發展幼兒智力的觀念並未引起人們的普遍重視。以中國大陸而言，雖然早在一九八一年制定了《幼稚園教育綱要》，在試行草案中，明確地包括了「……發展幼兒初步邏輯思維的能力，培養幼兒思維的準確性、靈活性、敏捷性」的要求，但實際上人們往往只重視數學知識的傳授，而忽視發展思維的重要性。一九九一年中國大陸對全國七個地區（包括城鄉）的一千零九十三名平均年齡爲六歲三個月的即將入小學的幼稚園大班和學前班幼兒進行數學調查，其結果是知識型的數學測試題（基數、序數、數字、辨認幾何圖形等）平均得分率爲70.5%，而智力型試題（推理、守恆、找規律等）的平均得分率只有40.8%。由此我們得出了這樣一個結論：經過幼兒教育的幼兒，在數學知識方面已爲入小學做了較好的準備，但學習數學的思維能力的發展卻明顯不足。

如何在數學教學中發展幼兒的思維能力？除了以上所針對發展思維的要求予以具體化之外，還應從幼兒數學教學的內容和方法等方面著手，才能使幼兒數學教學發展思維的任務得以達成。這些問題將在以下有關章節予以說明。

培養幼兒對數學活動的興趣和良好的學習習慣

興趣是人們在探究、學習某種事物時，所抱持的一種興奮、熱切的情感傾向。它是幼兒學習基本數學知識、發展思維能力的內在積極因素。幼教知名學者 David Elkind 所言甚是：「在任何時候，一盎司的動機都等值於一磅的技巧。」幼兒若對數學有興趣、有動機，他就會自動地探索、研究、思考、驗證。

古今中外偉大的科學家或傑出人士，他們的創造和成就，往往和其所從事的事業具有強烈的興趣有關。德國大數學家高斯在幼年的時候就對數學產生了濃厚的興趣，興趣激勵他攀上數學的高峰。達爾文童年時被視爲「呆頭呆腦」的兒童，正由於他對動、植物有濃厚興趣，促使他成爲一個偉大的生物學家。所以，天才的奧秘就在於強烈的興趣。

興趣又是幼兒從事一切活動的主要特點。那些有鮮明色彩、形象、變化多端的事物容易引起幼兒興趣和學習的意願。但是數學的抽象性，恰好又缺乏這些引起幼兒興趣的有利條件，數學活動若組織得不好還易造成枯燥乏味的現象。因此，培養幼兒學習數學的興趣成爲幼兒學好數學基本知識的敲門磚。

興趣是可以培養的。一般說來，幼兒對數學活動的興趣是和成年人正確的引導、適當的數學內容、方法及良好的活動方式成正比的。教師應該研究和掌握能引起幼兒學習數學興趣的因素，主要有以下幾點：

㈠選擇適合幼兒學習的內容

幼兒教學的內容應是在他原有知識基礎上，經過一定的努力就能掌握的，太難或太容易的知識都會降低幼兒的學習興趣。

㈡使用能引起幼兒積極思維活動的活動形式和教學方法

一切數學的活動，必須使幼兒付出努力，盡力獨自完成任務，才能吸引幼兒。遊戲活動、啓發式教學和操作探索等都是引起幼兒積極思維活動的重要方法。

㈢提供多樣化的具體材料、玩具和教學形式的新穎性

由此可見，科學的數學內容和智力上的要求與具體手段相結合的方法是激發幼兒學習數學興趣的正確途徑。我們要捨去只是純粹依靠外部因素的刺激就想引起幼兒興趣的片面觀點，只純粹依靠玩具、遊戲的花樣翻新來迎合幼兒的好奇心是不夠的。當然，各式各樣的具體教具是引起幼兒學習數學興趣不可缺少的因素。但是教具的運用要服從具體的教學要求，不是越多越好。

另外，在培養幼兒學習數學興趣的同時，應有意地訓練幼兒做事認眞、有條理、能克服一些困難和有始有終等良好的學習習慣，因爲這些習慣的培養是和學習的興趣相關聯的。良好學習習慣既是順利從事數學學習所必備的，也是小學學習的重要準備工作。

向全體幼兒進行數學啓蒙教育，使每個幼兒在原有基礎上獲得不同程度的發展

對全體幼兒實施全面發展教育，是幼稚園的主要任務之一。向全體幼兒進行數學啓蒙教育，是幼兒教育工作者的職責和任務。但是在向全體幼兒進行教育的同時，還應力求讓每位幼兒在自身原有的基礎上，獲得不同程度應有的發展。

此一任務的提出是與教育者的幼兒觀相聯繫的。長期以來我們強調的是教育者在實施有目的、有計畫的教育活動中的主導作用。但是

另一方面，卻忽視了幼兒在接受教育時的主體性。亦即在受教育過程中幼兒透過活動自己探索知識，認識周圍世界的主動性的一面；雖然理論上承認幼兒的個別差異，而實際上卻忽視了幼兒的個別需要。因而在幼兒數學教學中往往出現一種不良傾向，就是老師灌輸得多，啓發幼兒主動探索得少；統一要求多，因材施教少。幼兒教師應努力使每位幼兒在其原有基礎上確實地得到進一步的發展。

使每個幼兒在自身的基礎上，獲得不同程度發展，並不是降低對幼兒的要求，而是使數學教學能從不同的起點，獲得最大限度的發展。經過努力，有的幼兒也許只能達到一般的水準，有的則可以達到較高的水準。

爲了使每位幼兒在自身的基礎上獲得應有的不同程度發展，無疑地是對教師提出了更多、更高的要求。教師不僅要瞭解幼兒在數學概念方面的一般發展規律和年齡特點，而且還要瞭解班上每位幼兒的實際程度；不僅要全體幼兒參加團體活動，還要特別注意有利於每位幼兒發展的小組和個別活動；不僅要懂得進行數學教學的一般方法，而且還要研究適合個別幼兒的教學方法等。

促進幼兒的推理與解決問題的能力

所謂「解決問題」，是指在一個不熟悉的情境中，思索並尋求解答的一種歷程。學習數學不僅要理解概念與技巧，而且還要能夠靈活地運用於實際的生活情境之中。今日的幼兒是要面對比現在更劇烈、更高度競爭的社會，因而我們所希望培養的是具有流暢思維、推理與創造能力的幼兒，使他們能自信無畏地面對瞬息萬變的社會與困境，而非一位欠缺思考能力、凡是依賴、處處聽命，面對困難畏縮退避、束手無策的幼兒。

如果促進幼兒的推理與解決問題的能力是幼兒數學教學的目標，

那麼無庸置疑地，在幼兒期我們就應該爲幼兒創造有利的數學教學環境，並爲幼兒提供必要的物質條件。

幼兒的心理狀態，是在和周圍的人們相互作用、活動之中發展起來的，在數學活動中幼兒可與周圍人們（成人、老師、同伴），以及事務發生相互作用，從而引起幼兒的積極思維活動，促進幼兒探索和建構數學知識。這種相互作用的過程，就是幼兒積極學習數學知識。同時幼兒的數學活動，離不開可供操作的材料，如各種實物、玩具、圖片、卡片等。對材料的操作，能使幼兒具體地理解數學概念，直覺地體驗到物體的形狀、數量以及它們的關係等等。這一點，恰好是抽象的數學概念及其符號所不能比擬的。材料是通向抽象數學世界的橋樑。因此，爲幼兒創造數學學習的環境和條件，不應僅僅看作是一個可有可無的具體措施，而要將它視爲是幼兒數學教學的重要任務。

上述幾項任務，彼此是有區別卻又相互有聯繫的。因爲我們不可能脫離數學教學的內容只是空談培養幼兒對數學活動的興趣和發展思維能力以及促進每個幼兒的發展。當然，如果對數學學習沒有興趣，感到厭倦，那麼就算學好數學知識和技能以及發展智力也無從興趣。同樣的，如果只重知識而輕能力，也會造成呆板死記，扼殺幼兒智慧發展的不良後果。所以創造數學教學的優良環境和條件，是確保實現各項任務的重要前提。

思考與練習

1.爲什麼要向幼兒進行數學啓蒙教學?

2.幼兒數學教學的任務是什麼?爲什麼要提出這些任務?

3.試述數學教學中發展幼兒思維的重要性，並舉例說明發展幼兒思維能力的具體原則。

CHAPTER 2

幼兒數學的教材內容

第一節 選擇幼兒數學教材內容的根據

爲了要達到完整的幼兒數學教學目標，幼稚園老師所提供的數學教材應多樣化。在選擇幼兒數學教材內容時，一方面既要配合幼兒對數學概念的認知發展，另一方面也要符合學科本身的知識體系。因此，如何選擇適當的幼兒數學教材，是今日幼稚園老師所要研討的課題。下面先來探討選擇幼兒數學教材時所應依據的幾項原則：

符合幼兒數學教育目標

前章所述幼兒數學教學的目標是根據針對幼兒教育所頒佈的法規精神所提出的。主要在幼兒促使發展全面的教育，尤其是智育方面的表現。由於一定量的數學教學內容能保證幼兒數學教學目標的達成。因此，教師在選擇內容時應確實考慮到幼兒數學教學的目標。

符合幼兒數學教學最基本的知識

幼兒數學教學內容的選擇，首先應是數學方面的，而不是與數學無關的知識，且還應涉及到數學研究的對象，而不僅限於自然數，需是一些簡單的數學基本知識。因此，所選取的各項內容，除了認識 10 以內數及其加減外，還包括常見量的初步知識以及空間方位和時間的簡單知識。將這些知識列入幼兒數學教學的內容，是因爲它們均屬於數學的研究範圍。「 量 」是指物體或現象所具有的可定性區別或測定的屬性，如：長度、體積、時間、速度、溫度等，這些都具有可以比較和測定的屬性，所以都是量。量可以分爲不連續量和連續量兩種。能用個數數出來的量叫不連續量，如：小朋友的人數、蘋果和花朵的個數等，都是不連續量。不能用個數數出來的量叫連續量，如：長度、體積、時間、重量等。連續量要用測量的方法來確定它的程度。因此，幼兒數學教學的內容除了包括 10 以內自然數，也規定了對常見量、時間、空間和測量等方面的簡單知識。

符合幼兒日常生活及入小學所作準備的各種需要

幼兒數學教學內容的選擇，還必須考慮到幼兒日常生活以及認識周圍事物所需要的一些數學基本知識，這些內容同時又能爲入小學學習數學作準備。不會數數，不認識數就不能回答屋子裡有幾把椅子、樹上有幾隻小鳥等問題，甚至日常生活中遇到問題也難以作答。同時，很難想像不能正確的理解 10 以內數的幼兒能學好百以內、萬以內數以至多位數。同樣地，也很難想像若不會準確進行 10 以內的加減運算，要如何能順利地學習乘除。所以在幼兒入學前進行 10 以內數及加減法的教學是幼兒日常生活和爲入小學作準備的一個重要內容。幼兒數學教學其它方面的內容同樣也是在爲小學數學的學習做準備。

符合幼兒數學概念的認知發展

幼兒要能掌握一些基本的數學概念是必須經過一定的發展過程的，這一發展過程具有普遍規律性和年齡特徵。不論是在目標的確定、內容的選擇以及方法的運用上，均應配合幼兒數學認知發展。從教育學角度而言，幼兒對數學概念的認知發展可稱之爲掌握某種數學知識的可能性，即接受能力，這一可能性是科學研究的結果，不是主觀臆斷或單純憑藉經驗所能證明的。因此，幼兒對數學概念的認知發展應是選擇幼兒數學教學內容的參考點之一。例如，心理學研究證明，幼兒在掌握自然數的基數（有幾個）和序數（第幾個）兩方面的涵義之前，要經過感知集合和排序的數前準備階段，而且認識基數的能力要早於掌握序數。所以小班幼兒的數學教學是從分類和排序開始，然後再進入認數，而且認識 10 以內數包括了認識基數和序數的要求，在順序安排上是先認識基數以後再認識序數。又如，研究證明幼兒能手口一致地正確數數後說出總數，一般要到三歲半左右才能做到，而且只限於小數量，所以小班幼兒認數內容選擇在 4 以內，並安排在小班的後期，經過感知集合的教學以後進行。但在不同地區、文化背景以及同一個班級中的不同幼兒存在著差異，教師應從實際著手，靈活地安排上述教學內容，使每位幼兒經過一定的努力均能獲得不同程度的發展。

第二節 幼兒數學教學的內容

按照選擇幼兒數學教學內容的依據並參考了國內外有關的理論及經驗以及對幼兒數學教學內容的實驗研究，對幼兒數學教育內容提出以下建議：

幼兒數學教學內容的項目及範圍

幼兒數學教學內容包括：感知集合、數、形、量、時間和空間等幾方面，主要項目及範圍爲：

(一)感知集合

1.物體的分類；

2.認識「 1 」和「 許多 」及其關係；

3.比較兩個物體組數量的相等和不相等。

(二) 10 以內的數

1.10 以內基數（包括數的實際涵義、數的守恆、相鄰數和 10 以內自然數列的等差關係等）；

2.10 以內的序數；

3.10 以內數的組成；

4.認讀和書寫 10 以內阿拉伯數字。

(三)10 以內的加減法

(四)簡單的幾何圖形知識

1.平面圖形：圓形、正方形、三角形、長方形、半圓形、橢圓形、梯形；

2.立體圖形（幾何體）：球體、正方體、圓柱體、長方體；

3.圖形之間的簡單關係。

(五)量的基本知識

1.比較大小、長短、高矮、粗細、厚薄、寬窄、輕重、容積等；

2.量的正、逆排序；

3.量的守恆；

4.量的相對性和傳遞性；

5.自然測量。

㈥空間方位基本知識

1.空間方位：上、下、前、後、左、右，遠、近等；

2.空間運動方向：向前、向後，向左、向右，向上、向下。

㈦時間基本知識

1.區分早晨、晚上，白天、黑夜，昨天、今天、明天，一星期七天的名稱及其順序；

2.認識時鐘：時鐘的長針和短針及其功用，認識整點和半點。

各年齡班的數學教學內容

以上各項內容和範圍，應按各年齡層幼兒基本數學概念發展的層次，妥善安排到各年齡班，以便實施（見下表 p24）。

第三節
數量關係與幼兒思維發展

透過數學教學發展，幼兒思維是一個相當重要的綜合性課題。因爲它涉及到幼兒數學教學的任務、內容以及方法等諸方面的理論與實務。在前一章裡，我們在幼兒數學教學的目標中，具體說明了發展思維能力的重要性和要求，只是解決這一問題的開端。究竟幼兒數學教學內容如何促進思維的發展，則是本節要探討的問題。

多年來，一些幼教理論和實際工作者，對數學教學如何發展幼兒思維進行了研究和實驗，各地幼教刊物時常也見到相關文章。這些研究共同的特點，是從改革教學方法著手，探索並創造啓迪幼兒思維的

各年齡班數學教育主要內容簡表

年齡班＼內容	感知集合	10以內的數	10以內的加減	量的知識	幾何形體	空間方位	時間
小班	1.從一堆物體中，根據範例和指示分出一組物體。 2.按物體的某一特徵（顏色、大小、長短、形狀等）分類。 3.區分並說出「1」和「許多」，並理解其關係。 4.學會對應並在此基礎上不用數進行兩組物體多、少、一樣多的比較	1.手口一致地點數4以內物體。 2.按數（4以內）取物		1.比較大小、長短、高矮不同的兩個物體。 2.從5個以內物體中找出並說出最大的和最小的物體。 3.按物體外部特徵（如顏色、形狀）或量的差異（如大小、長短、高矮）進行3個特體的正排序。	1.認識圓形、三角形和正方形。能根據圖形的名稱取出圖形，並說出名稱。	1.以自身爲中心區別上下方位。 2.認識並說出近處物體的上下位置。	認識早晨、晚上、白天、黑夜。
中班	1.按物體的某一特徵（如高矮、粗細、厚薄、輕重）分類。 2.按物體的數量分類。	1.正確點數10以內物體。 2.理解10以內相鄰兩數的多「1」和少「1」的關係。 3.認識10以內數的守恒。 4.認識10以內序數 5.認讀10以內阿拉伯數字。		1.比較粗細、厚薄、輕重不同的兩個物體。 2.從幾個物體中找出等量的物體。 3.按物體量的差異和數量的不同進行5以內正、逆排序。	1.認識長方形、橢圓形和梯形。 2.能按平面圖形角和邊的數量正確辨認不同大小、顏色和擺放位置的圖形（形的守恆） 3.基本理解平面圖形間的簡單關係。	1.以自身爲中心區分前後方位。 2.以客體爲中心區分前後方位。 3.會按指定的方向（向上向下，向前向後）運動。	認識昨天、今天和明天。
大班	1.按物體的兩個特徵分類和自由分類。 2.在分類過程中基本理解類與子類、整體與部分的關係。	1.學習倒數、接數和按羣數數。 2.認識三個相鄰數的關係及10以內自然數列的等差關係。 3.正確書寫10以內的阿拉伯數字。 4.學習10以內數的組成，理解總數與部分數的等量、互補和互換關係。	1.學習解答和自編簡單的（求和、求剩餘）口述應用題 2.學習用數的組成知識進行加減運算	1.比較大小、長短、高矮不同的兩個物體。 2.從5個以內物體中找出並說出最大的和最小的物體。 3.按物體外部特徵（如顏色、形狀）或量的差異（如大小、長短、高矮）進行3個特體的正排序。	1.認識圓形、三角形和正方形。能根據圖形的名稱取出圖形，並說出名稱。	1.以自身爲中心區別上下方位。 2.認識並說出近處物體的上下位置。	認識早晨、晚上、白天、黑夜。

有效經驗。這是透過數學教學來發展幼兒思維不可缺少的方法，但不是唯一的，因爲幼兒數學教學內容中也蘊含著有利發展思維的因素。

兩種觀點

如何改革幼兒數學教學的內容使之有利於發展思維，存在著兩種不同的觀點。

一是主張量增加的觀點。主張擴大幼兒數學教學內容的範圍，增加知識量，藉以促進思維的發展。如學前期學到 20 以內加減，甚至乘除等。

一是主張質提高的觀點。主張在不增加現有幼兒數學教學內容範圍的前提下，找出現有大綱內容中有利於發展幼兒思維的內在因素。

數量關係是促進幼兒思維發展的有力因素

現有幼兒數學教學內容中有利幼兒思維發展的因素是數量關係。我們的任務是強調和說明現有內容中所蘊含的數量關係，使幼兒在學習簡單的數學知識時藉著理解這些數量關係，從而達到促進幼兒思維發展的目的。

我們認爲，幼兒掌握數學知識有兩種層次：一種是記憶層次上的掌握。這種學習，知識間缺乏聯繫，主要靠反覆練習，機械地記住知識，並不理解數量之間的關係，不掌握原則，因而知識不能遷移；另一種是理解層次的掌握。它包括了理解數量關係，掌握原則，從而運用推理方式獲取新的知識。

例如：自然數列中的等差關係，是一種數量關係。幼兒認識 10 以內數時，先認識各數的形成，再比較兩個相鄰數之間多 1 少 1 的關係，進而比較三個相鄰數之間的關係，最後理解按順序排列的 1 ～

10 的數，其中任一個數都比前面一個數多 1，比後面一個數少1，這就是對自然數列等差關係的理解。幼兒理解了這一關係，有利於運用這一規律性的知識進行推理，從而認識 20 以內的數甚至更多的數，並對 10 以內的數達到理解層次的掌握。反之，只要求幼兒記住單獨的一個數，而不知其中的關係，就談不上知識的遷移和應用了。

由此可見，數量關係反映了數學知識間的內在聯繫及其規律性。幼兒掌握現有大綱內容中的數量關係，一方面加深了對有關數學概念的理解，另一方面它要求相應的思維層次，從而促進思維抽象能力和推理能力的發展。因此，掌握基本數學知識中的數量關係，是數學教學內容的核心。

幼兒數學教學內容中的數量關係

幼兒數學教學內容中蘊含著哪些數量關係？總體上可歸納爲以下十二種主要關係：1 和許多關係、對應關係、大小和多少關係、等量關係、守恆關係、可逆關係、等差關係、互補關係、互換關係、傳遞關係、包含關係以及函數關係。這些數量關係已列入本章第二節的各年齡班數學教學內容簡表之中，下面再作進一步綜合說明。

(一)小班

1.1和許多關係

幼兒不僅認識什麼是 1（個、隻等）什麼是許多（個、隻等），還應強調理解許多可以分成 1 個、1 個、又 1 個……，1 個，1 個，又 1 個……合起來就成了許多了。

2.對應關係

在幼兒未認識數之前，對應關係是比較兩組物體數量多少的唯一方法，也是算數的基礎。小班幼兒不會數數時，卻能用對應的方法正確地回答什麼多，什麼少。如一隻小兔吃一個蘿蔔，看看小兔和蘿蔔誰多誰少還是一樣多。同樣，每朵花上停著一隻蝴蝶、一個杯子配一個蓋子、一個小碗內放一隻匙子等等均可幫助幼兒掌握對應關係。

3.大小、多少關係

數和量存在多少和大小的關係，它使物體從數或量上作出區別。如大皮球和小皮球、粗的棍子和細的棍子、 4 多 3 少等。

(二)中班

1.10 以內數中相鄰兩數的關係

這是理解自然數列中等差關係的起步，是在認識 10 以內數的過程中同時完成的。小班認數只比較相鄰兩數的多少，並不要求明確的多幾少幾，而中班應強調出相鄰兩數間的多 1 和少 1 關係。如 5 與 4 比，5 比 4 多 1 ，4 比 5 少 1 。

2.等量關係

是指整體可以分成若干相等或不相等的部分，各部分之和等於整體。在中班主要是表現理解平面圖形之間的簡單關係上。如一個正方形可以分成兩個長方形或三角形等。這種圖形之間的變換能發展幼兒對空間的想像力及思維的靈活性。

3.守恆關係

在中班主要要求做形和數的守恆。形和數的守恆是指圖形或物體數目不因物體外部特徵和排列形式等的改變而改變。數守恆是對 10 以內數認識的抽象化。形守恆是對圖形特徵認識的抽象化。

4.可逆關係

指從正反兩個方向進行排序或運算。中班幼兒進行量的排序時，可進行由小到大（短到長等）的正排序，還可進行由大到小（長到短等）的逆排序。排序中的可逆關係可培養幼兒思維的靈活性和逆向思維。

(三)大班

1.等量關係

物體、形和數的二、四等分，數的組成中總數與兩部分數之間均存在等量關係。

2.保留關係

有了中班形和數的保留的基礎，大班可透過量的保留進一步提高幼兒思維抽象能力和概括能力。如長度保留、容量保留（水、泥團）等。

3.可逆關係

除物體量的正逆排序外，大班還有數的逆排序（倒數），加和減互爲逆運算等。

4.等差（雙重）關係和相對關係

大班認識三個相鄰數的關係後，進一步認識 1 ～10的數列中任意一個數均比前一個數多 1 比後面一個數少 1 ，這是自然數列的等差關係。物體量的排序中也同樣存在著等差關係。等差關係是對數或量關係的抽象，同時等差關係中包含了相對關係。在數或量的序列中任一個元素均具有相對性。如 3 、 4 、 5 三個數，中間的 4 不能絕對的說它是大或小，它與 3 比就大，與 5 比就小。

5.互補關係

指當整體分爲兩部分時，部分之間存在著消長、增減關係。在數的組成中，兩個部分數之間就存在著互補關係，即一個部分數減 1 ，另個部分數加 1 ，而總數不變，這是一種原則，掌握它則有助於幼兒自己運用推理，來探索 10 以內各數的組成。

6.互換關係

指部分位置的變化不影響整體。數的組成和加法均存在互換關係。如 5 可以分成 2 和 3 ，還可分成 3 和 2 ，其中 2 、 3 交換位置總數不變。加法中的加法交換律同屬此理。

7.傳遞關係

可理解爲因爲 A＞B，B＞C，所以 A＞C。這種傳遞關係也是簡單的推理過程。大班幼兒在進行數或量的比較時，均可同時進行傳遞關係的探索。如三支不等長的鉛筆（A、B、C），讓幼兒直接地對 A 和 B 作比較，說出 A 比 B 長後，取走 A 出示 C，再作 B 與 C 的比較，幼兒仍能輕易地判斷 B 比 C 長，這時在不出現 A 的情形下，讓幼兒回答：第一支筆（A）和第三支筆（C）比誰長、誰短，爲什麼？對此，大班幼兒能作出正確的判斷 A 比 C 長，但對說出理由開始會有困難。成年人可引導幼兒理解，因爲第二支筆（B）比第一支筆（A）短，第三支筆（C）又比第二支筆（B）短，所以第三支筆（C）比第一支短的道理。

8.包含關係

整體包含部分，部分包含於整體，它們之間是從屬關係。總類（集）和子類（子集）之間存在包含關係。如全班小朋友是總類，班上的女孩子和男孩子分別都是子類，全班小朋友裡包含了全體女孩子和全體男孩子，小朋友多女（男）孩子少。大班幼兒進行分類時，引導幼兒理解這一包含關係，有利於幼兒理解數目的包含關係以及思維抽象概括能力的培養。

9.函數關係

當整體分成相等的部分時，份數越多則每份數越少，反之每份數越大份數則越少，這種份數和每份數之間的關係就是函數關係。大班幼兒學習測量時，可引導幼兒探索函數關係。如不同長度的兩根小棍子，測量同一張桌子的長度，爲什麼長的棍子量的次數少，短的棍子量的次數多呢？

針對幼兒數學教學內容中的數量關係以下有幾點說明：

1.強調幼兒數學教學內容中的數量關係，能提高對原大綱內容的理解力，並要求幼兒作出相應的思維努力。但是由於幼兒發展的不平衡性，因此不能要求幼兒完全掌握這些數量關係，只要求盡可能地理解即可。藉著理解的過程來訓練幼兒的思維能力，使理解數量關係成為思維訓練的工具。因此教師可根據幼兒的實際發展水準，有選擇地進行有關數量關係的教學。

2.由於幼兒不易掌握各種數量關係的名稱、概念及術語，老師應在教學活動中靈活地運用幼兒易懂的語言，透過幼兒本身的探索活動讓幼兒有基本的理解，同時在這過程中幼兒的思維能力，也得到增長。如包含關係，只需讓幼兒思考並回答小朋友多還是男孩子多？車多還是小汽車多？等等問題，並說出理由。

3.幼兒是否具有理解這些數量關係的可能性？將在以下有關幼兒數學概念發展的專節裡予以討論。

CHAPTER 3

幼兒數學教學的途徑及方法

第一節
幼兒數學教學的途徑

幼兒數學教學的途徑，是指向幼兒實施數學教學時所採取的各種活動、形式，而幼兒的心理是在活動中形成和發展的。此外，幼兒數學教學的任務和內容，也需透過活動才得以實現。幼兒生活中各種活動均是向幼兒進行數學教學十分有效的途徑，教師應確實理解和靈活運用幼兒生活中的各種活動，以便向幼兒進行數學教學。

幼兒數學教學的途徑有數學課、遊戲、各種教育活動和日常生活中的數學教學及數學角等。

數學課

數學課是指成人有計畫、有目的地指導全體幼兒學習數學知識和技能，並發展幼兒思維的一種活動。這個活動的特點必須事先經過縝密的策劃，而不是偶發和隨機的；內容是指向數學，而不是綜合的；並運用全體、小組和個人等組織形式。數學課不僅能使全班幼兒接受一定的數學教育，而且由於它具有幼兒數學教學的順序性和系統性。因此，它是向幼兒進行數學教學的首要活動形式。

數學課不同於數學活動。數學課是在一定時間內集中數學內容的教學活動，不論是以全體、小組或個人組織形式出現，它都是在同一時間內向全體幼兒進行的。數學活動涵義則更爲廣泛，數學課是一種數學活動，不過幼兒在日常生活、遊戲或其他教學活動中涉及到有關數學內容的活動也可稱之爲數學活動。

過去我們將數學課分爲綜合性和複習性兩種類型。綜合性的數學課是兼顧舊知識的複習和新知識的傳授。複習性的數學課主要是幫助幼兒系統性地複習已有知識。這種只以知識內容的性質區分數學課的類型，已不適應當前幼兒數學教學的實際情況，也不是十分合理。因爲這種劃分類型的依據，只注意內容的性質而未考慮到數學課的組織形式——全體、小組及個人。實際上數學課的組織形式對類型的區分應是更爲主要的因素。

因此，我們認爲幼兒數學課可分爲以下幾種類型：

(一)全體型的數學課

這種類型的數學課是以向全體幼兒進行同一活動爲特徵。不論是幼兒自己操作探索還是教師啓發探索或講解演示，幼兒的學習均是在教師的指導下，以相同的步驟，相同的方式進行的。如以向大班幼兒進行的拚搭圖形教學爲例，是這樣進行的：

1.複習正方形與梯形的異同

讓幼兒各自從教具中取出正方形。然後要幼兒回答正方形是什麼樣的問題（如有四條邊，四個角，四條邊一樣長，四個角一樣大等等）；每人再取出一個梯形，並回答梯形是什麼樣子，梯形和正方形在什麼地方一樣，什麼地方不一樣等的問題（梯形也有四條邊，四個角，但是梯形有兩相對著的邊是平等的，永遠不能碰在一起，另外兩條邊是斜的，它的樣子像梯子所以叫梯形）。

2.複習梯形與正方形的變換關係

讓幼兒各自將正方形重疊放在梯形上，讓幼兒觀察並回答：梯形可以用什麼圖形拚成的問題（ 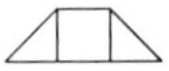 一個正方形和兩個三角形）。

3.拚梯形

讓幼兒從學具盒中各自取出 8 個一樣大的小三角形，按教師的要求進行操作探索。(1)自 3 個三角形拚成一個梯形（

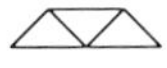

）；⑵自由拼搭梯形。讓幼兒用三角形拼出各種不同的梯形，每一梯形最多用 8 個三角形（可少於 8 個），鼓勵幼兒動腦筋拼出和別人不一樣的梯形，拼出的梯形式樣越多越好（ 8 個三角形可重複使用）。

4.討論

請不同拼法的幼兒輪流說明自己探索的結果，教師在黑板上用粉筆畫出圖樣，向全體幼兒展示不同的拼法，表揚那些做對的小朋友。

由此例可見，數學課自始至終均在教師的指導下進行，無論是幼兒回答問題還是操作材料進行探索拼搭，均用相同的材料，在同一要求下各自獨立進行，其過程的步驟也是相同的。

全體性數學課使每個幼兒獲得一定量的數學知識、技能及思維發展。其計畫和準備工作比較單純，也較易於組織進行。它適用於學習新知識和複習舊知識。除此之外對那些幼兒人數較多，教師無人協助的班級也多採用這種類型的數學課。但這種類型的數學課易忽視幼兒的個別發展，需在制定計畫和教學進程中對個別需要的幼兒特別予以注意和指導。

㈡全體、小組結合型的數學課

這種類型的數學課是在上課時兼用全體和小組活動兩種形式。它可以解決一般的教學要求與個體不同需要的矛盾，使每個幼兒在自己原有的基礎上得到不同程度的發展。例如，在學習 10～15 的順倒數中，首先是全體性的遊戲《打電話》，目的在複習 1～10 的順倒數，接著是幼兒操作遊戲《小猴子上下樓梯》，學習 10～15 的順倒數，藉著幼兒操作找到其中規律，知道順數就像上樓梯，要一個一個地增加，倒數就像下樓梯，要一個比一個少。最後是分組的數學循環遊戲，教師提供內容不同的5～7個小組數學操作活動材料，有新開展的操作活動，也有過去曾經出現過的，活動內容根據當時數學活動的進度。在分組的數學循環遊戲中，幼兒能對原有的知識不斷地得到複習，有利於教師進行個別輔導。幼兒還可根據自己的需要選擇不同的小組參加活動，老師重點輔導新開展的小組活動。要求每位幼兒都必須輪流到新開展的小組活動中，並鼓勵幼兒參與每個小組的活動。這樣孩子的學習機會多，既學到了新的知識，又複習了原有的知識，效果很好。

上例中提及的全體活動和數學循環遊戲相結合的方式，就是集體、小組結合型的數學課。它需教師針對幼兒的情況，制定不同內容或不同水準的小組計畫，並對操作材料作較充分的準備，才不致於在分組活動時材料不足或顧此失彼。在分組活動時，最好有兩位教師參加指導，如只有一位老師，則應重點地指導某一小組的活動（新內容或學習有困難的）。

(三)小組、個人結合型的數學課

這種類型的數學課是在一節數學課的時間內兼用小組和個人活動兩種形式。它也是幼兒自主性地選擇活動和解決幼兒不同發展需要的一種方式。如在教室內的不同區域或桌上、地毯上，根據進度及幼兒的實際情況，設置不同內容的各種數學遊戲材料，材料以複習舊知識爲主，個別內容是新的。然後，幼兒在一定的時間限度內，自己選擇數學活動，可結伴成組，也可單獨進行。教師可重點指導新內容的遊戲，並吸引部分幼兒輪流參加，或對個別幼兒進行幫助等。和上述全體、小組型的數學課一樣，數學遊戲材料要有較充分的準備。

以上三種類型的活動各具特色，均可用於學習新內容和複習舊知識。可根據個別教師和幼兒的情況，選用某一、二種類型，或輪流使用。

在我國當前幼教改革出現的各種課程與教學的模式實驗中，有不少都保留或兼用數學課。如主題教學模式，是從幼兒所接觸和熟悉的生活、社會環境和自然環境中提出若干主題，然後再圍繞這些主題，組織各方面的內容和活動。它的特點是一方面保持教學內容，縱向地自成一系統，另方面又橫向地互相關聯。但主題教學模式中的數學教學，卻與同模式中其他方面的教學不同，此模式的數學教學基本上仍保持著獨立的內容體系，與主題的聯繫不密切或無聯繫。

又如活動區教學模式。該模式中所運用的數學教學方法，可分爲兩種：一種是不以數學課作爲方法，只透過數學活動區或認知活動區向幼兒進行數學教學，在活動區內幼兒以小組或個人的形式進行數學活動；另一種是除了在活動區內以小組或個人形式進行數學教學外，還適當地向全體幼兒進行專門的數學活動，即在相當於一節課或長於一節課的時間內，讓全體幼兒從事數學活動，這種同時讓全體幼兒參加的數學活動，仍保留了活動區的特色，亦即將幼兒全體分成若干組或小組與個人結合的形式，也可說是以小組或個人的類型部分地保留了數學課的活動。

另外在綜合教學模式方面。綜合教學模式中的數學教學，亦有兩種觀點和做法：其一認爲由於數學具有科學的抽象性、邏輯性、系統性等特點，因此，數學教育的內容難以與其他教育內容完全地結合，只能部分地聯繫，所以爲確保全體幼兒在數學教學方面得到應有的發展，仍主張數學教學保持單科教學的作法；另種觀點則認爲，大部分的數學教學內容可以完全揉合在認知事物過程中，只是有些難度較大的數學知識，如年、月、日或空間方位、複雜的圖形等，集中認識比分散認識效果要好，但目前尚未見到可借鑑的具體實施經驗或教材。

上述可見，不論採用哪種教學模式，到目前爲止，我國大部分幼稚園均將數學課作爲向幼兒進行數學教學的主要方法。教材結構好的數學課，符合數學和幼兒認知的特點，使全體幼兒獲得不同程度的數學知識及思維能力的發展。可知，各種類型的數學課，皆可促使每位幼兒數學知識的發展。

遊戲

遊戲是幼兒最喜愛的活動，也是幼兒數學教學的有效方法。幼兒的生活離不開遊戲，遊戲對於幼兒，正如學習對於青少年，工作對於成人一樣的重要。遊戲是最適合幼兒身心發展的活動，它能帶給幼兒快樂並從中受到教育。因此，遊戲是幼兒教學中獨具特色且最有力的教育方法。另一方面，由於數學知識的抽象性，易造成幼兒學習上的困難，如果教學方法不當，更會使幼兒對數學感到枯燥和乏味。然而，幼兒在遊戲中學習數學的情況卻完全不同，它提高了幼兒對數學學習的積極性，使他們在愉快的情緒中，輕鬆、自然、有趣地學習，達得最佳的教育效果。例如：一個大班的小朋友，原來對數學不感興趣，對相鄰數尤感困難，當他和小朋友玩「排七」的撲克牌遊戲（該出牌的人先出個「7」，大家再輪流前後接牌，如接6和8，手中的牌先接完者爲勝）時興趣很濃，久玩不厭。實際上，他已在遊戲中不知不覺地，毫不困難地複習相鄰數的知識了。

幼稚園的數學課應充分運用遊戲的方式，使幼兒數學教學在遊戲中進行學習的過程。數學課中運用的是各種數學教學遊戲，數學課可以全部採用遊戲形式，即由若干個遊戲組成數學課的主要部分，也可以部分環節運用遊戲的形式，即若干個遊戲組成數學課的主要部分（詳見本章第二節）。

幼兒生活中的各種遊戲也都涉及到大量的數量、形狀和時間、空間等方面知識。因此除了在數學課中運用遊戲外，若能充分運用日常生活中的各種遊戲向幼兒進行數學教學，也是極爲有利的教學途徑。

以下即提出幾點運用遊戲的數學教學：

(一)使用各種材料和玩具的數學遊戲

套玩具（套塔、套桶、套碗等）、圓點卡片、數學棋類、序列卡片、拼搭圖案的彩棍以及可供分類或配對的各種材料等等都是數學遊戲的良好材料。有的則寓數學教學於玩具，這種玩具本身就要求幼兒運用數學知識。如套玩具主要用於辨別大小、分類和排序；圓點接龍可用於認數、數的組成和加減等。幼兒在自由活動的時間內，運用這些材料從事數學學習活動，從中獲得數、形的經驗和知識。成人應爲幼兒提供必要的條件，引導幼兒積極參加，並給予幫助。

(二)建築遊戲中的數學教學

建築遊戲是數學教學有效方法之一。積木是現實生活中各種形體的再現，幼兒運用積木搭建各種建築物和物體的過程，可以獲得各種數學知識。建築遊戲對幼兒數學教學的作用可圖示如下：

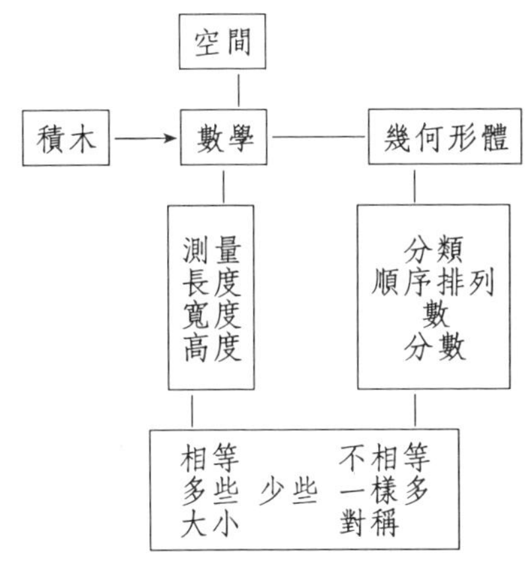

上圖表示，運用積木進行的建築遊戲涉及到的數學知識，包括空間、幾何形體、測量等，而這些方面又與分類、排序、數、分數以及

數量的比較有關，如相等與不等，多、少等相聯繫。幼兒是在選擇積木、辨認形體、拼搭建築物的過程中，運用有關的數學知識，從而學習和加強數學知識。

此外，排積木的過程也可成爲一種有趣的數學學習活動。例如，教師可提出如下要求：老師指示將積木按形狀、長短、大小分門別類收拾在積木盒中或玩具架上；要求幼兒說出某種形狀積木的數量或大小；要求幼兒按某種順序（如大小順序、長短順序）放好；要求幼兒將不同形狀積木分別放在玩具架的上、中、下格（或第幾格）裡等等。

㈢角色遊戲（象徵性遊戲）中的數學教學

角色遊戲是幼兒反映現實生活的遊戲。能使幼兒在各種主題的不同角色遊戲中不同程度地運用數學知識和技能。例如，開商店的遊戲，幼兒要將物品分類放好，確定它們的價格，售出時要數一數物品和收回「錢」的數量，甚至收錢和找錢時還需要進行加減運算等。而在郵局的遊戲中，幼兒可自製和出售畫有各種圖形或花樣的郵票和信封，並將信分類，按門牌號分送信件等。在這些遊戲中幼兒透過角色扮演，按一定的情節活動，在活動中獲得了數的經驗。

㈣玩沙、玩水遊戲中的數學教學

玩沙、玩水是幼兒十分喜愛的一種遊戲。因爲在這些遊戲中幼兒不僅感受到沙和水的性質，並可用各種形狀的模子、杯、碗做出各種形狀的「糕點」；用不同大小的瓶子裝沙、水以及翻倒的過程中比較容量的大小等等。

㈤體育遊戲中的數學教學

體育遊戲也可作爲數學教學的手段。在體育遊戲中，幼兒可計算動作的次數（如小兔跳一下，跳許多下）；將寫有 1～10 數學的頭飾，分別戴在幼兒頭上或別在胸前，按老師說出的數或拿出的卡片，玩複習相鄰數、數的組成等「找朋友」遊戲。

教師應充分地利用自由活動時間，來引導幼兒參加各種遊戲活動，並有目的、有計畫地在這些遊戲中進行數學教學，特別是個別教學。

其他教學活動中的數學教學

在幼兒生活的環境中，各種知識是互相聯繫的，而且都能不同程度地表現一定的數量關係和空間形式。因此除了數學之外的其他教學活動（如社會、自然、美術、音樂、體育等）也皆與數學教學有關。在這些教學活動的過程中結合數學教學，既是該教學內容本身的目標，也是數學教學不可分割的一部分。所以我們應有目的、有計畫地將數學教學設計於各種教學活動中，以加強、加深、補充和促進幼兒數學概念的發展。因此，幼兒數學教學的途徑不僅限於數學課，透過其他教學活動進行數學教學也是必要的途徑。

例如：在參觀動物園的過程中，除了觀察動物的外部特徵、說說動物們的習性等之外，可數一數牠們的數量，討論所處的空間位置（假山上、山洞中、水池裡、飛得高等），進行量的比較（大小、高矮、長短、粗細等），還可進行加減運算等等。在繪畫、泥工、剪貼的美術活動中，幼兒要準確地辨認物體的形狀、大小比例以及位置等才能創造出好的作品，也可進行「畫糖葫蘆」的繪畫，要求畫出幾個（一個比一個大）糖葫蘆並連成串（大小序列），以及用幾何圖形紙片黏貼各種實物、動物、交通工具或圖案等等。體育活動和體育遊戲中的走步、跑動、跳躍均是認識和複習上下、前後、左右和向前、向後、向左、向右，向上、向下空間方位和運動方向的有效方法。所以其他教學內容的活動，都可以爲幼兒數學教學，提供了廣闊的天地。

實行分科教學模式的幼稚園，應重視在各種教學活動中進行數學教學這個方法。忽視這一方法，往往是造成知識間的分離，數學教學生硬呆板的原因之一。在其他教學活動中進行數學教學，不僅是針對分科教學模式而言的，它也是當前各種教學模式中應予以重視和運用的，像在主題（單元）教學模式中，數學教學是自成體系的，但在其他教學活動中結合數學教學仍是很必要；在綜合教學模式中，主張大部分的數學內容皆可綜合到其他具有知識性的活動內容中，其本質也是從知識相互聯繫的觀點出發，只是所用的途徑有所不同。綜合教學是以各種教學活動中的數學教學爲主，數學課爲輔。

日常生活中的數學教學

日常生活中的各種活動，皆是向幼兒進行數學教學的重要途徑。有人說：幼兒學習數學的方法，就在於生活之中，這是很有道理的。重要的是，成人要有方法地運用這一途徑，使幼兒能在既輕鬆又自然的情況下，獲得簡單的數學知識，並引起興趣。例如：在家裡，上下樓梯可教孩子一面走，一面計算樓梯的數量；可問孩子：全家共有幾個人？現在有幾個人在家？幾個人還沒有回來？幾個人在看電視？幾個人在廚房？幾個人在唸書？等，用這種方法訓練孩子認識數的組合和加減；吃飯時，請孩子幫忙分餐具，每人一個碗，一隻湯匙，一雙筷子，教幼兒理解「一對一」對應關係；請孩子幫助收拾房間，把報紙放在書櫃的第一層，書放在第二層，或請幼兒從書櫃的第幾層取回來什麼東西，訓練幼兒認識序數。

幼稚園教師應在日常生活中積極引導幼兒學習和複習數學知識，並列入教學計畫。下面是一位優秀教師在小班教學的經驗：幼兒上課前坐在椅子上，教師說：「今天來了許多小朋友，讓我看看是不是每個小朋友都有椅子坐了？」然後每一位小朋友指一把椅子，用對應的方法檢查是否小朋友都有椅子坐；分發毛巾、杯子、新圖書之前，先讓小班幼兒知道它們的數量是「許多」，再讓幼兒在分發毛巾掛毛巾、分發杯子放杯子、分發新圖書放回新圖書活動中，知道可以將「許多」分成一條一條（一隻一隻、一本一本），而一條一條合起來又成了許多，理解「1」和「許多」的關係；小朋友分發餐具時，每張椅子前的桌子上放一個碗和一雙筷子或湯匙，學習對應；吃點心時，請小朋友點數自己一份餅乾和糖果的數量並比較它們的形狀；在欣賞電動玩具「母鷄下蛋」、「小熊拍照」時，一邊欣賞玩具一邊數母鷄下了幾個蛋或小熊拍了幾張照片；到戶外活動，分發皮球時，讓幼兒跟老師一起說：「一位小朋友一個皮球」邊說邊分，最後讓幼兒看看是小朋友多，還是皮球多，從而引導幼兒進行思考，理解和比較數量的多、少。

同樣，在幼兒散步、運動、遊覽等活動中，均可隨時隨地、靈活地引導幼兒認識和複習數、形知識，使幼兒知道在自己生活的周圍世界中，充滿了各種數學知識，引起他們探索、學習數學的興趣。

在日常生活或有關的教學中，運用文學、藝術等形式向幼兒進行數學教學，是一種十分生動而有效的方法。各種以數、形等知識爲內容的兒歌、歌曲等，把數學和文學、藝術巧妙地結合在一起，將抽象而單調的數、形知識轉變成有韻律、有節奏的藝術形式，使幼兒在歡快、活潑的氣氛中學習數學知識。例如，數數兒歌「打老虎」

「打老虎」

1、2、3、4、5，上山打老虎；
老虎打不倒，碰到小松鼠。
松鼠有幾隻？讓我數一數；
數來又數去，1、2、3、4、5。

幼兒唸唱這首兒歌時，可以同時掰數手指，當幼兒在還不太可能從實物中抽象出數的概念時，借此可以幫助掌握1～5的數的數序。

又如，認識 10 以內數的順序和倒數以及數序的兒歌「7個阿姨來摘果」和「數 10 歌」。

「7 個阿姨來摘果」

1、2、3、4、5、6、7，
7、6、5、4、3、2、1；
7 個阿姨來摘果，7 個花籃手中提；
7 個果子擺7 樣：蘋果、桃兒、石榴、
柿子、李子、栗子、梨。

「數 10 歌」

1、2、3，3、2、1；
1、2、3、4、5、6、7。
8、9、10，10、9、8；
6、7 後面要數 8，
學會數數笑哈哈。

對年齡較大的幼兒可以增加兒歌的難度。例如，認識加法並寓有乘法涵義的「誰有幾條腿」和「數青蛙」兒歌。

「誰有幾條腿」

小黑鷄，2 條腿；大黃牛，4 條腿；
小螞蟻，6 條腿；小蜘蛛，8 條腿；
蚯蚓鱔魚幾條腿？蚯蚓鱔魚沒有腿。

「數青蛙」

1 隻青蛙 1 張嘴，2 隻眼睛 4 條腿，
撲通一聲跳下水。
2 隻青蛙 2 張嘴，4 隻眼睛 8 條腿，
撲通撲通跳下水。

以下是數學歌曲實例：

九隻小蝴蝶
(學數九的歌)

汪愛麗詞曲

1＝G 3/4

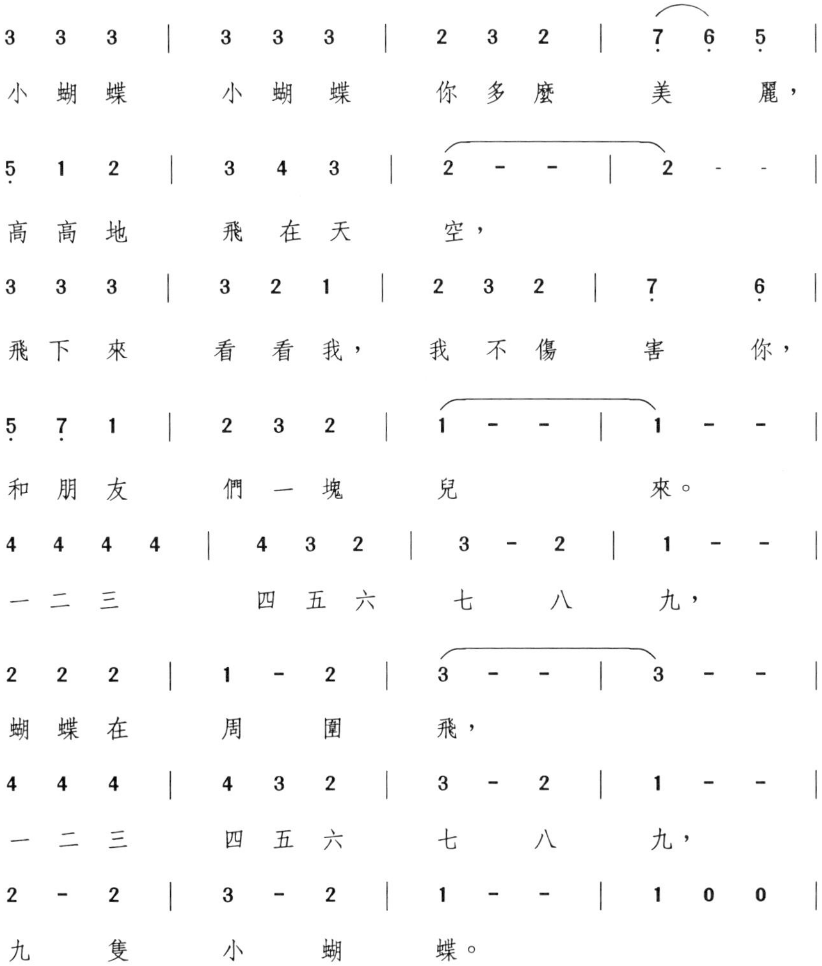

3 3 3 | 3 3 3 | 2 3 2 | 7 6 5 |
小蝴蝶 小蝴蝶 你多麼 美 麗，

5 1 2 | 3 4 3 | 2 - - | 2 - - |
高高地 飛在天 空，

3 3 3 | 3 2 1 | 2 3 2 | 7 6 |
飛下來 看看我， 我不傷 害 你，

5 7 1 | 2 3 2 | 1 - - | 1 - - |
和朋友 們一塊 兒 來。

4 4 4 4 | 4 3 2 | 3 - 2 | 1 - - |
一二三 四五六 七 八 九，

2 2 2 | 1 - 2 | 3 - - | 3 - - |
蝴蝶在 周 圍 飛，

4 4 4 | 4 3 2 | 3 - 2 | 1 - - |
一二三 四五六 七 八 九，

2 - 2 | 3 - 2 | 1 - - | 1 0 0 |
九 隻 小 蝴 蝶。

幾何形體歌

1=#$\frac{2}{4}$

韓之雲　張志剛詞曲

‖: i i i 7 5 | 5 6 5 4 3 0 |
5 6 5 4 3 2 | 1 i 0 |

| 5 5 3 4 | 5 5 3 | 6 5 4 3 | 2 - |

1. 小朋友們 眞聰明，眞聰明，
2. 正方體有 六個面，六個面，
3. 長方體有 六個面，四面是長方形，
4. 球體球體 眞有趣，眞有趣，

4 4 2 3 | 4 4 2 | 5 4 3 2 | 3 - |

學知識呀 眞高興，眞高興。
六面都是 正方形，都是正方形。
另外兩面 長方正方 不一定。
不論你從 哪邊看，都是圓形。

1 2 3 4 | 5 5 5 | 6 5 4 5 | 6 - |

各種形體 式樣多，式樣多，
小朋友們 比比看，比比看，
不管它是 長方形，還是正方形，
不論它往 哪邊推，都會滾動，

i i 7 6 | 5 4 3 | 5 4 3 2 | 1 - :‖

個個都能 認得清，都能認得清。
六面大小 都相同，都呀相同。
相對的面呀 都相同，都呀都相同。
咕嚕嚕嚕嚕 咕嚕嚕，都會滾動。

5 5 6 7 | i - ‖

都能認得 出。

結束句

i i 7 6 | 5 4 3 | 5 5 6 7 | i - ‖

(齊)咕嚕咕嚕 咕嚕嚕 都能滾 動。

打電話

(學習序數)

1=G 3/4

3 · 5 3 2 | 3 6 0 | 3 · 5 3 2 | 3 6 0 |

(齊)兩 個 小朋 友呀! 正 在打電 話 呀!

5 0 5 0 | 5 − | 3 2 2 5 | 3 − |

小 × ×, 你 排 第 幾 呀!

(兒 童 名 字)

2 0 2 0 | 2 · 3 | 5 6 3 2 | 1 − ‖

(××唱)喂! 喂! 喂! 我排在第 一。

我排在第 二。

我排在第 三。

在美國幼稚園中，極爲廣泛地在數學教學中運用文學藝術形式。幾乎每個班都有一台錄音機和各種主題的卡帶，不少是關於數學方面的。如「彩旗」(辨認紅、綠、藍、黃顏色)、「5隻小鳥」(認識5及數數)、「5隻猴子」(5的倒數)、「10個小印第安人」(認識10及數數)、「聖誕節的12天」(認識12的序數)等等。每半天都安排10～12分鐘的大組活動，孩子邊聽唱片邊做動作，邊唸歌謠邊做手指遊戲，孩子在唱、唸和動作過程中，愉快地學習和獲得數學知識。

數學角

數學角就是在幼兒活動的場所內，專闢一個小區域，設置各種可用以進行數學活動的各種材料、棋類、玩具等物品，供幼兒自由選擇和運用。數學角可讓幼兒經常能自由地從事各種數學學習活動，同時也是對小組或個別幼兒進行數學教育的良好場所。教師應積極利用這一途徑，爲幼兒設立數學角。

老師應向全體幼兒介紹數學角，並討論制定必要的規則，如愛護玩具，使用後放回原處等；使每位幼兒知道數學角中有哪些材料、玩具，它們放在什麼地方以及如何使用；數學角中的玩具及材料應配合教學進度和幼兒興趣，適時地予以增加或替換（部分替換）；在添置新的內容時，應向全體幼兒介紹，並說明使用方法和放置地點；動員幼兒和家長一起豐富數學角的材料，收集廢舊物品等等。

爲了達成每位幼兒不同程度的發展目標，老師應視每位幼兒的需要，吸引他們參加數學角的活動，引導他們選擇適合的玩具或材料。同時，讓幼兒在數學角中充分地和小朋友交流，使他們在互相討論、糾正錯誤和共同遊戲活動中得到發展。

第二節 幼兒數學教學的基本方法

幼兒數學教學的任務和內容，需透過一定的教學過程才能實現。教學過程，一般是指學生在教師指導下有計畫、有目的、有組織的認識過程，是教師和學生以教學內容和方法爲中介的共同活動。由此可知，幼兒數學教學的方法，既包括教師的方法，也包括幼兒學習的方法。教學方法運用得恰當與否，直接關係到幼兒數學教學的效果和數學教學任務的完成。幼稚園常用的基本數學教學方法同樣也適用於其他幼兒教育機構和家庭中成人對幼兒進行的數學教學，不論在任何環境條件下，只要成人向幼兒進行有計畫有目的數學教學，均應運用科學的教學方法，才能取得良好的效果。

教學方法具有很大的靈活性和創造性。因爲教材內容會因教育對象的年齡及程度的不同而不同。同樣一種方法，對不同的教學內容和不同的年齡班，在使用上也應有所區別。因此，教學工作者應重視和熟練掌握幼兒數學教學的方法，並在實際教學中依據經驗，靈活而有創造性地向幼兒進行數學教學。

由於各門學科的性質不同，加上數學所具有的特點，幼兒數學教學應有它自己獨特的方法，即使一些幼稚園各科教學中通用的教學方法，在運用於幼兒數學教學時，其重點也有所不同。

本節主要涉及幼兒數學教學中常用的基本教學方法。它們不僅是幼兒獲得數學概念的有效方法，而且也是促進幼兒思維發展的有效方法。至於不同數學內容所需要的各種具體方法，將在以後各章節中分別說明。

操作法

操作法是幼兒透過親自動手操作具體教具，在擺弄物體的過程中進行探索，從而獲得數學經驗、知識和技能的一種學習方法。如運用各種材料（鈕扣、杏核等）進行數數；有各種幾何形狀的塑膠片（或硬紙片）、積木等比較和認識幾何形體，進行形體的拆拼、分合；親手撥動玩具鐘上的長、短針，以獲得有關整點、半點的概念等等。操作法是幼兒學習數學的一種重要的基本方法。幼兒期各年齡班幼兒的數學教學都應充分地運用這一方法。

實驗證明，操作活動對促進幼兒掌握基本數學知識的助益明顯。該實驗選擇兩個中班作操作（實驗組）和不操作（對照組）的比較，內容包括：數的保留、認識相鄰數、數的組成和加減法。下面以數的保留為例說明操作的效果。

中班幼兒學習數的保留操作與不操作成績比較表

項目 / 成績 / 層次	實驗前測驗成績		實驗後測驗成績		兩個月後測驗成績	
	平均分（滿分54分）	正確率%	平均分（滿分22分）	正確率%	平均分（滿分22分）	顯著性考驗
實驗組	28.9	53.5	19.64	89.29	21.97	P<0.05
對照組	19.84	55.26	17.63	80.14	19.61	

上表中說明：

1.實驗前實驗組成績略差於對照組。

2.實驗後實驗組成績高於對照組。

3.兩個月後的遠期效果測查，P＜0.05，差異達到顯著水準。說明用操作法學習的幼兒，比較能掌握數的保留概念。

操作法的理論依據主要在於心理學方面的思維結構發展的「內化」說，即外部動作「內化」爲思維活動的理論。

心理學家皮亞傑認爲，活動是連接主客體的橋樑，而抽象概念的掌握要從動作開始。幼兒在移動、分散、合併物體的反覆動作過程中，再配合語言使動作「內化」。前蘇聯心理學家維果茨基等人也提出智力活動「內化說」理論，認爲智力活動的內化，實質上是外部物質活動轉化成知覺、表象和概念的結果。

根據這一學說，幼兒學習數學基本知識，首先應從外部形式的活動——對物體的操作開始，在操作和積極的探索過程中促進思維活動的發展——由直接感知轉爲表象，進而建立起基本的數學概念。

因此，操作法的重要性在於：它是幼兒在頭腦中建立基本數學概念的起步，更是幼兒獲得抽象數學概念的必經之路。我們應將操作法運用到幼兒數學教學的各種活動之中。

操作法沒有什麼固定的形式和類別。它常與其他各種方法合在一起，如比較、遊戲等方法。但在使用其他各種方法時，均要儘量讓幼兒運用具體教具進行操作，以便取得各種教學方法的最大效益，促進幼兒思維的發展。

運用操作法應強調以下幾點：

1.明確操作目的。操作法之所以成爲幼兒數學學習的首要方法，在於當幼兒動手操作材料時，能引起幼兒思維的積極探索，這種思維上的探索是操作法的精髓，成人不應忽視這一目的，更不能越俎代庖。目前許多教師雖已注意到數學教學運用操作法，他們提供幼兒人手一份操作材料，但整個教學過程仍以教師的講解演示爲主，幼兒操作時間不多，而且操作基本上是以複習加強教師所講的內容爲主，抹煞幼兒主動探索的特點。因此，從操作的目的出發，數學活動應儘量地從幼兒操作開始，活動的整個過程亦應以幼兒操作爲主，在老師的啓發引導下，讓幼兒透過操作，探索知識並獲得經驗，然後老師才能以幼兒操作探索爲基礎，再引導討論操作的結果，達到幫助整理經驗、明確概念的目的。當然在必要的情況下，或對幼兒缺乏操作經驗時，老師先作講解表演後，幼兒再透過操作予以體驗，以加深所學知識和技能，也是必要的，但不應作爲主要方法。因此，教師在讓幼兒運用操作法學習時，應根據教學內容及幼兒的水準，明確操作的目的，在於儘量讓幼兒透過操作進行思考，探索新的知識。

2.爲幼兒操作活動創設必要的條件。教師要爲幼兒準備各式各樣的小材料、小教具（棍子、花片、石子、汽水、瓶蓋、紙製或塑膠的幾何圖形片、小積木塊、小計算架、各種卡片或其他小玩具等等）以便做到每位幼兒都有足夠的操作材料。

3.給予幼兒充分的操作時間。操作要達到預期目的，就必須給幼兒足夠的時間去擺放物體、思考和探索，這樣才能有助於幼兒發展基本的數學概念。

4.在幼兒動手操作之前，應向幼兒說明操作的目的、要求和具體的操作方法。

5.在幼兒操作的過程中要觀察幼兒的操作情況，及時發現問題，引導幼兒積極思考和探索。可向全體或個別幼兒提出啓發性問題或提醒幼兒注意的問題。

6.討論操作的結果。操作是手段不是目的，不應爲操作而操作。所以，在幼兒操作之後應該和幼兒一起討論他們操作的結果，幫助幼兒將他們在操作中獲得的直接經驗予以整理歸納，明確概念，促使他們將具體活動，轉化爲內部思維活動。執行結果的討論應採取問答式，也可以在操作的過程中邊操作、邊提問題、邊回答問題。

7.操作應根據不同的教學內容及不同年齡的幼兒提出不同的要求。如：在小班要求幼兒觀察、動手、擺放，比較正方形塑膠片和三角形塑膠片的不同；而在大班則可以讓幼兒動手黏一個正方體（或長方體）來認識正方體（或長方體）的特點，並和長方體（或正方體）進行比較。

遊戲法

遊戲既是幼兒數學教學的途徑，也是數學教學的方法。

幼兒數學教學的遊戲法是幼兒在數學教學遊戲中學習基本數學知識的一種重要方法。幼兒的數學教學主要應運用教學遊戲進行，因爲教學遊戲（也可稱規則遊戲）是在教學過程中，用以達到一定教學目標的遊戲。它有規定的動作和規則，成人可以將基本的數學知識和技能，運用到規則和動作中，幼兒在操作遊戲規則和動作的過程中必然引起不同程度的觀察比較、分析綜合、抽象概括以至判斷推理形成概念的思維過程，從而使遊戲成爲幼兒獲得數學知識和發展思維的有效方法。

幼兒數學教學中的教學遊戲主要有以下六種。

(一)情節性的數學教學遊戲

這類遊戲是透過遊戲的主題和情節，藉以學習數學的知識和技能。如小班在區別「1」和「許多」進行的「小白兔拔蘿蔔」、「遊樂場」等遊戲。中班認識10以內序數所用的「給小動物找房子（什麼動物住第幾幢房子）」、「動物爬山」（什麼動物第一、第二……）等遊戲。大班複習數的組成和加減的「擺扣子」（用扣子擺出某數的不同組合形式）、「配對」（如7的配對遊戲，老師出示數字卡片4，幼兒需拿出數字卡片3）、「找答案」（老師舉出加或減法算式卡片，幼兒拿出得數卡片）等遊戲。這類遊戲，其情節的複雜程度不同。有的在一個遊戲主題中包括了好幾個連續的情節，貫穿整個教學過程。如「遊樂場」（老師事先佈置好環境）包括的情節：(1)發門票。教師拿出許多門票，發給幼兒每人1張（許多可以分成1張，1張……）；(2)進入遊樂場。幼兒進入「遊樂場大門」時，將門票放入一個小盒內（1張、1張……合起來成了許多）；(3)參觀。觀察「遊樂場」裡天花板上掛有1盞燈籠和許多紙花；(4)釣魚遊戲。「遊樂場」內一角的絨布板上貼有許多「小魚」，岸上有1隻小花貓，要求每位幼兒幫助小貓釣1條魚（許多分成1條、1條……），再放在一個小桶內（1條、1條又合成許多）；(5)看木偶戲。木偶戲台上的青蛙木偶要求小朋友和牠一起唱歌（請小朋友學青蛙叫1聲和許多聲）；(6)擊鼓。聽鼓聲跳1下，跳許多下；(7)玩風車。老師將許多風車發給幼兒，每人1架，請小朋友帶回家玩。遊戲結束時，幼兒拿著風車到戶外玩。這個遊戲，是用「遊樂場」作主題，將多個單情節的遊戲貫穿在一起，使整個數學課都沉浸在逛「遊樂場」的氣氛中。有的是單情節的，如大班的「擺扣子」、「配對」等遊戲。

㈡操作性的數學教學遊戲

操作性的數學教學遊戲是幼兒藉由操作玩具或實物材料，並按照遊戲規則進行的一種遊戲。如幼兒學習分類的《幫物體找家》遊戲。教師提供幼兒各種熟悉的塑膠小玩具和其他實物材料，材料不超過 5 種，每種不超過 5 個，再提供 1 個分類盒（如下圖，可自製）。教師先在分類盒的每一格裡放一個實物作爲範例。要求幼兒遵循的規則是⑴按範例將物體分別放在每個格子裡；⑵把所給的物體全部分完。

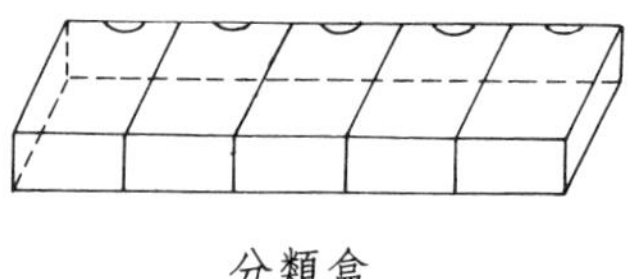

分類盒

遊戲可視幼兒的適應情況，逐步提高要求：⑴改換物體的種類，累積分類經驗；⑵將第一次的同一類物體用同一種顏色，不同類物體用不同顏色，改爲同類物體用不同顏色；⑶不提供分類範例，讓幼兒自己確定分類標準進行歸類，並回答「爲什麼要把它們放在一起」的問題。

㈢運用各種感官的數學教學遊戲

這類遊戲主要強調透過不同的感官進行數學學習，發展幼兒對數、形的感知能力。例如：「奇妙的口袋」是透過觸摸感知幾何形體；「擊鼓說數」是運用聽覺感覺數量；還可以按照鈴聲的次數來做動作，這裡既運用了聽覺又運用了動作來感知數量等。

㈣口頭數學教學遊戲

這是不用具體的教具，只用口頭言語進行的遊戲。這種遊戲對發展幼兒數學的抽象能力以及思維敏捷性的作用較爲有效。如練習大小、高矮、寬窄等概念的「相反遊戲」（如教師說大、幼兒說小，教師說短、幼兒說長，教師先說出的詞可以正反義詞交叉進行，以免幼兒形成思維的定勢。速度由慢漸快，還可配合動作）。此外還有練習數組成的口頭配對遊戲，練習加法的「數腿遊戲」（如回答 1 隻貓和 1 隻雞一共是幾條腿或 1 隻狗和 1 隻兔子一共是幾條腿）等等。

㈤競賽性數學教學遊戲

這種遊戲主要是增加競賽性質於數學遊戲之中，以增強學得的知識和發展思維的敏捷性。競賽性數學教學遊戲並沒有獨立內容，是在上述幾種遊戲中加入競賽的性質。競賽可在小朋友個人之間進行，也可以在小組之間進行。

㈥數學智力遊戲

這是一種以發展智力爲主要目的遊戲。數學智力遊戲能培養幼兒思維的靈活性和敏捷性，以及解決問題的能力。

以下爲數學智力遊戲的幾個實例：

1.數一數、畫一畫

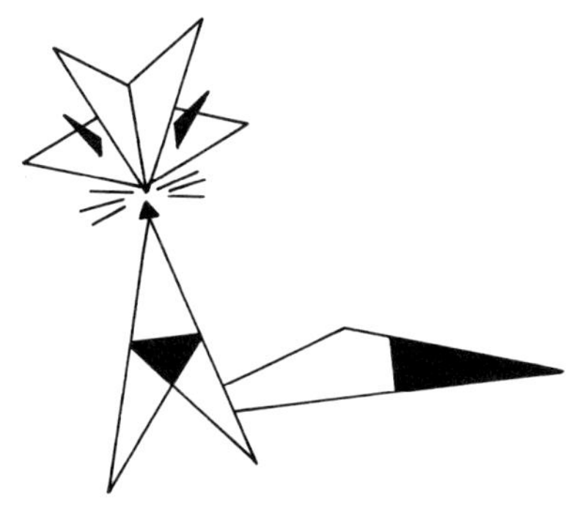

狐狸身上有幾個三角形？

也請你畫畫看像不像。

數一數有幾條魚。

2.移火柴棒

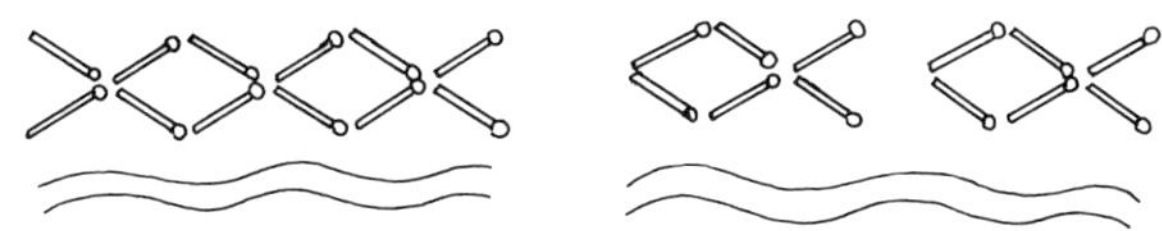

圖中是用火柴棒擺成的金魚，你能在左圖中移動兩根火柴棒，使小魚擺成像右圖那樣，向一個方法游去嗎？

3.排隊遊戲（口頭）

老師出題：「從前面數，小明排在第四，從後面數，小明排在第三，請回答這隊一共幾位小朋友？」（見下圖）。正確答案是：一共 6 位小朋友（不是 7 位小朋友）。

在這個遊戲中幼兒需要綜合運用基數和序數的知識，並需要有思維的靈活性，才能做出正確的回答，否則容易出現重數小明的錯誤。

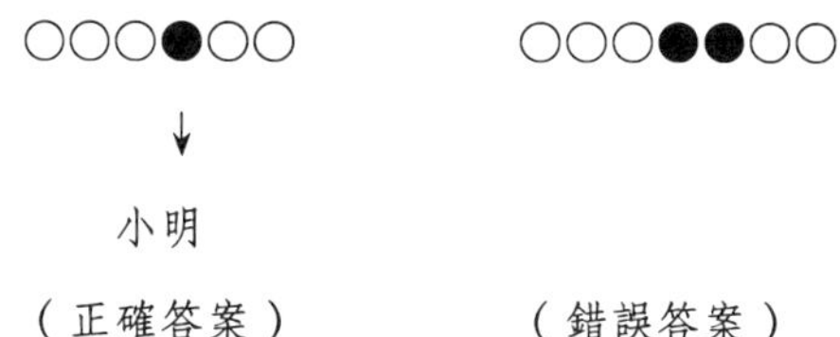

運用以上各種數學教學遊戲應注意以下兩個問題。

1.設計遊戲，內容要突顯數、形知識和發展幼兒的思維能力。遊戲的規則不要過於複雜，而且情節是幼兒所能理解的。

2.遊戲種類的選擇以及遊戲所占的比重應視年齡班和幼兒的實際水準而定。一般而言，情節性、操作性及運用各種感官等數學教學遊戲適用於各年齡班，口頭和競賽性以及發展智力等遊戲適用於中、大班。小班及中班數學課均應以遊戲方式進行，大班可適當減少，這樣有助於培養幼兒學習的習慣和認真完成學習任務的態度。

比較法

比較法是藉由對兩個（組）或兩個（組）以上物體的比較，讓幼兒找出它們在數、量、形等方面的相同和不同的教學方法。比較法是幼兒數學教學中的重要方法之一，被廣泛地運用到數學教學的各項內容和各年齡班中。

比較是人們認識世界的方法。比較是思維的過程、是對物體之間的某些屬性上建立關係的過程。如比較兩根棍子的長短，幼兒需要對它們進行比較，從長度這一屬性上把兩根棍子聯繫起來（建立關係）考慮，才能作出判斷。在這一過程中幼兒的思維正進行著較複雜的分析和綜合活動，可知，比較又能促進幼兒思維的發展。因此，「比較是一切理解和思維的基礎」，我們在向幼兒進行數學教學時，應重視並妥善地運用比較法。

幼兒數學教學中，通常使用的比較法，可作如下分類：

(一)按比較的性質可分爲簡單的比較和複雜的比較

1.簡單的比較

指對兩個物體（組）的量或數的比較。兩個物體間量的比較，是兩個物體在大小、長短、高矮、粗細、寬窄和厚薄等特徵方面的比較。如比兩根棍子的長短，或粗細；比兩位小朋友的高矮；比兩本書的厚薄；兩根綢帶的寬窄等。這種量的比較應將物體靠近在一起才有利於比較的準確性，可避免幼兒因物體之間的距離造成視覺上的誤差。兩個物體組數的比較，如 2 和 3 ； 3 和 4 的比較等也屬簡單比較。

2.複雜的比較

指兩個以上物體（組）的量或數的比較。複雜的比較又可叫連續比較。因爲它是連續進行的兩個物體（組）間的比較，是以簡單比較爲基礎，所構成較爲複雜的關係。例如，教幼兒進行小、中、大三個皮球的比較，需先對小、中皮球進行比較，再進行中、大皮球間的比較，最後再以中皮球爲中心與小皮球和大皮球比較，比較出中皮球比小皮球大、比大皮球小的相對性關係；或者在小、中和中、大皮球之間比較後，不進行大和小皮球之間的比較，讓幼兒推理出大皮球比小皮球大的傳遞關係。又如用三個數進行的相鄰數比較以及對 3 個以上 10 個以內的物體按某一特徵進行排序等，均屬複雜性比較。另外對物體兩個以上特徵的比較也是複雜的比較，例如，按顏色和形狀將物體組分類或排序等。

(二)按比較的排列形式可分爲對應比較和非對應比較

1.對應比較

(1)重疊比較：把一個物體（組）重疊在另一個物體（組）上，形成兩個物體（組的元素）之間一對一對應形式，進行量或數的比較。如將4隻瓢蟲，一隻隻地重疊在4片樹葉上，以比較它們數量是相同還是不相同。又如將正方形重疊在同寬度的長方形上面，比較正方形和長方形的不同（見下圖）。

⑵並放比較：把一個物體（組）並放在另個物體（組）下面，形成兩個物體（組的元素）之間一對一對應形式，進行量或數的比較。如：5朵紅花，一朵一朵對應地放在4朵黃花的下面進行比較（見圖一）。又如：不同寬窄的兩塊紙板並列放在一起進行比較（見圖二）。

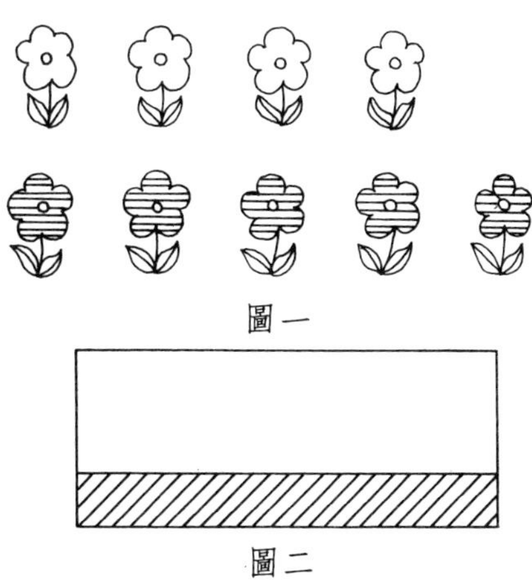

圖一

圖二

⑶連線比較：將圖片上畫的物體和有關的物體、形狀或數字等，用（畫）線聯繫起來比較（見下圖一、二、三）。

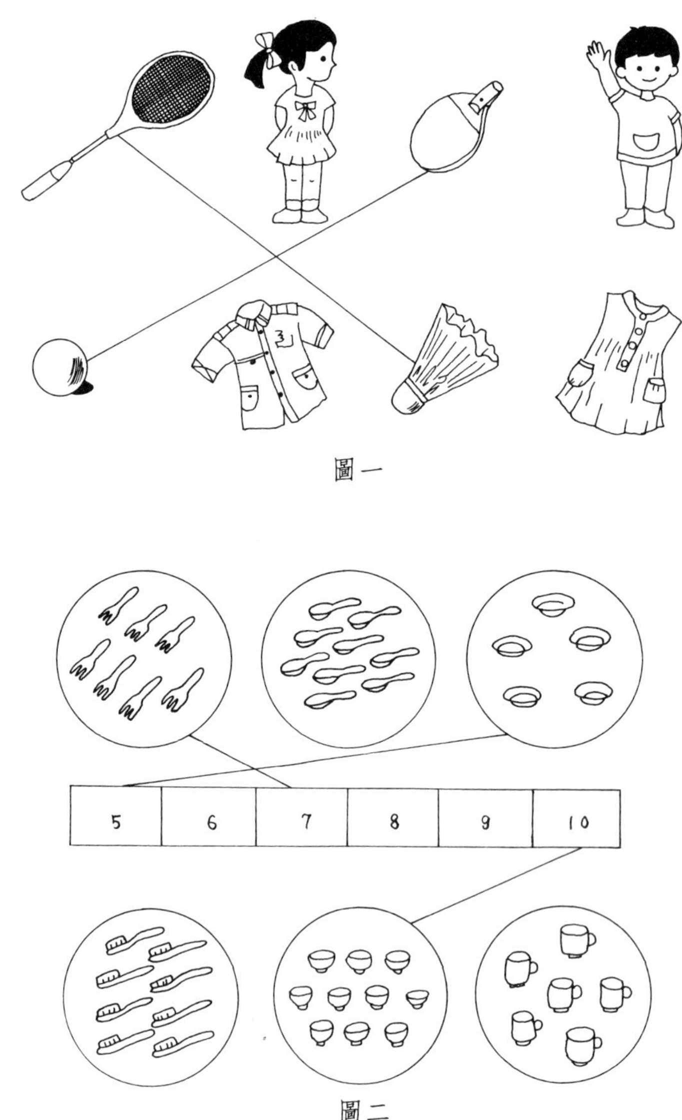

圖一

圖二

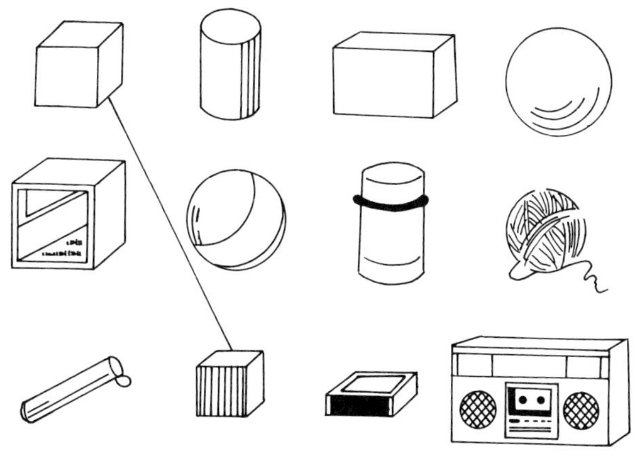

圖三

2.非對應比較

(1)單排比較：將物體擺成一排或一行進行比較（如下圖一、二）。

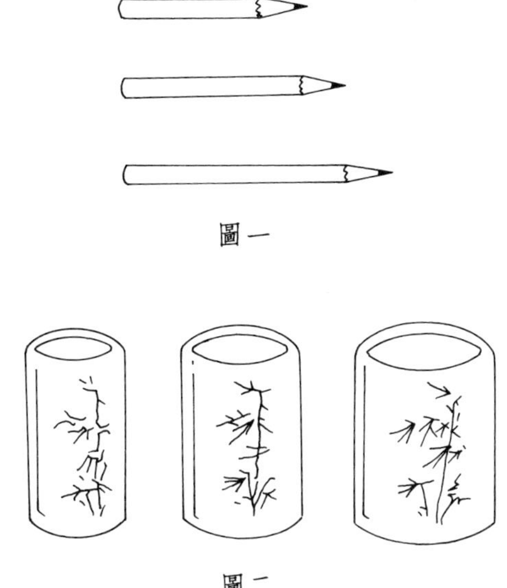

圖一

圖二

(2)雙排比較：將物體擺成雙排進行比較。如有：異數等長、異數異長、同數異長等（見下圖一、二、三）。

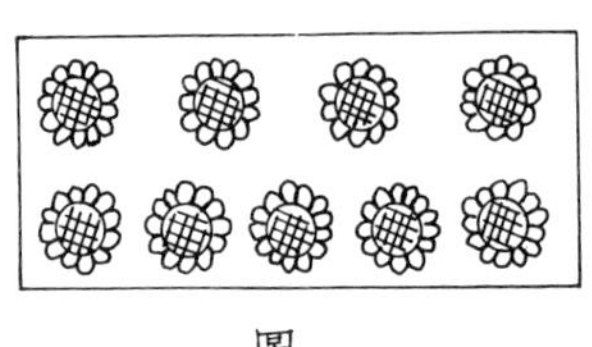

圖一

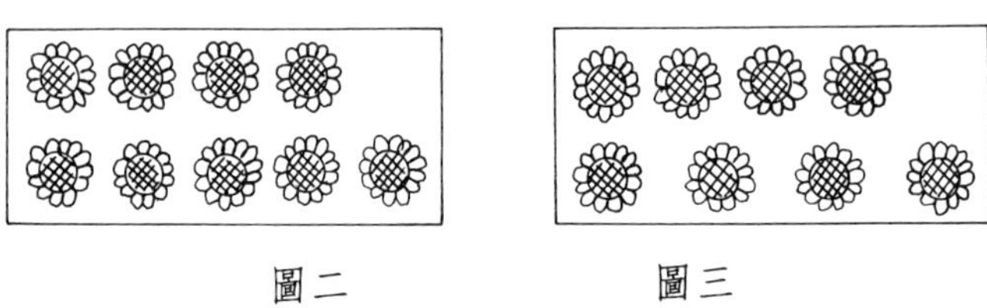

圖二　　圖三

(3)不同排列形式的比較：即將一組物體作不同形式的排列，進行數量比較（見下圖）。

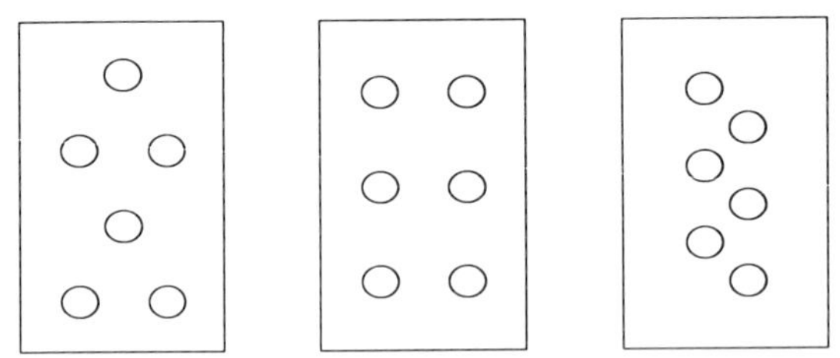

在運用比較法進行教學時，應注意以下幾個問題。

1.首先要使幼兒仔細地觀察到物體的數量或形狀特徵，在充分觀察基礎上，再進行數或形方面的比較。

2.運用比較法不只限於讓幼兒用視覺進行觀察比較，還要盡量讓幼兒親自動手進行比較（詳見操作法）。

3.在比較的過程中，教師要以啓發性的問題，指導幼兒進行比較、引導幼兒積極地思考。啓發的問題應圍繞重點要求，突顯數、形的內容。

4.在運用重疊、並放、連線等比較形式時，應有意識地指導幼兒理解對應（配對）的涵義，並掌握正確進行對應的技能。

5.比較形式的選擇應根據教學內容、不同年齡班幼兒來決定。

啓發探索法

啓發探索法是老師在教學過程中，依靠幼兒已有的數學知識和經驗啓發他們去探索並獲得新的知識。這是幼兒在教師的指導下學習數學的一個重要方法，也是在數學活動中啓迪幼兒積極思維不可缺少的方法。

幼兒對他周圍生活中的事物總是抱著極大的好奇心，常常動動這個，摸摸那個，將玩具拆開看個究竟，向成人提出一連串的爲什麼，這些都是幼兒探索活動的表現。幼兒數學知識的獲得是他們透過動作，對事物的數、形、時、空等知識構建的結果，任何外在力量都不能替代。因此，探索活動正是幼兒依靠自己的力量達到這一目的的最佳途徑。在探索活動中幼兒運用已有的數學知識和經驗，積極思考，發現問題，尋找答案。但幼兒的探索活動需要成人的指導。教師的任務就是在教學過程中運用啓發的方法引導他們去探索數學知識。

啓發探索法最大的特點，就是激發幼兒的興趣，使幼兒的學習具主動性與積極性，引導幼兒透過積極的思維，獨立地去探索並獲取新的知識。

幼兒數學教學的啓發探索法，主要透過老師提出具有啓發性的問題來引發幼兒思維的積極探索活動，提問題的是多種且多樣的。例如正面提問題和反面提問題，小班幼兒比較兩組物體數量的多少時，教師問「哪個多？哪個少？還是一樣多？」，這是正面提問；大班認識3個相鄰數的關係時，教師可正面提問「7的鄰居（好朋友）是幾和幾？」還可以反過來問「6和8都是誰的鄰居？」（反面發問）等等。另外又如一般發問和具體發問。一般發問指提出的問題本身是一般性的問題，問題不包含任何暗示，具體發問是問題本身就包含有解答問題方式上的暗示，但暗示的程度可以有所不同。像大班認識立方體時讓幼兒將平面正方形與立方體（立方體的每個面都與平面正方形等大）作比較，教師提出的問題可以是「正方形和立方體什麼地方不一樣？」（一般性發問），這個問題包含的內容較廣，因此幼兒可能做出各種回答，個別幼兒可能會說出立方體有許多面，教師可進一步提出「立方體到底有幾個面？」（具體發問），這個問題只指向組成立方體的面有多少，因而比一般性發問具體化了。在數立方體面的數量時，會有部分幼兒拿著立方體翻來覆去數不清，對這些有困難的幼兒再提出「你從不同的方向數數看？」甚至直接告訴幼兒「你從上面、下面、左面、右面、前面、後面都數一數看看有幾個面？」，這就是帶有暗示解決問題方法的具體發問。但這兩種具體發問的暗示程度不同，後者幾乎不具暗示性，因而它們要求幼兒在探索中作出的思維努力也不相同，另外，追問也是發問的一種方式，它往往用在要求幼兒對自己的回答作出證明或申述理由時，例如中、大班幼兒對數或形的保留作出了正確的判斷後，教師進一步追問：「爲什麼它們的東西不一樣，顏色不一樣，擺的樣子也不一樣，還是一樣多呢？」或「爲什麼它們的大小、顏色都不一樣還都是三角形呢？」等等。追問可促使幼兒對有關的數學知識作進一步的探索，並培養他們最基本的邏輯思維能力。

運用啓發探索法應注意以下幾點：

1.啓發探索法適用於各個年齡班，並應運用在教學的全過程。我們要使數學教學過程，成爲幼兒透過教師指導，積極思考探索的學習過程，而不應成爲單純由教師講授、灌輸知識的過程。

2.啓發探索法應與操作法結合進行。探索活動往往是在幼兒對具體物體進行操作的過程中進行。同時，操作要具有引導幼兒積極探索的作用，也離不開教師必要的啓發。因此，操作法中所涉及的注意問題，同樣適用於這種方法。

3.教師要善於提問題。問題要問到重點上，才能啓發在關鍵處，引導幼兒思路。

4.應讓幼兒在教師的啓發下，獨立地探索問題。教師提出問題後，要鼓勵每個幼兒獨立地思考問題的答案，讓每位幼兒盡量作出智力上的最大努力。在此前提下，也要營造情境來促進小朋友之間的共同探索活動。因爲，有時幼兒之間對問題的討論或爭論更能具有啓迪思維的作用。

5.運用啓發探索法要兼顧全體兒童，但應重視個別差異。幼兒對問題的探索能力是不同的，教師應鼓勵那些有困難的幼兒，並予以幫助，除了表揚能獨立探索並正確回答問題的幼兒之外，更應讚賞那些雖然未得正確答案但是積極進行探索的幼兒。

講解演示法

講解演示法就是教師直接向幼兒展示直觀教具並配合以口頭講解，把抽象的數、量、形等知識、技能或規則，具體地呈現出來的一種教學方法。這是一種講解與演示相結合的方法，就是邊講解邊演示。因爲抽象的數概念是不宜對幼兒用單純口語講解的方法，而且演示本身也離不開成人語言的講解。

例如，小班幼兒初學計數，教師可用講解演示法予以示範：教師先舉起右手，一邊逐次地點算桌面上排成一排的玩具小汽車，一邊說明，「現在老師用右手指，從左邊開始，點一個小汽車說一個數，

1 、 2 ，一共 2 輛小汽車。」在說出一共是 2 輛小汽車的同時用手指在 2 輛小汽車的周圍劃一個圓圈（表示集合），表示 2 的總數意義。在這過程中既講解了如何正確地進行計數的技能，又直觀地呈現了數 2 的實際涵義，從而幫助幼兒掌握計數的技能和理解數的涵義。隨後再讓幼兒自己操作實物學習點數。

講解演示法是幼兒數學教育的一種方法。對幼小幼兒和幼兒在學習一些不易理解的新內容或遇到較多幼兒尚未很好掌握的某個內容的難點或遊戲規則時，運用講解演示，能夠幫助幼兒克服困難、引導思路、獨立進行新的探索。

但我們應審愼地運用講解演示法。長期以來，幼兒數學教學活動大量且不適宜地運用講解演示法的現象甚爲普遍，幾乎不看教育對象的年齡和程度，也不管什麼內容，均以講解演示爲主，這種灌輸知識的方法並無法符合讓幼兒得到生動、活潑、和諧發展的精神，也無法發展幼兒思維。因此，我們應有選擇地運用講解演示法。

運用講解演示法時，應注意以下問題。

1.必須突顯重點。講解演示應以幼兒所能掌握的知識技能爲中心，不要使其他細節分散幼兒的注意。

2.講解時所用的語言要注意精簡、生動、通俗易懂和準確。

3.演示的直觀教具要眞實、美觀、整潔並爲幼兒所熟悉的物體，以免用新奇的教具分散幼兒的注意。

歸納法和演繹法

我們在學習、科學研究和日常生活中，時時刻刻都得運用推理。推理是邏輯思維的一種重要形式，也是學習數學的一種重要能力。由於數學具有抽象性和嚴密的邏輯性，所以不論是初等數學還是高等數學，都是以邏輯推理的形式來表述量的關係和空間形式的。如何進行推理，就有一個思維方法的問題。歸納法和演繹法則是人們進行推理的兩種最基本的方法。

幼兒學習的一些簡單的基本數學知識，同樣具有抽象性和邏輯性的特點，它既要求幼兒有基本的推理能力，又能透過對數學知識的學習，以發展幼兒簡單的推理能力。幼兒心理學家認為，透過教育的方法，到幼兒中期，對於那些具有一定知識經驗的事物，幼兒已能逐漸能夠運用基本的歸納和演繹方法進行推理。因此，在幼兒中、後期的數學教學中，引導幼兒運用歸納和演繹法進行學習，是十分重要的兩種方法。

幼兒數學教學的歸納法，是指在幼兒已有知識的基礎上，歸納出一些簡單的特徵或原則，以獲得新的數學知識的方法。這是從特殊到一般的過程。如中班幼兒認識了各種各樣的 5 個物體之後，能從不同顏色，不同大小以及不同排列方式的若干張物體卡片中歸納出「它們都一樣，都是 5 」的結論。又如大班幼兒認識了 10 以內數及其相鄰關係後，他們能從中歸納出 10 以內自然數列中的任何一個數都比前面一個數多 1 ，比後面一個數少 1 的普遍原則性。

幼兒數學教學的演繹法，是指幼兒運用一些帶有原則性的知識進行推理以獲得新的數學知識的一種方法，這是從一般到特殊的方法。如中班幼兒認識了三角形有 3 條邊、 3 個角後，對多種不同角度的三角形也能作出正確的判斷，因為「它們都有 3 條邊、 3 個角，所以都是三角形」。又如當大班幼兒透過學習 4 和 5 的組成，掌握了兩個部分數之間的互補和互換關係之後，他們便能舉一反三，運用這一原則推理出 6 ～10 各數的組成形式。

教師應重視引導中、大班幼兒運用歸納法和演繹法進行數學學習，以促進幼兒基本推理能力的發展。

在運用歸納和演繹法時應注意：

1.幼兒應具有必須的知識和思考能力，才能運用歸納法和演繹法。

2.歸納法和演繹法是幼兒學習數學知識的方法。教師要啓發引導幼兒運用歸納法和演繹法，不要越俎代庖。

3.歸納法和演繹法一般宜在中、大班運用，但也應視幼兒情況，不可強求，以免流於形式，達不到預期的目的。

以上六種數學方法是幼兒數學教學過程中經常運用的基本方法。這些方法之間有密切的聯繫，無須截然分開。每種方法對各年齡班及不同幼兒運用的比重及要求的程度應有所不同，在實際工作中應靈活運用，使之相互結合，提高效果。

在運用這些教學方法時，有兩點應特別予以注意。

1.幼兒是學習的主體

數學教學活動在本質上應是幼兒學習活動。應充分重視幼兒的探索和獲得數學知識及能力的積極性，讓他們在自身的活動中，在積極的思維活動中構建數學知識並獲得有關的技能。應防止完全由教師講授、灌輸，使幼兒處於被動接受的地位。

2.教育具有主導作用

幼兒的數學教學活動，在整體上是教師有目的、有計畫的數學過程中進行的。有計畫地安排教學活動，固然表現了教師的主導作用，即使是幼兒能否在數學活動中積極主動地學習、周圍環境中物體的特性是否成爲幼兒數學知識的源泉，都與教師是否能正確的組織和引導有很大關係，否則幼兒將難以自發地從周圍事物和活動中形成正確的基本數學概念，並發展自身的思維能力。

以上兩要點均是運用教學方法時不可偏廢的。如果只強調教育的主導作用，那麼即使運用了操作法、遊戲法等有效的幼兒學習方法，也可能使這種方法變成一種呆板的活動，失去活動本身的教育魅力。反之，一味強調幼兒是主體，也易造成學習上的放任自流，使幼兒得不到應有的基本數學知識及智力上的發展。

思考與練習

1. 實施幼兒數學教學有那些途徑？舉例說明它們的教育作用，並設計一份在大班或中、小班設立數學角的教學活動。
2. 幼兒數學教學有哪幾種基本的方法？它們的涵義和運用這些方法的注意事項是什麼？
3. 操作法的重要性、理論依據及注意事項是什麼？
4. 舉例說明數學教學遊戲的種類。試編一二種數學教學遊戲。
5. 以實際例子說明運用各種教學方法時應有的態度與注意事項？

CHAPTER 4

幼兒感知集合的發展及教學

第一節
幼兒感知集合的意義

把一組對象看成一個整體就形成一個集合，集合中的每個對象叫做這個集合的元素。例如，一個班級的所有小朋友組成一個集合，其中的每個小朋友皆是這個集合的元素；一盒積木是個集合，其中每塊積木是這盒積木的元素。

集合是現代數學最基本的概念。學習函數、泛函數概率論、拓撲學等高等數學幾乎都離不開集合，甚至整個數學都可建立在它的基礎之上。（因此，在本世紀六、七〇年代國際興起的「中小學數學現代化」運動，在教材中最顯著的變化是引進集合概念）。若從小接觸集合思想，可使學生清楚地認識和掌握集合概念，從而奠定學習數學的基礎。

幼兒感知集合的教學是指在不教給集合術語的前提下，讓幼兒感知集合及元素，學會用對應的方法比較集合中元素的數量，並將有關集合、子集合及其關係的一些思想觀念運用到整個幼兒數學教學的內容和方法中。

幼兒感知集合的教學十分重要。其重要性不僅是集合在數學中地位和作用，更主要的是因爲它符合幼兒掌握基本數概念的發展原則和特點，是幼兒學習數學前的準備教育，同時也是幼兒正確學習和建立基本數概念及加減運算的感官基礎。

幼兒數概念的發生始於集合的籠統感知

長期以來，人們普遍認爲，幼兒數概念的獲得是從算數開始。認爲反覆教幼兒算數，自然就認識了數。但這種看法並不完全正確，強調算數活動在幼兒掌握基本數概念中的重要性是正確的，但是幼兒數概念的發生並不是從算數開始。

國內外一些研究證明，幼兒數概念的發生始於集合的籠統感覺。對集合的籠統感覺可稱爲對數量的模糊知覺。集合的籠統感覺是指對一組物體不能精確地說出它的數量（有幾個），只能辨別它們是多還是少。

在一份關於幼兒數概念發展的實驗報告中指出，幼兒在沒有學會數數以前就已有了對少量物體的模糊數量觀念。例如：二歲半的幼兒雖然還不會數數，但對數量不同的糖果會產生不同的選擇反應，幼兒通常傾向於要多的糖果。從這一份實驗報告知道，幼兒在認數和算數之前，就已經具有對數量籠統模糊觀念了。

在一九八四年的另一個實驗進一步論證了這一觀點。他們研究了二至五歲幼兒辨數（對兩堆不同數目的物體能辨別出哪堆多，哪堆少）、認數（在瞬時內不憑算數，只憑直覺說出物體的數目）、點數（即能逐一按物數數，並說出一共是幾個）的水準，實驗中並用統計數字給予證明（見下表）。

在表中可見，辨數能力都是各年齡組中百分數最高的，而且，兩歲半幼兒的辨數能力已近50％，但認數和點數只有少數幼兒才能做到。這說明幼兒掌握數概念是從辨數開始，也就是從對集合的籠統感知開始。

幼兒最初形成的是有關元素含糊的數量觀念，而後是關於作爲統一整體的集合概念，進而發展對集合比較的興趣和更準確地確定集合中元素數量的興趣，使幼兒在日後能掌握數數的技巧和數的概念。在幼兒數概念形成的過程中，最初形成的是關於元素含糊的數量觀念，這個對元素含糊的數量觀念，就是對集合的籠統感覺。

二至五歲幼兒對5以內數的辨數、認數、點數能力比較

百分比 項目 年齡	辨數	認數	點數
二歲	15	0	0
二・五歲	49	6	3
三歲	81	31	10
三・五歲	99	48	53
四歲	99	70	81
五歲	100	98	100

註：透過人數的百分數是對5以內各數認識能力的平均數。

感知集合是幼兒從集合的籠統感知到形成最初數概念的中介基礎

幼兒對集合的籠統感知，不僅是感知集合的起始階段。此時幼兒只有對明顯的不同數量物體集合，作出哪個多哪個少的直覺反應。他們往往傾向於要多的那堆糖果，就是這種直覺反應的例證。但這時幼小幼兒對糖果的數量究竟是多是少並不能確切知道。換言之，他們並未感知到集合中的每個元素，也不會用一一對應的方法逐一算出物體的數量。只有做到對集合中元素的確切感知，才能成爲算數及獲得最初數概念的基礎。

可見，幼兒從對集合的籠統感知，到學會算數，掌握最基本的數概念，其中尚需一個過程，還要經歷一個中介過程。這個過程就是幼兒對集合中元素的確切感知和會用對應的方法比較集合中的元素。在此過程中，幼兒發展出對集合中元素的確切感知，能成爲幼兒形成基

本數概念的感官基礎。

在我們日常生活和工作中，及許多有關幼兒數概念的心理實驗研究中，常有人提出，幼兒在學會算數之前，皆會經過一個手口不一的階段。這個手口不一致的階段，其實就是他們沒有建立好說出數字與手的點數物體之間的對應關係，所以二者無法配合。這種現象充分說明，幼兒由於缺乏對集合及其元素的感知，也缺乏對兩個集合中元素進行對應比較的訓練，致使學習算數和對掌握最初的數概念產生了困難；且幼兒們借助於數字過早地進入了算數活動。他們還沒有形成對集合所有元素的確切知覺，也還沒有學會在實際中把集合的元素用一個、一個相對應的方法對它們進行比較，如果缺少這些知識，使他們不能精確地掌握算數活動，也無法更進一步地深入理解作爲集合等量標誌的數的意義。因此在集合的籠統感知之後形成的是集合概念，如果能早一點對幼兒進行集合教學，則幼兒能更快地掌握算數活動和深入理解數的概念。

在一項對幼小幼兒進行集合教學的實驗中。實驗將兩個初入學的三歲班分爲實驗組和對照組進行教學比較。內容均爲 4 以內數，教師的背景相當，教學時數相等。實驗組在教計數前參加分類、排序、認識「1」和「許多」及對應比較等內容的感知、比較集合的遊戲活動，教4以內數時，又充分地運用韋恩圖等方法感知各種物體的數量。實驗結果如下表：

實驗組與對照組數概念總成績比較表

項目 班次	$\bar{X}$	S	t	P
實驗組	94.7	10.28	4.05	<0.01
對照組	75.6	23.77		

上表說明，實驗組的幼兒對數概念發展層度明顯優於對照組。實驗組總平均成績比對照組高 19.1，而標準差卻比對照組低 13.49，實驗組數概念發展的平均程度和一致性均優於對照組。經顯著性考驗，兩班幼兒數概念發展水準存在顯著差異。這充分說明了，從集合教育出發，對幼兒學會算數、理解數的實際涵義及促進幼兒基本的數抽象概括能力發展具有顯著效果。由此可知，感知集合的教學是促使幼兒從籠統的集合感知到形成基本數概念的一個中介過程。所以，我們對幼兒初期的教育，首先應該教會幼兒感知集合和按元素比較集合，而不是算數，以便能更快更好地進入學習算數的階段，最後形成最初的數概念。

教導集合的觀念，使幼兒理解集合的包含關係，可有利於幼兒從包含關係上來理解數目，加深對數的理解，同時也有利於幼兒理解和掌握數的組成和加減運算

集合具有包含關係。集合與子集合之間存在著包含關係。集合包含子集合，子集合被包含在集合中（見下圖）。

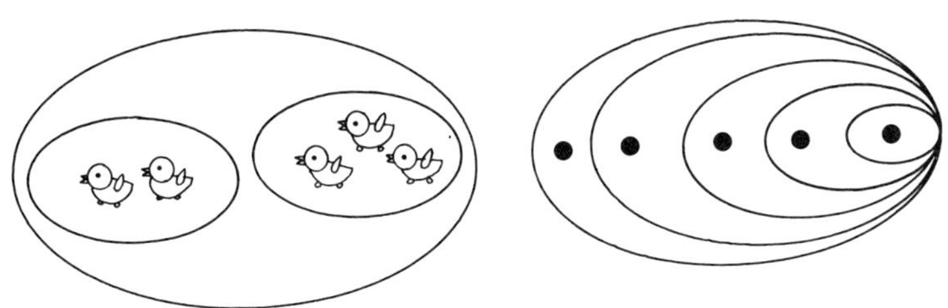

幼兒要表示數目，應該把幾個物體看成整體，必須在腦海中形成包含關係。這種關係如右下圖所示。圖中表示，幼兒在思維中把

「1」包含在「2」內，「2」包含在「3」內……等。因此，當給幼兒 5 個物體，如果他要用 5 來表示這組物體的總數，而不是只表示最後一個物體時，他必須將 5 個物體形成一個包含關係，這樣他就進一步深入理解了 5 的實際涵義。

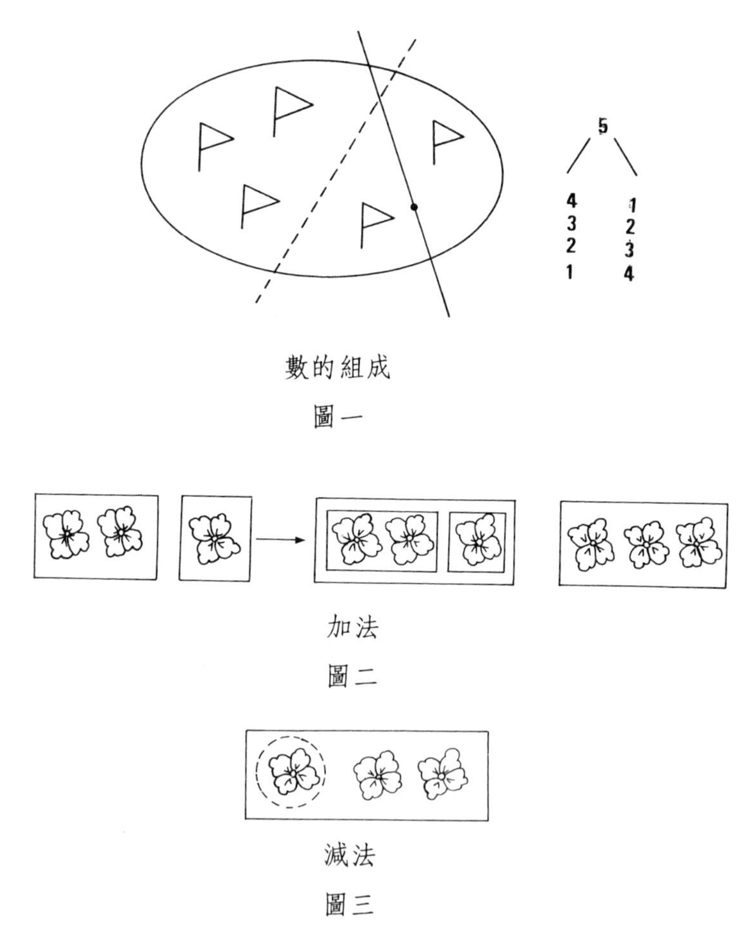

數的組成

圖一

加法

圖二

減法

圖三

另外，在韋恩圖，也可以直接地表示出數的組成和加減運算的涵義（見上圖一、二、三）。這種直接表示數的組成和加減運算，實際上就是集合和子集合關係的表現。因此，在幼兒未正式學習數的組成及加減法之前讓幼兒感知集合和子集合以及其關係，能爲幼兒學習數的組成和加減法打下基礎，做好感官方面的準備。同時，在學習數的組成和加減時運用韋恩圖，又能幫助幼兒直接地理解它們的涵義及數羣關係。

總之，感知集合符合幼兒認數的原則，感知集合的教學，不僅是小班學數前必要的準備教學，而且還應運用在整個幼兒期數學教學的全過程。

第二節 學前幼兒感知集合的發展

幼兒數概念發生於對集合的籠統感知，那麼這種籠統感知是如何清晰起來的呢？如何轉換到學習算數？又如何發展到爲數的組成，爲加減運算做好準備呢？前蘇聯列烏申娜在《學前幼兒基本數概念的形成》一書中的論述及我國幼教工作者的有關實驗，回答了幼兒感知集合發展這一問題。

二至三歲左右，幼兒產生了對集合的籠統知覺，但這種知覺並不精確

表現在他們傾向於要多的糖果，用「多多」、「好多」表示，但看不到集合的範圍和界限，同時也不能一個接一個地感知集合中的元素，還沒有精確地意識到元素的數量。如果讓幼兒用重疊法感知一個

集合中的元素，他們往往將物體擺出了集合的範圍。如下圖左邊畫有 4 個扣子的集合圖，要求幼兒用同樣顏色和大小的扣子疊放在扣子的圖上，下圖右邊是幼兒擺放的結果。他們不但不能將扣子正確地疊放在扣子圖形上，而且將所有的空隙也都擺滿了扣子，甚至還超出了集合的範圍。如果在他們玩一組物體（如5塊積木）時，教師在他們不注意的情況下拿走一、二件物體，這時對集合中部分元素的減少，幼兒是覺察不到。且實驗證明，對有 5 個物體集合的兩個元素的消失，能注意到的二至三歲幼兒僅占23.9％，而3到3歲半則達到了63％。這說明了 3 歲以前的幼兒，對物體羣的認知並不是把它當作一種結構完整的統一體。

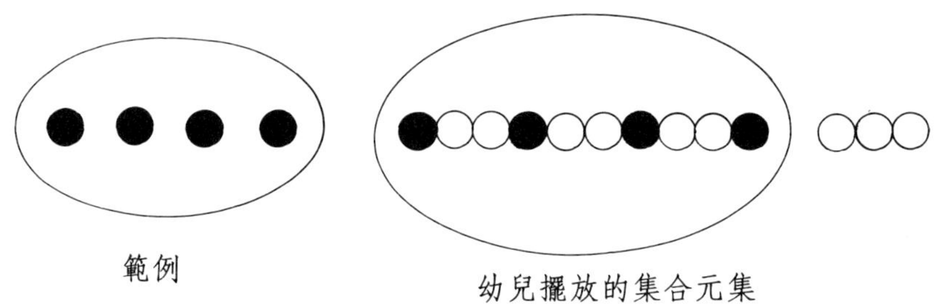

範例　　幼兒擺放的集合元集

三至四歲幼兒已逐步感知到集合的界限，對集合中元素的知覺逐漸精確

1.這階段的幼兒，在重疊集合中的元素能不超出集合的界線，而且，所擺的元素逐步地達到準確地一一對應。左下圖表示幼兒所擺的扣子已經限制在集合中頭尾兩個扣子之間，只是在空隙處多放了扣子，右下圖說明了他們逐漸能做到一個扣子圖形上擺放一個扣子的一一對應。

另外，幼兒能完成一個杯子配一個杯蓋的人數，三歲半約有

50%，四歲就高達84%，此差異是顯著的。由此可知，三歲半至四歲是對應能力迅速發展的階段。因此，幼兒在三歲以後就可以不用數，而用對應比較的方法，來確定兩個物體組之間的等量或不等量。

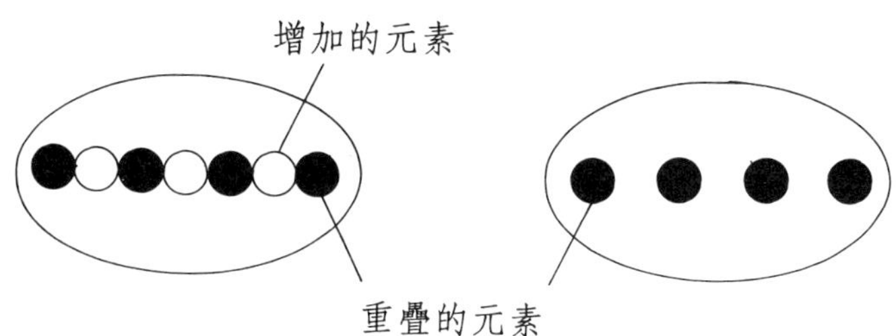

2.開始具有簡單的分類能力。類是邏輯學上的概念，從數學上談「類」就是集合。幼兒能瞭解集合的界限及元素，也就是能辨認物體（元素）並將它們歸類（形成集合）。三歲以後，幼兒能進行簡單分類，即按物體外部特徵分類（形成集合），像從大小、形狀相同，顏色不同的花朵卡片中，取出紅顏色花朵的卡片放在一起等。實驗證明，經由教學，小班幼兒已具有對相同實物和按實物大小、顏色、形狀、長短等分類能力。透過上述各項分類任務的小班幼兒平均人數可達88.8%。但這年齡階段的幼兒不能理解集合（類）的包含關係。如國旗集合裡包括三面大國旗和一面小國旗，他們不能正確回答「國旗多，還是大國旗多？」的問題，往往認爲大國旗多。因爲他們能見到的是具體的大國旗，國旗是看不見的。國旗是包括了大、小國旗在內的高一級類概念，這種類概念的獲得，需要幼兒具有一定的抽象概括能力，不能憑直覺判斷。因此，在缺乏包含概念的幼兒眼裡，自然大國旗就多了。

四至五歲幼兒已能準確地感知集合及元素，並能基本理解集合和子集合的包含關係

1.提高了按物體的某一特徵分類的能力。他們除了能很有效地完成小班的各種分類要求外，還可按物體的簡單用途和數量分類。

2.在直觀條件下，幼兒能對集合和子集合作比較，能基本理解它們的包含關係。例如：對三至七歲幼兒理解「類」包含關係能力作過實驗比較。如並排放著三隻小豬，都揹著救生圈，其中兩隻小豬穿紅褲子，問：「揹救生圈的小豬多，還是穿紅褲子的小豬多？」要求幼兒回答並說明理由。結果四歲的幼兒能正確回答的只占總人數的5%，而五歲幼兒可達45%。這說明了四至五歲幼兒對包含關係的理解能力發展較快，但能完成任務幼兒的比例不高，這年齡幼兒對「類」包含關係只處於基本理解的層次。

五至六歲幼兒對集合的理解進一步提高和擴展

1.能按兩種特徵將集合分成子集

如從一組不同顏色、大小和形狀的幾何圖片中把紅的大的圖片拿出來，或者把大的圓形的圖片拿出來等。

2.較能理解集合和子集的包含關係

上述實驗材料表示，六歲幼兒能理解包含關係的人數，已從五歲的45%上升到65%，所以可以理解並可按高一級的類概念要求進行分類。如按蔬菜、水果、樹等一級類概念分類。同時，對集合和子集關係的理解，也表現在大班幼兒可以懂得數的組成和加減運算中，數羣和子羣的關係，使幼兒能理解並掌握數的組成和加減運算。

對幼兒感知集合教學的強調及在幼兒數學教學中給予幼兒有關集

合的觀念，目的是在於使幼兒具備正式學習數數和掌握基本數概念的基礎，而不是要求幼兒去掌握關於集合的名詞和術語。

第三節 物體分類的教學

分類是把相同的或具有某一共同特徵（屬性）的東西歸放在一起。它是幼兒感知集合教學的重要內容，既是小班學數前教學的內容之一，也是學數以後中、大班的教學內容。

分類的意義

(一)分類能幫助幼兒感知集合

當幼兒把相同的或具有某一共同特徵的東西歸並在一起進行分類時，也就形成了某種物體的集合。所以，幼兒學習分類的過程也就是感知集合的過程。同時在分類活動中，幼兒將一個個物體加以區分和歸放，這樣亦能促進幼兒對集合中元素的感知。

(二)分類是算數的必要前提

要確定某物體組的數量，首先要將一類物體與其他物體區別開，才能進行算數。如要回答活動室裡有幾個玩具娃娃的問題，就要將娃娃從玩具中分出來，再數一數一共有幾個娃娃。所以，幼兒要對一組物體先進行分類，再計算它的數量。

以上兩點均指它對幼小幼兒爲學習計數和認數作準備方面的意義。

㈢分類能促進幼兒分析、綜合等思維能力的發展

幼兒進行分類時，要經過辨認（區分）和歸放（歸類）這兩個步驟。分類首先要按照一定要求，對物體逐一進行辨認，這一辨認的過程就是對物體的分析過程。接下來，再將同屬一類的物體或同屬一種特徵的物體歸放在一起，這就是綜合。分析和綜合是思維的基本過程，所以分類能促進幼兒思維能力的發展。

幼兒對物體的幾種分類方式

㈠按對象分類

1.按物體的名稱分類

即把相同名稱的物體放在一起。例如從一堆玩具中把皮球都拿出來放在小籃子裡。

2.按物體的外部特徵分類

即按物體的顏色、形狀分類。如將一盒裝有各種顏色的珠子，按顏色分別放在不同的盤子（盒）裡；一盒不同形狀的積木或花片，按不同形狀分成幾堆等。

3.按物體量的差異分類。

即按物體大小、長短、粗細、厚薄、寬窄、輕重等量的差異分類。如將木棍或塑膠棍按它的長短分別歸類，把重的球（玻璃球）和輕的球（乒乓球）分別放到小盒裡等。

4.按物體的用途分類

如將積木、玩具動物和塑膠小玩具歸成一類（玩具），將鉛筆、橡皮、尺歸爲一類（學習用的）。

5.按物體間的關係分類

如將手和手套、腳和鞋、乒乓球拍和乒乓球、在動物園裡的、從商店裡買的等歸放在一起。

6.按物體材料的性質分類

如按不同質地的布料（麻布、棉布、綢布將物體分類）和材料（木、塑、鐵、紙等）將物體分類。

7.按數量分類

如若干張畫有 1～5 個物體的卡片，按卡片上物體的數量分類。

(二)按包含關係分類

1.具體概念的分類

即對同類同名稱物體分類。如從不同水果的卡片中將香蕉、蘋果、葡萄、梨等分別歸類。

2.一級類別概念分類

如從一堆畫有各種水果、車輛、餐具等卡片中把車的卡片挑出來，或分別歸類。

3.二級類別概念分類

如按交通工具、玩具、植物等分類。

對上述分類的種類，應按年齡班幼兒的知識範圍及類別概念發展水準，進行選擇。如小班可進行物體名稱、外部特徵和量的特徵（大小、長短）分類，但應是具體概念水準的分類。中班可進行一級類別概念的分類。大班除一級類別概念外，對一些熟悉的物體可進行二級類別概念的分類。

教學目標

(一)小班

1.能從一堆物體中，根據範例和口頭指示分出一組物體。

2.能按照物體的某一外部特徵（如顏色、形狀）和量（如大小、長短、高矮）的差異進行分類。（每類物體宜在4個左右。）

3.能理解並掌握相關詞語。如「一樣」、「不一樣」、「放在一起」、「都是」等。

(二)中班

1.能按照某一物體量（如寬窄、粗細、厚薄、輕重）的差異分類。每類物體一般不超過5個。

2.能按物體的數量分類。

3.能理解並掌握有關詞語。如「合起來」、「分開」、「分成」等。

(三)大班

1.能按物體的兩個特徵分類（如大小和顏色、顏色和形狀、大小和形狀、大小和厚薄等）。

2.能自己確定分類標準自己分類，並用語言表達「爲什麼要把它們放在一起」。

3.能在分類過程中，基本理解類（集合）與子類（子集合）的關係。如蘋果裡面有大蘋果和小蘋果，小蘋果和大蘋果合起來都叫蘋果，蘋果多，大蘋果（小蘋果）少。

教學方法

㈠首先應讓幼兒感知和辯認分類對象的名稱、特徵和差異。如在小班應對要區分的一堆物體，分別說出它們的名稱或顏色等。

㈡說明要求和分類的涵義。進行分類時，應向幼兒清楚地講明按什麼要求分類，同時要使幼兒理解「把一樣的東西放在一起」的涵義。這樣才能使幼兒在行動上正確分類。

㈢按範例或口頭指示進行分類。

按範例分類。在和幼兒共同觀察物體的基礎上，先由老師拿出一個物品作為範例，讓幼兒學習從一堆物品中把和老師一樣的物品都拿出來（或放在一個小盒子裡）。繼而可出示兩個不同的物品作為範例，請幼兒將一堆物品分別歸類。

按老師的口頭指示分類。由老師說出物體的名稱或特徵，請小朋友將物體分類。如「請小朋友把紅的珠子放在這個小盒子裡，把綠的珠子放在另外一個小盒子裡」。「請小朋友把紅的圓形、藍的正方形、黃的三角形分開放在 3 個小盒子裡」等等。

對小班幼兒可先由教師示範如何按範例進行分類，然後再按教師的口頭要求進行分類。

㈣引導幼兒思考探索如何進行分類。當老師提出分類的要求後，應讓幼兒在觀察後認眞想想老師要求的是什麼，再動手進行分類。例如：對大班幼兒要求按兩種特徵分類時，請他們不要急於分類，先要仔細地對每件物體進行觀察，想想是不是和老師所要求的條件相符合，再採取行動。小班幼兒也往往不能把一樣的東西全找出來，教師也應提醒幼兒再仔細想想看看，是不是一樣的東西都找出來了。另外，對中、大班幼兒可以讓他們將一堆物體做自由分類，要求他們認眞思考探索怎樣分，按什麼條件分，以及為什麼這樣分。

㈤對不同年齡的幼兒提出不同的分類干擾條件，逐步提高分類的難度。例如，對小班幼兒所提供的分類條件要單一，按大小分類時，應選用同顏色、同形狀、不同大小的物體；對中班要求按長短分類時，可提供不同顏色、不同長短的棍子，讓幼兒在棍子顏色的干擾下，能正確地按長短做分類；對大班進行寬窄分類時，可提供不同顏色、不同長度、不同寬窄的紙板，要求幼兒在顏色、長度的干擾下，正確地按寬窄分類。

㈥討論分類的結果，以加強類別概念和理解分類的包含關係。幼兒在分類後，討論分類的結果是分類教學的重要步驟，也是加強對類別概念理解的重要方法。例如：當小班幼兒把同樣物品取出以後，老師分別請幾位小朋友將他們所拿出來的物品呈現給大家看，共同討論他做的對不對，爲什麼對。當中、大班幼兒分類後，應和他們一起討論應該怎樣做以及爲什麼要這樣做，在幼兒說明理由過程中，引導他們理解母類和子類的關係。例如：「我把橡皮擦、尺、鉛筆、削鉛筆機放在一起，因爲它們是學習用的東西」。或者「我把3輛小汽車、2輛自行車和1輛救護車放在一起，因爲他們都是車」。老師可進一步提出「是車多？還是小汽車多？」「小汽車、自行車和救護車合起來和車比哪個多？哪個少？還是一樣多？」「小汽車、自行車和救護車又是哪個多哪個少呢？」等問題，經過幼兒的共同討論，最後老師做出總結時，應重點強調母類包含著子類，母類大於子類的包含關係，從而建立兒童集合的觀念。

第四節

區別「1」和「許多」的教學

區別「1」和「許多」是小班初期學數前準備教學的內容。

「1」是自然數的基本單位，也是表示集合中元素數量的基本單位。「許多」是一個籠統多數的詞彙，它代表含有兩個以上元素的集合。不論「許多」代表的數量多少，它總是由一個一個的物體（元素）構成的。

區別「1」和「許多」的意義

幼兒很小的時候就已經對物體的多數量有所反映，他們往往用「還要」、「要多的」來表示對量的要求，但他們並未意識到構成「許多」的元素。同時三歲幼兒對集合中元素的感知是泛化的。所以教幼兒區別「1」和「許多」，主要是引導他們感知集合及其元素，促進幼兒感知元素的分化過程。當幼兒把一個又一個的物體放在一起時，就成了「許多」，他們在這個過程中，能正確地感覺到「許多」這個集合中的一個個元素。總之，從「許多」中又分出一個又一個的物體時，也起到同樣的作用，所以區別「1」和「許多」的教學，是學習逐一算數和認識1以內數的基礎。

教學目標

㈠能區別1個物體和許多個物體。

㈡能理解「1」和「許多」之間的關係。即1個、1個……合起來是許多，許多可以分成1個、1個……。

㈢能在生活中運用「1」和「許多」詞彙。

教學方法

㈠在區別「1」和「許多」的教學時，首先要教幼兒學會區別1

個物體和許多個物體，然後幫助幼兒瞭解「 1 」和「 許多 」之間的關係。教學過程必須借助直觀教具來進行。

㈡透過觀察和比較，教導幼兒區別 1 個物體和許多個物體。

教師利用具體教具，引導幼兒邊觀察邊比較，看看什麼東西是 1 個，什麼東西是許多個。例如， 1 輛大汽車和許多輛小汽車； 1 個魚缸和許多條魚； 1 棵樹上結了許多個果子等等。透過對各種 1 個和許多個物體的觀察和比較，使幼兒基本理解「 1 」和「 許多 」都是在表示物體的數量，學會了區別 1 個物體和許多個物體。

㈢採用教學遊戲以及幼兒操作等方法，讓幼兒瞭解「 1 」和「 許多 」之間的關係。

例如：「 小白兔拔蘿蔔 」是一個貫穿上課全程的情節性教學遊戲。整個教學過程都緊緊圍繞著「 1 」和「 許多 」之間的關係進行。

「 小白兔拔蘿蔔 」遊戲有以下幾個步驟：

1.老師當兔媽媽，小朋友當小白兔。讓小朋友知道兔媽媽只有 1 隻，小白兔有許多隻（ 認識「 1 」和「 許多 」）。

2.老師拿出一隻小白兔頭飾，引導小朋友說出這是「 許多 」小白兔頭飾後，再1個1個地分給小朋友並戴好（ 每人一個 ）。在爲每位小朋友分別戴頭飾時，教師說：「 我給×××一個頭飾 」，該幼兒則回答「 我是一隻小白兔 」（ 認識「 許多 」分成 1 個又 1 個……）。

3.兔媽媽帶著小白兔蹦蹦跳跳地進入了菜園（ 教室的另端地上放著與教師和小朋友人數相等的布製玩具蘿蔔 ）。兔媽媽說：「 我在菜園裡種的蘿蔔都長大了，小兔子們你們說地上有多少蘿蔔呀？ 」小白兔回答：「 有許多蘿蔔 」。然後請小白兔幫兔媽媽每人拔 1 個蘿蔔回家，要求每個小朋友拔完蘿蔔後都要說：拔了 1 個大蘿蔔。這個過程複習了「 許多 」分成 1 個 1 個……

4.要求小白兔把拔下的蘿蔔 1 個 1 個地放到籃子裡去（ 認識 1 個 1 個合起來是「 許多 」）。

5.遊戲結束時，要求小朋友 1 個 1 個地將頭飾交給老師。這時又利用頭飾再複習一遍 1 個 1 個（頭飾）合起來就是「許多」（頭飾）。

從這一實例可以看出，上課的每一個步驟都是圍繞著「1」和「許多」的關係。教師在這一節數學課中，運用遊戲法、比較法、操作法等教學方法，呈現動靜交替的原則。

㈣加強練習

當幼兒基本學會區分「1」和「許多」，並瞭解「1」和「許多」的關係後，還需加強練習。

1.透過各種形式，讓幼兒尋找1個物體和許多個物體

一般有三種形式，從易到難的順序是：

①讓幼兒在準備好的環境中尋找。

如在桌子上放著一把水壺和許多個茶杯；在玩具架上放一個娃娃和許多小動物玩具；在圖片上畫著一棵樹，樹上有許多隻小鳥。

這種形式對比鮮明，「1」個和「許多」個物體被突顯出來，幼兒比較容易尋找。

②引導幼兒在自然環境中尋找。

如可從活動室裡找出 1 扇門和許多窗戶； 1 位老師和許多位小朋友；牆上有 1 架鐘和許多小朋友的圖畫等等。

這種形式的尋找相對而言較為困難，因為尋找的空間範圍較廣，沒有確定的目標。往往需要教師做些引導和啓發，如讓幼兒認眞地找找，看看「牆上（屋子裡、玩具架上）有什麼？」「什麼東西只有 1 個，什麼東西有許多個？」等。

③教幼兒運用記憶尋找。

讓幼兒憑記憶說出家裡、幼稚園和周圍其他場所中什麼東西有1個，什麼東西有許多個。如家裡有 1 台電視機， 1 張桌子和許多把椅子，幼稚園院子裡有 1 架滑梯和許多棵樹，公共汽車裡 1 位司機開車，許多人坐車等。

這種形式需要記憶和心象的參與，因而對幼兒來說更困難一些，也需教師的啓發。

2.運用幼兒的各種感官感知「1」和「許多」

透過「看一看」、「聽一聽」、「摸一摸」和「跳一跳」等形式，讓幼兒運用視覺、聽覺、觸覺和動作等進一步感覺「1」和「許多」。如教師拍手、擊鼓（鈴），讓幼兒聽出老師拍擊的是 1 下還是許多下，也可讓幼兒自己拍 1 下或許多下手，從而運用幼兒的聽覺和動作，讓幼兒感覺「1」和「許多」。利用觸覺的活動，可以採用類似下面的方式：用口袋裝 1 個乒乓球和許多個鈕扣，讓幼兒用手摸一摸，說出口袋裡有多少乒乓球和鈕扣等。

第五節
比較兩組物體相等和不相等的教學

比較兩組物體的相等和不相等，就是用對應的方法，比較兩個集合中元素的數量，確定它們是一樣多還是不一樣多以及哪個多和哪個少。這是不用數進行的數量比較活動，是小班學習區分「1」和「許多」之後，學習算數和認數以前的認知集合教學內容。

比較兩組物體相等和不相等的教育意義

㈠幫助幼兒準確地感知集合中的元素。

㈡使幼兒學會用對應的方法比較物體組的數量。幼兒學會對應的重要性，不僅在於它是一種比較物體多少的方法，而且還在於掌握對應是幼兒學算數乃至理解數概念的基礎和準備。因爲算數活動，就是把要數那個集合的元素與自然數列中從「1」開始的自然數，建立起一一對應的過程。因此，幼兒若不能掌握對應的方法，也就不能掌握計數活動，不能理解數目的涵義。因此，國內外許多學者都把對應看作是一種前數概念，是數學教學的一個重要內容。

㈢使幼兒感知到物體組中物體（元素）的數量，從而獲得數的感官經驗。

教學目標

㈠能學會對應。會將一個物體組與另一個物體組進行對應、比較。

㈡能在學會對應的基礎上，不用數進行兩組物體（每組物體不超過5個）的比較。知道哪組多，哪組少，或者一樣多。

㈢能理解和運用「一樣多」、「不一樣多」、「多」、「少」等詞彙。

教學方法

在區別「1」和「許多」的基礎上，教幼兒比較兩組物體的數量，常用的比較方法爲重疊法和並置法。

㈠重疊法

將一組物體從左向右擺成一行，再逐次地將另一組物體一對一地重疊到前一組物體上面，比較兩組物體是一樣多還是不一樣多？例如，比較盤子和碗的多少，先發給每個幼兒3個玩具盤子和3個玩具小碗，請小朋友將盤子依次從左向右放好，再將小碗一個個地放到盤子上面，然後讓幼兒比較並回答：「盤子和小碗是一樣多還是不一樣多？」「那個多？那個少？」以及「爲什麼是一樣多（少？）」等問題，讓幼兒瞭解「一樣多」、「不一樣多」、「多」、「少」的涵義，並學會運用這些詞彙。在開始學習擺放和比較兩組物體時，如幼兒感到困難，教師可給予示範。

㈡並置法

把一組物體從左向右擺成一行，再將另一組物體一對一地排放在前一組物體的下方，然後比較這兩組物體的數量。教學方法和重疊法一樣。

幼兒掌握並置法比重疊法還難。雖然這兩種方法都要求幼兒精確分辨元素，學會用對應的方法，但並置法除了要求會一一對應外，還有距離和方位的要求，上下對齊，並保持一定間隔。教學中應先採用重疊法，再使用並置法。運用這兩種方法要注意以下問題。

1.擺放物體時，要教幼兒使用右手，從左向右擺好，以培養幼兒動作的規範性。

2.應將物體擺成橫排，進行對應比較。

3.在比較中，要先教幼兒比較兩組數量一樣多的物體，再比較數量不一樣多的物體。比較不一樣多時，兩組物體數量相差爲1。

4.物體組中物體的數量一般不超過5個。因爲這是數前教學，目的在於感知集合及學會對應。數量過大會給幼兒帶來困難，影響主要目標的達成。

5.對應比較時，要用具體的實物或教具，但不要要求幼兒說出數詞，不要用數進行比較。

向幼兒進行感知集合教學時，不論是分類、區別「1」和「許多」，還是比較兩組物體的相等或不相等，除了在集中上課時間內進行教學外，還應引導幼兒在日常生活、自由活動中，複習各種遊戲以及數學角活動。

思考與練習

1.感知集合教學的涵義是什麼？爲什麼感知集合教學是幼兒數學教學的一項重要內容？

2.三個年齡班分類教學的要求有何不同，爲什麼？幼兒可進行哪幾種分類活動？如何指導幼兒的分類活動？如何在分類活動中教導集合的觀念？

CHAPTER 5

幼兒10以內基本數概念的發展與教學

學數前的感知集合教學爲幼兒學習算數和掌握10以內基本數（這裡指自然數，以下同）概念的基礎。幼兒基本數概念是怎樣形成和發展的？這則是幼兒數學教學所必須解決的問題。

幼兒10以內基本數概念，包括了以下內容：10以內數的實際意義；10以內序數；10以內相鄰數及等差關係；10以內數的保留；讀寫10以內數字和10以內數的組成，而算數活動則是幼兒形成基本10以內數概念的基本活動。

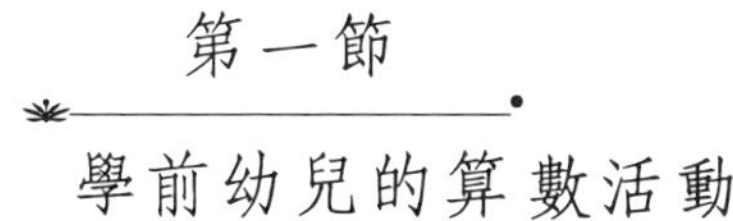

第一節 學前幼兒的算數活動

什麼是算數活動

算數活動是一種有目的、有方法、有結果的操作活動，其結果表現爲數的形式。

算數的目的是要確定物體的數量。算數需要採取逐一點數的操作方法。最後用某一個數詞表示這羣物體的數量，所以其結果表現爲數的形式。

算數活動的進行

算數活動的進行是將具體集合的元素與自然數列中從「1」開始的自然數之間建立起一一對應的關係。只要不遺漏，也不重複，數到最後的一個元素所對應的數就是算數的結果，即總數。

如用手指逐一地點出桌面上擺成橫排的玩具小雞，同時說出1

隻、2隻、3隻，使說出的每一個數都與一隻小鷄相對應，建立起一一對應關係。最後數到 3 ，那麼 3 隻小鷄就是桌上小鷄的總數，幼兒以「一共有 3 隻小鷄」來表示算數的結果。

算數活動的結構及發展

算數活動是由許多部分（因素）組成。算數活動的結構可從內容和動作兩方面進行分析。

(一)內容方面

算數活動的結構從內容方面可分為四個部分：

1.依次說出數詞；

2.從集合（物體羣）中區分出每一個元素（對象）；

3.使每個數詞只與集合中的一個元素相對應；

4.說出總數。

(二)動作方面

算數活動的結構在動作方面，主要包括手的動作和語言動作兩個部分。這兩部分的動作各自遵循由低到高，由外部到內部的發展過程。

1.手的動作

開始學習算數時，幼兒的手要觸摸並移動物體，然後到只觸摸物體，再發展到不觸摸，在一定距離外指點物體，最後發展到只用眼睛區分物體並點數，以眼代替手的動作。

2.語言動作

最初要高聲說出數詞，然後再小聲說出數詞，再發展到動動嘴唇，最後發展到不出聲的默數。

在幼兒算數過程中，手和語言的動作是相互聯繫和配合的。初學算數時會有明顯的外部動作特徵，既要用手移動物體，又要大聲說出數詞。逐步做到指點物體小聲說數，最後大班幼兒可進行默數。

數數活動是幼兒形成基本數概念的基本活動

數前教學中，幼兒在不用數的情況下學習分類，區分「1」和「許多」以及對應比較兩個物體組數量的相等或不等，幼兒形成基本的數概念，但這些活動無法在最終形成數的最初概念。只有透過算數活動，最後說出總數，才是對數實際意義的基本認識，才能對數形成最初的數概念。

國內外一些學者，認爲幼兒在學會算數之前，具有對小數量物體直接認知（也可稱整體知識）的能力。美國克萊赫爾（D.Klahr）和華萊士（J.G.Wallace）1976年的研究中提出，整體知覺是認識數量的第一個途徑，是一種無需社會傳遞的技術。可知幼兒數概念自辨數開始，此後則發展出一種認數能力（不用算數直接認出數目的能力），這種能力要比算數還早。

這種在算數前，直接認知小數量物體數目的能力，是否可作爲幼兒掌握最初數概念的主要活動呢？我們認爲，對小數物體數目的整體知覺，是幼兒數概念發展過程中的一種現象，不是幼兒形成最初數概念的一種主要途徑。因爲幼兒直接認知物體數目只侷限於小數量的範圍。一般認識 4 以內，再大些數目就要依靠算數了。算數不受視覺廣度的限制，一旦幼兒掌握了數的順序及手口對應的算數方法，就能順利地學習 10 以內，甚至更大一些的數了。

幼兒用算數的方法認識物體數目的人數、隨著算數對象的增加和幼兒年齡的增長而迅速上升的事實，均說明幼兒基本數概念形成的主要而基本的活動是算數。

第二節
幼兒10以內基本數概念的發展

幼兒掌握基本的數概念具有一般的發展原則，不同年齡的幼兒掌握數概念的程度也不相同。老師應瞭解和掌握幼兒基本數學概念發展的知識，才能深入理解教學的心理學依據，進行有效的教學。

幼兒 10 以內基本數概念發展的一般過程

幼兒掌握 10 以內基本數概念，需經過由具體到抽象，由感性到理性的一般認知發展過程。由具體到抽象是幼兒對周圍事物形成各種概念，所共有的認知過程，但對幼兒數學教學來說，研究和理解幼兒基本數概念發展的過程尤爲重要。幼兒要掌握數概念，即使是簡單的 10 以內數，同樣也要經歷這樣一個過程。

幼兒掌握數概念首先是從具體出發。換言之，就是從接觸具體的事物開始，從親自擺放、觸摸、看具體事物中獲得有關物體數量方面的感官經驗開始。這種對數量的感官經驗越豐富就越有利於幼兒形成基本的抽象數概念。例如：認識 3 ，幼兒反覆接觸各式各樣的 3 個物體的集合，這樣幼兒對 3 的認識就具有豐富的感官經驗，知道 3 可以指 3 隻小雞，也可以表示 3 個蘋果、 3 架飛機、 3 朵花……，一切數量爲3的一組物體集合。因此，我們強調幼兒基本數概念的教學，應重視運用各種具體教具，並爲幼兒提供操作、遊戲用的多種材料和玩具，以利於獲得豐富的感官經驗，這是具體或感官認知的過程。

幼兒對數的抽象認知，是在感官認知的基礎上發展起來，幼兒對數量具體的感官認知與對數的抽象認知，不是截然分開的兩個階段。

幼兒是在獲得數量的感官經驗過程中，逐漸產生對數量認知的抽象成分。幼兒對數要達到完全抽象層次上的認知，要經過由量的積累到質變化的漸進過程，也就是在幼兒頭腦中對數的認知具體形象成分逐漸減少，抽象成分逐步增加，最後達到完全擺脫對具體形象的依靠，掌握眞正抽象意義上的數概念。以 3 爲例，最初幼兒點數 3 個物體後說出總數（一共是 3 個皮球），這個說出總數，就意味著最初步的數抽象成分，因爲這時幼兒說出的一共是 3 個皮球，已不單指最後指點著的那 1 個皮球，而是概括了前面已經點數過的 2 個在內，這就意味著幼兒已經開始萌發對 3 這個數的抽象成分。此後，隨著對 10 以內的數一個一個地認知，再認知 10 以內相鄰數之間的多 1 和少 1 的關係，再做到數保留等，幼兒對數認知的抽象成分日益增加，思維的抽象能力逐漸提高，直至完全無需以直觀形象爲依託，能直接用抽象的數進行思考或運算，如口頭進行數的組成或口頭加減試題運算等，這時算數抽象的最後完成，才是幼兒對數概念的掌握發生了質的變化。

由此可見，幼兒掌握數概念所經歷的具體到抽象過程是一個相當複雜的認知過程。因而，在幼兒數教學中，引導和促進幼兒對數認知的這一具體到抽象的過程，重視在這過程中逐步提高幼兒思維的抽象能力和推理能力，是幼兒數學教學中的一個十分重要，甚至可以說是中心的任務。

然而，就總體上而言，整個幼兒期對數的認知仍是具體形象成分占主要地位，無論學習哪一個具體的數知知，甚至在大班中進行的數的組成及簡單加減法教學，均要從直觀入手，再發展到形式思考。所以，我們旣要理解並重視引導幼兒在掌握數概念過程中，抽象成分逐漸增加，思維抽象能力、推理能力逐漸提高的一面，又不能片面地理解和過高地估計其抽象性，否則在數教學中，易出現過早地運用抽象的數進行教學的錯誤。也正基於這個觀點，我們稱幼兒期爲基本數概念發展的時期，以「基本」來表示不完全抽象程度上數的認知，以與學齡幼兒及成人的區別。

幼兒掌握 10 以內數概念的年齡階段及特點

以下對幼兒 10 以內數概念的發展，按幼兒的年齡階段作縱向說明，並同時闡述 10 以內基本數概念所包含的內容，以突顯數概念發展的連續性和階段性，以及各階段的年齡特徵，便於教師進行教學。

(一)第一階段（二歲半左右至三歲半左右）學數前的準備階段

這階段主要是在不用數的情況下，發展對集合和集合中元素的感知和學會對應比較（詳見第三章第二節）。

(二)第二階段（三歲半左右至四歲左右）學會算數和基本理解的實際意義階段

經過了學數前集合感知教學，三歲半左右幼兒表現出對算數的興趣，而且具備了學習算數的條件。

三歲半左右是幼兒算數能力開始發展的時期。三歲幼兒能算數 3 以內數的，平均只約有20%，無人會點數 4 ，說明三歲學習算數尚有困難。到了三歲半，會 3 以內算數的，平均可達63%左右，算數 4 以內的，平均也達56%。四歲組幼兒點數 4 以內物體，準確率平均已高達85%，這說明三歲半至四歲幼兒算數能力開始有了明顯的發展。可見，經過教育，三歲半至四歲幼兒可以開始學算數並掌握小數量的數。

1.幼兒掌握算數的過程

幼兒早期學習算數，一般要經過以下過程：口頭說數→按物點數（點數實物）——→說出總數。這個過程，既是掌握算數活動的過程，又是掌握最初數概念的過程。

⑴口頭說數。是以口頭按順序說出自然數的能力。它僅是口頭上的唱數，沒有手與實物的對應。口頭算數是機械記憶的結果，正如背誦一首兒歌一樣，並不代表對數實際涵義的理解。如幼兒在成年人的教導下，能順口說出 1、2、3，卻不能正確地拿出 2 個物體。但是口頭說數能力的發展，對幼兒學習算數也具有積極意義，它使幼兒獲得數詞的名稱以及自然數順序方面的知識和經驗，這是正確算數不可缺少的一種能力。國外不少學者，對幼兒口頭說數做過研究，普遍認爲幼兒開始說出的前幾個數是有順序的，後面的就混亂了，如 1、2、3、6、4、8……，有順序部分隨能力及年齡的發展逐漸擴大。

⑵按物點數。即用手逐一指點物體，同時有順序地說出數詞，使說出的一個數詞與手點的一個物體一一對應。按物點數要求幼兒做到手口一致，既不重複，也不漏數。正確地按物點數需要手、眼、口、腦的協同活動。它比口頭說數困難，是口頭說數後基本的算數過程。幼兒從口頭說數到掌握按物點數，其過程往往會出現手口不一致的現象，有以下幾種不同的情況表現：

①口能從 1 開始順著數，但手卻不能按物一個一個地點，而是亂點；

②雖能按實物的順序一個一個地點，但口卻亂數，其中往往只有開始的幾個數和最後的幾個數是按順序說出的；

③口與手雖然能有節奏地配合，但不是一對一的配合，往往是數 2 個數點一個實物，或者數一個數點 2 個實物。

由此可見，不能按物點數就是不會數數，也未形成最初的數概念。但是我們應該注意到的另一個問題，就是這種手口不一致的現象通常是幼兒在學習數數之前，未充分學習感知集合及其元素的原因，也和未學會用對應的方法，比較兩組物體數量的數前準備教育（感知集合教學）有直接關係。換言之，那些受過數前集合感知教育的幼兒，將較少出現手口不一致現象或較易得到糾正。

⑶說出總數。指按物點數後，將說出的最後一個數詞代表所數過的物體的總數量，即回答「一共是幾個」的問題。會按物點數不是數數活動的完成，只有會說出總數，才是數數過程的完結，才能稱之為學會了數數。說出總數具有重要意義，它說明幼兒已能將最後說出的數詞，作為對數的總體，這是在直觀形象思維基礎上出現的最初的數抽象，它代表著幼兒開始理解某數的實際涵義。但幼兒開始學習數數時，按物點數與說出總數是一個連續的過程，而不是同一過程。幼兒往往會手口一致地點數物體，卻不能正確地說出總數，他們說出總數時往往會出現下列幾個現象：①直接回答「不知道」；②重複按物點數的過程；③用一個固定的數詞作答，如不論點數幾個物體都回答是「5個」；④機械地模仿成年人的答案等等。因此，教幼兒數數，要特別重視說出總數這一環節，可採取一些措施幫助幼兒說出總數。

2.影響幼兒數數能力的因素

⑴教育及文化背景

幼兒數數能力的發展，是環境及教育影響的結果。不同地區和不同的文化背景，能造成幼兒數數能力的個別差異或地區差異。小班幼兒數數的水準，都市與鄉村有明顯差別，都市地區有75%的小班幼兒正確點數後能說出的總數可達到4，而鄉村地區只有65%的小班幼兒達到3。至於偏遠地區或山區等地區其差異就更明顯。即使在相同的背景下，同年齡班級的幼兒學習數數也有快和較困難的，且能正確數數的個別差異就更明顯。因此，向幼兒進行數學教學，應瞭解和考慮到每個幼兒的實際水準和能力，使他們都得到應有的發展。

⑵數數的對象或數數方式

①在空間分布相同的情況下，點數物體的大小對幼兒數數活動產生影響。例如，以體積約為 10 立方釐米的玩具動物排成一行，讓幼兒點數，幼兒能正確數數的範圍要稍大於讓他點數同樣排成一行的棋子。

②物體的空間排列形式對幼兒數數也會產生影響。例如，對下面三種排列形式：a.將圍棋排列成行，棋子間隔半釐米；b.棋子密集地排成一行；c.棋子不規則地聚集在一起。幼兒對這三種排列形式數數的成績是依次下降，間隔排成行的最好，不規則聚集擺放的最差。

③數數活動的方式也會影響幼兒數數的水準。例如，幼兒對以下三種數數方式：a.幼兒一面依次撥動（或移動）排列成行的物體，一面數數；b.不撥動物體只用手指點數物體；c.幼兒一面從容器中一個一個地取出物體，一面數數。第一種數數方式成績要優於其他兩種，第二種次之，第三種最困難。

④同時呈現並保持不變的數數對象，較有利於幼兒的數數活動，而相繼呈現並更替數數對象則較難。例如，讓幼兒數數有節奏的敲擊聲（相繼呈現的數數對象），成績不如藉由目視點數實物（不變的數數對象）。如果讓幼兒自己一面擊鼓，一面數數，成績則更低。

因此，教小班幼兒開始學習數數時，運用的教學方法應考慮到以上諸因素，一般宜先選用較大的物體作爲直觀教具，將物體間隔地排列成行，並一邊撥動物體一邊說出數詞。此後要視幼兒數數能力的情況，適時改用密集排列、不撥動物體、小聲說數等方式進行。運用各種感官數數，作爲複習數數的活動方式。

㈢第三階段（四歲左右至五歲左右）數數能力的加強和基本數概念形成階段

其主要表現在以下幾方面：

1.已較能掌握數數活動

在小班學會數數的基礎上，由於反覆練習，使得幼兒的數數能力逐漸增加，克服了手口不一致的現象，並能正確地數數，並說出總數。有的兒童已能夠較小聲說數，並指點物體進行數數，而不需大聲和移動物體了。

在幼兒認識 10 以內數之後，他們還能學會順接數：從任何一個數數起數到 10，例如教師說 3 ，小朋友接著數 4、5、6、7……，這種接數的能力也是數數能力提高的表現。

2.認數範圍擴大到 10

四至五歲幼兒大部分能正確地點數 10 以內的物體，並能說出總數，而且能按指定的數（10 以內），正確取出相應數量物體。

3.基本理解相鄰兩數之間的關係

隨著幼兒認數範圍的擴大，使這階段的幼兒對 10 以內相鄰兩數比較的能力逐步發展。相鄰數是指數量相差為 1 的兩個自然數，比較相鄰兩數的能力，就是知道相鄰兩數之間多 1 和少 1 的關係。當幼兒開始理解自然數列中相鄰兩個數之間多 1 少 1 的關係時，其表示幼兒已在數與數之間初步地建立起關係，這種能力的發展既可看成對數實際涵義的進一步理解，也是理解自然數列間關係的最初形式。

這種比較 10 以內相鄰兩數多 1 少 1 的能力，是在四歲以後發展起來的。四歲以前的幼兒雖然也只認識少量的數，但此時他們對一個數與另一個數之間只是機械地建立順序聯繫，即使是能比較相鄰兩數之間的關係，也只是籠統地知道誰比誰多，誰比誰少（如 3 比 2 多，2 比 3 少），難以準確地說出多 1 和少 1 的關係。但在四歲以後，隨著認數範圍的擴大以及在教學過程中運用數形成的方法，幼兒逐漸能理解相鄰兩個數之間的多 1 和少 1 的關係。但這時理解兩數之間的關係，一般是借助實物並依靠數數來比較，且他們並沒有明確地建立起 10 以內自然數列之間等差關係的概念。

4.基本理解數的保留

數的保留是指物體的數目不因物體外部特徵和排列形式等的改變而改變。

將「保留」這個名詞用在心理學和教育中是皮亞傑首創的。保留不僅有數保留，還有長度、面積、容積等其他量的保留。

皮亞傑認爲，幼兒能否具有數保留的能力，是衡量數概念的指標。對皮亞傑所提的「保留」觀點已較普遍地被接受。但具有爭議的是保留概念出現的年齡及教育能否促進保留能力的發展等問題。

幼兒能做到數的保留是對數的實際涵義有切實理解，它意指幼兒基本數概念的形成。因爲它要求幼兒需排除其他因素的干擾，只顧及到數目，但這需要幼兒有一定抽象概括的思維能力，能將數從它的具體對象及排列等外部特徵中抽象出來。

皮亞傑認爲，幼兒一般要到六歲半至七歲才知道總數不變的道理。五歲以前的幼兒大都不能理解數的保留。例如8個小球配8隻杯子，當它們對應地列成兩排時，幼兒知道小球和杯子一樣多，但是變換其中一排物體的位置，如將小球聚攏，使杯子的排列長於小球（見下圖）。

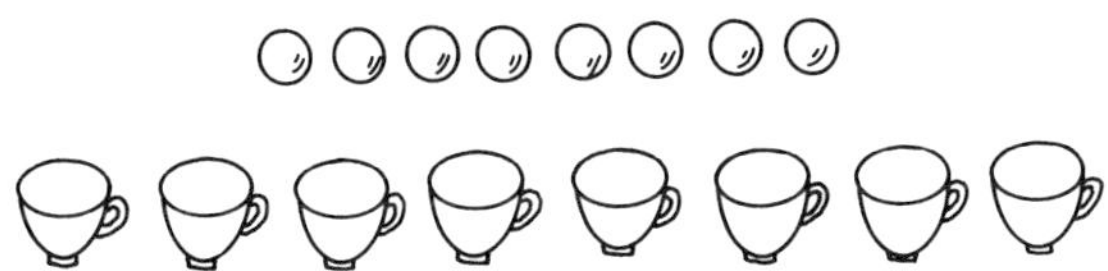

那麼年齡越小的幼兒越容易產生缺乏保留的現象，他們會說小杯子多了。這是由於幼兒不是根據物體的數目進行判斷，而是根據物體排列的長度特性判斷所致，這種影響隨著年齡的增長逐漸減少，直至約六歲左右幼兒才能掌握，但這些實驗一般是在未進行過數的保留教學的情況下進行的。近幾年在實際的教學下，大多數五歲左右的幼兒已能掌握 10 以內的數保留，能基本理解物體的數目和物體的顏色、大小、和擺放的方式沒有關係，不同物體、不同排列形式的物體數量可以是一樣多，因爲「它們的數是一樣的」。

5.認識序數

序數是表示集合中元素次序的數，是用自然數表示排列的次序，回答「第幾」的問題。例如：第一、第二、第三……。

但爲什麼要認識序數？因爲自然數有量和序兩方面的意義，表示物體的總個數（回答有幾個）稱爲基數。表示物體排列的次序（回答第幾個）叫做序數。所以發展幼兒的數概念應包括認識序數。

認識序數要在認識基數的基礎上進行，因爲當幼兒要回答第幾個的時候，他首先應依次點數，點到「3」的時候，這個「3」既表示一共有3個物體，同時也表示這個物體是排在第三個位置上。如果沒有點數，沒有基數的基礎，就無法表示序數（數的位置）。序數概念是在四歲以後發展起來的，三歲幼兒一般還沒有次序的觀念，常常無法區分基數和序數。例如：三歲幼兒不會回答「這是第幾個」的問題，往往是以基數來作答，說成「2個」、「3個」。如要求他們拿出第幾個的東西，他們卻隨意取出一個或取第一個或最後一個。四至五歲幼兒序數概念有了較大的發展，到中班末期能正確回答 10 以內「第幾個」的問題或完成拿出第幾個東西的任務。可見，這種認識序數的能力是和認識 10 以內基數能力的發展相適應的，也是數概念基本形成的一種表現。

6.認讀 10 以內阿拉伯數字

數字是數的符號。自然數裡最基本的數字有 9 個，即阿拉伯數字 1、2、3、4、5、6、7、8、9。此外還有一個數「0」，「0」是空集合的記號，它表示集合中沒有元素，0 不是自然數，它比任何自然數都小，這樣就構成了常用的 10 個數字。將這 10 個數字進行不同的組合，可以得出任意自然數。

教幼兒學會認讀和書寫這 10 個數字，不僅能加強幼兒對 10 以內數的認識，而且能發展幼兒數的抽象能力，能夠從數的符號引起數的心象。

中班幼兒已經認識了 10 以內數，而且對數的涵義有更深的理解，他們對 10 以內數已有較多的感官經驗，所以，在這個前提下他們就可能開始認讀 1～10 的阿拉伯數字。至於書寫數字那是大班的事了。

(四)第四階段（五歲左右至六歲左右）進一步認識數的關係及數羣概念基本發展的階段

主要表現為：

1.能理解三個相鄰數及其關係和 10 以內自然數列的等差關係

在中班，已有了 10 以內數及相鄰數的基礎，大班幼兒能較順利地認識相鄰的三個數及比較三個相鄰的數的關係。相鄰的三個數是指某數及前面一個數和後面一個數，例如：3 的相鄰數是 2 和 4；7 的相鄰數是 6 和 8。一個數與其相鄰兩數之間是多 1 和少 1 的關係，例如：3 比 2 多 1，3 比 4 少 1；7 比 6 多 1，7 比 8 少 1。因此，大班認識相鄰的三個數不僅要幼兒掌握某數的前一個數是多少，後一個數是多少，還應著重讓幼兒理解三個相鄰數之間的多 1 和少 1 的關係，也就是懂得為什麼某數的兩個相鄰的數必定是多少和多少，例如：5 的好朋友是 4 和 6，因為 5 比 4 多 1，5 比 6 少 1。

自然數列的等差關係是指自然數列中，除 1 以外的任意一個數，都比前面一個數多 1，比後面一個數少 1，可用 n+1表示（n 代表任意一個自然數）。相鄰三個數的關係實際上是自然數列等差關係的具體表現，而自然數列的等差關係又是三個相鄰數關係的進一步抽象和概括。因為這時多 1 和少 1 的關係，不只是指某三相鄰數之間的關係，而是包含自然數列中所有的數與數之間的關係。所以它是認識自然數相鄰關係的發展和必然結果。六歲左右的幼兒在認識三個相鄰數及其關係的基礎上和成人的指導下，對相鄰數的關係作進一步的抽象和概括，能理解按順序排列好的 1～10 數當中，隨便哪一個數都比前面的數多 1，比後面的數少 1 的道理。幼兒認識 10 以內自然數列的等差關係，不僅加深了對數序的認識，同時提高幼兒思維的抽象性和靈活性。

2.能按羣數數

按羣數數就是數數時不以單個物體爲單位，而是以數羣（物體羣）爲單位。如以 2 爲單位數數就是 2、4、6、8、10……，以 5 爲單位數數是 5、10、15、20……。

按羣數數是數羣概念基本發展的指標之一。因爲數羣概念是指能將代表一個物體羣的數作爲整體來瞭解，而不需用實物和逐一數數來確定物體羣的數量。這種能力必須具有一定的抽象層次，才能在沒有實物的情況下，理解和運用口頭說出的數。

幼兒按羣數數的能力不是突然產生的，它是在幼兒掌握10以內數概念的基礎上發展起來的。三、四歲幼兒點數後能說出總數，這時就具有從整體把握一個數的基本能力和經驗。這種經驗和能力不斷的積累，到五、六歲時，就能按羣數數。

同時這階段幼兒的倒數和倒接數的能力也較快發展起來。

3.基本掌握數的組成

數的組成是指一個數（總數），可以分成幾個部分數，幾個部分數可以合成一個數（總數），所以數的組成包含著組合和分解兩方面。幼兒學習數的組成只學習一個數分成兩個部分數。

幼兒掌握數的組成，是數羣概念的發展，也是進一步理解數之間關係的指標。幼兒掌握數的組成比理解數的實際涵義、數的保留及序數等都要困難。因爲它包含著三個數羣之間的關係。

⑴數的組成實質是數羣和子羣之間存在著等量、互補和互換關係，是一種概念上的數運算。

首先，數的組成涉及到三個數羣之間的關係（見下圖）。

其次，三個數羣之間存在著相互聯繫的三種關係：等量、互補和互換關係。這三個數羣之間的關係，也就是總數和部分數、整體和部分之間的關係，總數可以分成相等或不相等的兩個部分數，兩個部分數合起來等於總數，這是總數和部分數之間的等量關係。如 8 可以分成 4 和 4 ，5 和 3 ；4 和 4 合起來是 8 ，5 和 3 合起來也是 8 ，可用 $A=B+B'$ 公式表示。（見下圖一）。在總數不變的情況下，一個部分數逐一減少（增加），另一個部分數就逐一增加（減少），這是部分數之間的互補關係。如 5 可分成 4 和 1 ，如果 4 減去 1 ，那麼另一個部分數 1 就應加上 1 ，可用 $A=(B-n)+(B'+n)$ 公式表示（見下圖二）。兩個部分數交換位置，總數不變，這是兩個部分數的互換關係。如 6 可以分成 4 和 2 ，那麼 4 和 2 換個位置變成 2 和 4 合起來也是 6 。可用 $A=B+B'=B'+B$ 公式表示（見下圖三）。數羣之間等量、互補和互換關係，適用於除1以外的任何一個自然數，是蘊含在數組成中其帶有普遍性的原則，這就是數組成的內涵所在。因爲，幼兒只有掌握數組成的這些關係，才能掌握某數的全部組成形式。例如：6 可以分成 5 和 1 ，4 和 2 ，3 和 3 ，2 和 4 ，1 和 5 等 5 個組成形式。如果只會其中部分的組成形式，就不能說其完全掌握了數組成。

第三，數的組成是一種概念上的數運算。意指要達到眞正理解數組成中的數羣關係和達到完全掌握某數的全部組成形式的目的，必須依賴抽象的數概念才能完成，僅依靠具體體形象的思維是達不到完全掌握數的組成的目的。邊操作材料邊擺組成的幼兒，經過無數次的嘗試錯誤，還不能擺出 8 的全部組成形式（ 7 組），而那些用口頭作答的幼兒，無需依靠實物，能邊思索邊較有順序地說出 8 的全部組成形式。這說明數的組成是一種抽象層次上的運算活動，幼兒口說的數（擺脫了對實物和直觀的依賴）不只是代表事物的數量，也是直接進行運算的對象。

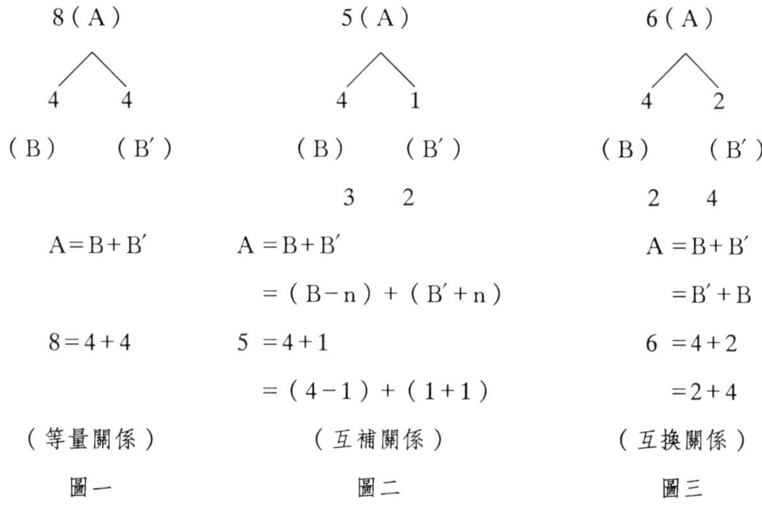

圖一　圖二　圖三

同時數組成中數羣之間的等量、互補和互換關係本身就包含了簡單的加減運算。當幼兒能將 8 分成 6 和 2 以及 6 和 2 合起來成爲 8 的時候，就意味著對加法有了基本經驗，而 9＝6＋3 以及 10＝（9－1）＋（1＋1），此不僅是簡單的加減，甚至還需要連續地進行加和減。所以數的組成實質上也是一種數運算。

因此，當幼兒掌握了數組成中的數量關係，且又具有一定的抽象運算能力，就可以運用規律進行推理，對獲取新的知識起舉一反三、觸類旁通的正遷移作用。例如，在學習 4 和 5 數的組成時，幼兒基本理解了數羣的等量、互補和互換關係後，6～10 各數的組成可以不必經由教師的指導，自己就能正確地作出推理性的回答。

(2)數的組成是抽象加減運算的基礎。

數的組成涉及三個數羣之間的關係，簡單加減法也存在著三個數羣的關係：等量關係（加法）和逆反關係（減法）。兩個或兩個以上子羣相加等於母羣（等量關係）；母羣減去一個或幾個子羣等於其餘的子羣（逆反關係）。幼兒的加減法只涉及三個數羣（母羣及兩個子羣）的關係問題。

三個數羣之間的加減關係可形象地圖示如下：

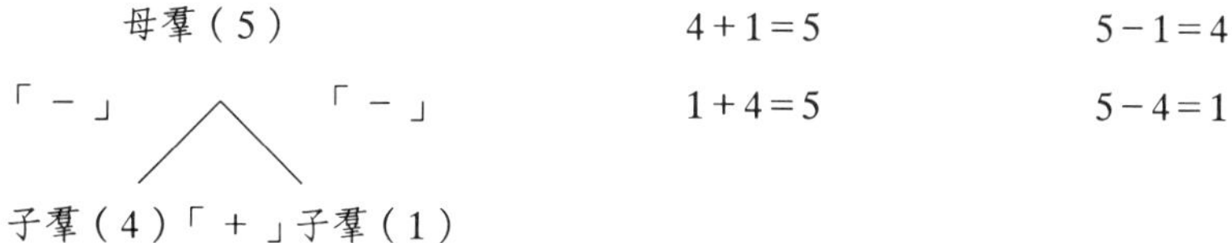

因此，幼兒在抽象概念層次上掌握數組成之間的數羣關係，也就直接成爲掌握加減中數羣關係的基礎。何況數的組成本身也是一種在概念層次上的數運算。

(3)幼兒掌握數組成的心理特質。

幼兒掌握數的組成，在心理上是對總數和部分數三種關係的綜合反應。綜合反應是指幼兒必須同時掌握並運用三個數羣之間的關係，才能做到完全掌握數的組成。幼兒能完成將 8 分成 7 和 1 、 6 和 2 、 5 和 3 、 4 和 4 ……，是綜合運用總數和部分數之間等量、互補和互換關係的產物，是心理上的一種反應。如果只懂其中某種關係，只能說出部分的組成形式，如 8 可以分成 4 和 4 、 6 和 2 ，這僅是部分掌握，不能看成完全掌握 8 的組成。從幼兒掌握數羣關係和組成的對比中，可以清楚地看到，爲什麼幼兒能掌握數的組成是心理上對總數和部分數三種關係的綜合反應。以下實驗是運用實物，對未學過數組成的幼兒進行數羣三種關係和組成的分別測驗，結果如下表：

四至七歲幼兒掌握數羣關係和數的組成比較表

正確率% 項目 年齡	數羣關係			組成	
	A＝B＋B′	A＝（B－n）＋（B′＋n）	A＝B＋B′＝B′＋B	組合	分解
四歲	0	0	0	0	0
四歲半	10	0	0	0	0
五歲	40	30	25	5	10
五歲半	60	45	50	25	30
六歲	90	70	70	40	40
六歲半	100	100	100	60	65
七歲	100	100	100	75	85

表中統計數字說明：①幼兒初期難以理解數羣之間關係，而且對三種數羣關係的認識有難易之分。一般先掌握數羣和子羣的等量關係，進而再掌握子羣之間的互補和互換關係；②自五歲開始，所有年齡組，對數羣關係各個單項的認識，均明顯優於數的組合和分解，年齡越小差異越大。此說明幼兒能理解數羣關係，不等於掌握數的組成，數的組成要難於對各項數羣關係的理解，幼兒是先理解數羣關係再進而掌握數的組成。說明幼兒掌握數的組成是在頭腦中綜合運用數羣三種關係的結果，是對數羣關係的綜合反映。

⑷幼兒掌握數的組成過程。

幼兒掌握數的組成需經歷從具體到抽象的認識發展過程，所以幼兒學習數的組成，與學習 10 以內數一樣，需從具體入手，運用具體材料，透過講解和幼兒親自操作等，使幼兒理解數組成和數羣關係，並在此基礎上逐漸提昇抽象的水準。這一過程與上述數組成特質是一種概念層次的數運算的觀點並不矛盾，前者是指個體的認識如何達到抽象層次的發展過程，後者是就數組成本身的特質而言。兩者是相互聯繫卻不同性質的問題。

(5)幼兒掌握數組成的年齡特點。

由上述的實驗研究證明（見上例數羣關係和數的組成比較表），幼兒在四歲半以前不能理解數的組成，他們任意地擺弄物體，有的雖在行動上將一個數分成兩個部分數，但口頭上卻說成另外的兩個數。例如：將8個扣子分成4個和4個，卻隨意說「5個、8個」。五歲以後，幼兒能基本理解數的組成，但不全面、不穩定，不能完成所有的組成形式，需要經過反覆練習或嘗試錯誤。五歲半以後，幼兒數的組成能力發展較快，六歲左右能達到基本的水準。

因此，我們認爲在一般的情況下，五歲半後學習數的組成較爲適宜，如果提前在五歲開始學習數的組成，那麼幼兒需具有較好的數概念發展。因此，在正確的教學下，大班後期幼兒基本上已可掌握10以內數的組成，能理解和掌握總數與部分數之間的關係，能夠運用實物擺出或口頭上說出一個數的所有組成形式，甚至可以運用數羣之間關係的原則（等量、互補、互換），推論出未學過的新數組成的全部形式，例如：準確而有條理地回答：「16可以分成15和1、14和2、13和3……1和15」。

第三節 認識10以內基數的教學

認識10以內的基數是幼兒數學教學的主要內容。它是最初步的數學知識。形成幼兒基本的10以內基數概念，是幼稚園數學教學的基本任務。

教學目標

(一)小班

1.能手口一致地點數4以內的物體，並說出總數，基本理解4以內基數的實際涵義。

2.能按數（4以內）取物。

(二)中班

1.能正確點數10以內的物體，並說出總數，正確認識10以內數的實際涵義。

2.知道10以內相鄰兩個數的多「1」、少「1」關係。

3.能不受物體的大小、形狀或排列等的影響，正確判斷10以內物體的數量。

(三)大班

1.會 10 以內倒數、順接數和倒接數，熟練地掌握 10 以內數的順序。

2.能按數羣數數。

3.能認識 10 以內三個相鄰數的關係及自然數列的等差關係，（按順序排列 1～10 的數目中，除 1 以外不管哪個數都比前面一個數多「1」，比後面一個數少「1」）。

教學方法

(一)教幼兒認識 10 以內基數及其實質涵義的基本方法

教幼兒學習 10 以內基數需要一個數、一個數地教，才能掌握每個數的實質涵義。有的教學方法多用於認識新的數，有的宜用於複習對數的認識。教幼兒學習點數後說出總數、兩個相鄰集合的比較（俗稱數的形成）和數的轉換等方法，是教幼兒認識 10 以內基數常用的方法。複習的方法一般有：按範例的數量取物；按數取物；運用各種感覺器官感知數量等。

1.教幼兒學習點數後說出總數

點數後說出總數，即算數，是幼兒認識10以內數的基本方法。它是認識10以內數方法的基礎，也是理解數實際涵義的基本途徑。

在小班，老師可使用講解演示法教幼兒學習點數。先將物體排成一行，由老師示範用右手食指，從左向右一個一個地移動物體（逐步改爲點物體），移一個物體說出一個數詞，點數到最後一個物體時，要用手指圍繞所點數過的物體畫個圈（見下圖），並提高聲音，以強調這個數就是物體的總數。

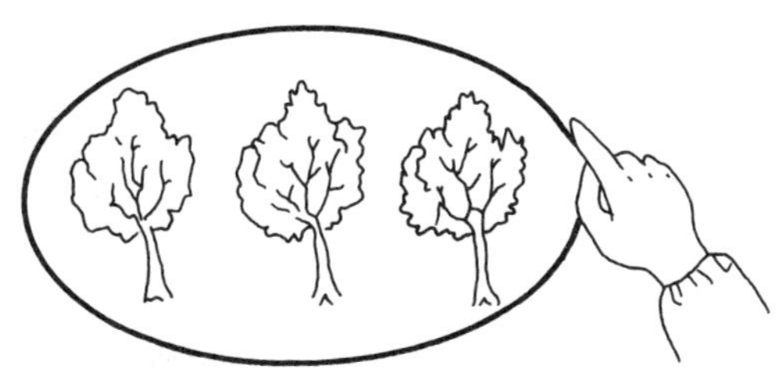

1，2，3，一共是 3 棵樹

數數是手段，說出總數，理解數的實際涵義才是目的。由於幼兒最初學習按物數數與說出總數是一個連續的過程而不是同一過程，所以小班幼兒開始學習數數時，如果同時要求掌握正確逐一點數和說出總數有困難，可以採取下列步驟：第一步，由老師完成數數過程，老師點數物體並和幼兒一起數，然後在老師點數的基礎上，由幼兒說出總數，回答一共有幾個的問題。這樣可使幼兒把注意力放在說出總數上，集中在理解數的實際涵義上。第二步，幼兒經過若干次練習，能說出總數以後，再讓幼兒自己動手學習點數後說出總數。要提醒幼兒用右手從左至右點數物體，每一個數詞與一個物體建立對應關係，最後說出一共是幾個。

2.用比較兩個相鄰的數結合數的形成方法認識10以內數

這是一種認識數的形成和學習數數相結合的方法。老師將兩份同等數量的物件分別擺成兩排，在幼兒透過比較法以確認它們數量相等以後，在其中一排物件上增加一個同樣的物件，使幼兒直接看到一個新的數是由原來的數添（加）上1而形成的（見下圖），然後讓幼兒數一數共有幾個物體。這一方法是強調，在已認識的數的基礎上學習新的數，也強調了相鄰兩個數的關係，有利於理解數的實際涵義。爲了強調新數的形成是在前面一個數上添 1 的結果，老師還可以再將添上的物件拿走，讓幼兒清楚地看到去掉 1 還是原來的數。最初運用這種方法時，整個過程可先由老師操作並提問題，再由幼兒作答，然後再由幼兒操作和回答問題。最後老師應讓幼兒概括地說出 1 個添（加）上 1 個是 2 個， 2 個多， 1 個少（小班不要求說多幾個，少幾個）等。

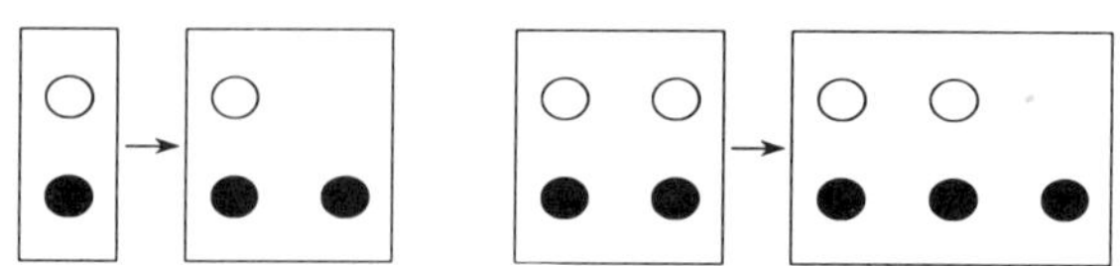

以上兩種方法多用於小班幼兒開始學習數數和認數。

3.相鄰兩個數的比較和轉換

在小班學會點數和說出總數的基礎上，中班幼兒認識10以內數除了用比較兩個相鄰數的方法之外，還應在比較兩個集合的基礎上，進行兩個數之間的轉換，使幼兒認識新的數並掌握相鄰兩個數之間存在著多 1 和少 1 的關係。

用轉換方法比較相鄰兩個數是指啓發幼兒用「添上」(加上)和「拿走」(減去)的方法使兩個數由相等變爲不相等，或由不相等變成相等。例如：認識 5，先在 4 個黃圓片與 4 個紅圓片比較的基礎上，添上一個紅圓片形成了 5 個圓片(見下頁圖一)，再要求中班幼兒說出 5 比 4 多 1，4 比 5 少 1。然後老師請小朋友想一想誰有好辦法，讓紅圓片和黃圓片變成一樣多。解答這個問題有兩種辦法：一是在 4 個黃圓片上添 1 個，使黃圓片和紅圓片一樣多，都是 5 個；二是拿掉 1 個紅圓片，使紅圓片和黃圓片一樣多，都是 4 個(見下頁圖二)。在幼兒用添上 1 個黃圓片使 4 變成 5 以後，應鼓勵幼兒再想出另一種方法(取走一個紅圓片，使 5 變成 4)完成同樣的任務。幼兒完成任務後，都要讓幼兒說明自己用什麼方法使圓片變得一樣多，並讓他們用點數後說出總數的方法比較和驗證自己工作的正確性。例如(見下頁圖二)，幼兒說：「原來黃圓片少，紅圓片多，我又拿來了一個黃圓片，現在它們一樣多了。」老師肯定他之後並進一步要求他數一數，回答到底有幾個什麼顏色的圓片，誰比誰多幾，誰比誰少幾，還是一樣多的問題。最後老師在總結中強調：4 個比 5 個少 1 個，4 個添上 1 個是 5 個；5 個比 4 個多 1 個，5 個拿走一個是 4 個，這兩種方法都能讓紅圓片和黃圓片變得一樣多。在複習的時候，還可以用已認識的兩個數，進行從相等變爲不相等的學習(見下頁圖三)。

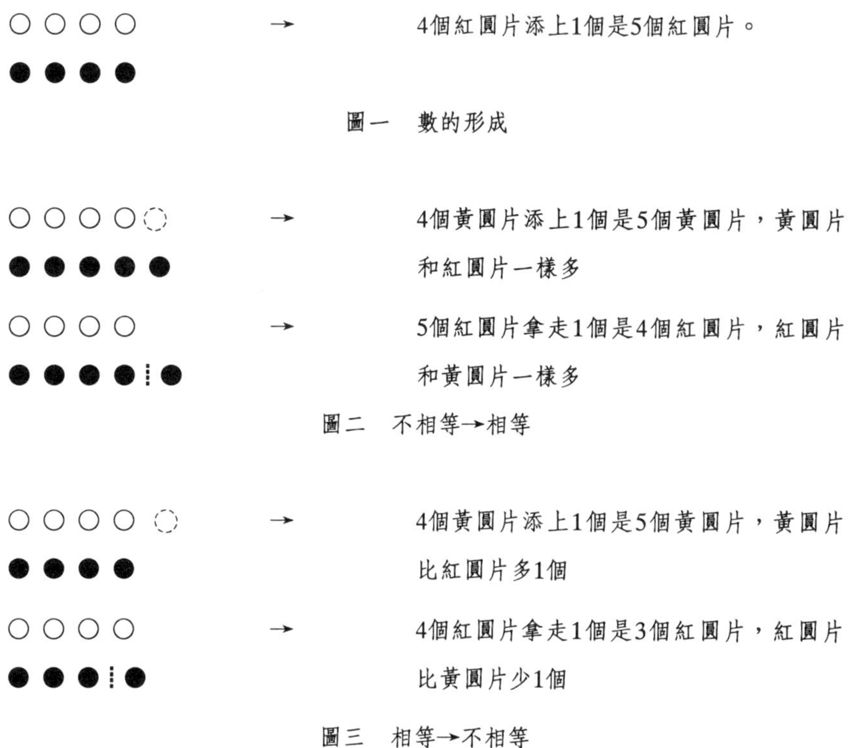

圖一　數的形成

圖二　不相等→相等

圖三　相等→不相等

比較轉換方法優點在於：

①反覆地運用數數，加深對數實際涵義的理解。

②相鄰兩個數之間的轉換，強調了自然數列的關係，使幼兒深刻理解兩個自然數之間的多1和少1關係，爲大班幼兒學習三個相鄰數之間的關係和自然數列的等差關係作了較充分的準備。

③促進幼兒思維可逆性和相對性的發展。

4.按範例數量取物和按數取物

幼兒對每個數實際涵義的理解，需要透過充分的練習。按範例數量取物和按數取物是對數實際涵義理解的有效複習方法。

按範例數量取物是，老師給予一定數量物體作範例，讓幼兒拿出與範例同等數量的物體。如教師在桌上擺出兩輛小汽車，要求幼兒從自己小盒子裡取出與小汽車一樣多的正方形。

按數取物是以數作範例（口頭說出的數或出示數字），要求幼兒取出相應數量的物體。如老師在桌上分別擺著小碗、小熊貓、小青蛙、小汽車等玩具各若干個，請小朋友輪流上來按老師要求取出 2 個（或 3 個……）小碗， 3 隻小熊貓……等。小班用口頭說出數，中班認識數字後和大班可用數字進行。

按範例數量取物或按數取物應改變方式進行。可個別進行也可集體進行；可讓每人用一套小教具，也可共用一套教具；可從幼兒自己身上找出什麼東西有 2 個或 5 個，也可以從玩具架上、教室裡取出物品等等。

應先學會按範例數量取物，再進行按數取物。因為範例是實物，它具體而直接，幼兒可以先數數實物再動作，而按數取物所給的條件是抽象的數，沒有直觀的依據，幼兒要對數的實際涵義有正確的理解，才能完成任務。

5.運用各種感官感知數量

這也是一種複習 10 以內數的方法。主要指運用聽覺、觸覺或動作感知數量，以加深對數涵義的理解。讓幼兒用這些感覺器官感知數量，要在學會用視覺數數的基礎上使用。有些感官感知數量不像用視覺數數那樣可以反覆數數，只能連續感知。如對聲響、動作，第一下鈴聲過去後繼之而來的是第二下鈴聲，而不是原來的第一下鈴聲，所以用聽覺感官來複習對數的認識，幼兒必須準確地感知並數數，記住總數才能予以重視。因此，它們不宜作為最初學習數數和認數的一種方法。

運用聽覺感知物體數量，是讓幼兒邊聽聲響（如敲鼓聲、擊鈴聲、拍手聲等）邊數數。小班幼兒的注意力和記住聲響次數的能力較弱，要邊聽聲響邊大聲說數（聲響次數）。例如，老師拍一下手，幼兒大聲數 1 ，拍第二下手，幼兒數 2 ，最後讓幼兒說出一共拍了幾下。要視幼兒情況，逐步進步到聽完聲響，再報出總數。對中班幼兒，老師可讓他們用小聲數或默數幫助準確感知並記住數量。運用聽覺數數，連續進行的次數不宜過多，以免引起疲勞，分散注意力，影響效果。

運用觸覺感知物體的數量，是讓幼兒在不用眼睛看的情況下，用手觸摸物體，以確定物體的數量。可用「摸物體數數」（幼兒用手摸口袋裡的物體，數一數有多少個）和「按數取物」老師說出數，讓幼兒從口袋裡摸出相應數量的物體等形式。使用的教具可以是口袋或其他容器，內裝積木、豆子、石子和小球等小物品，要求幼兒不能用眼睛看，只能用手摸。

運用動作感知數量，是讓幼兒用自己的動作次數表示數量。幼兒往往難以控制自己的動作，有時受到習慣的影響，會多作動作，如讓幼兒拍三下手，幼兒往往會一連拍四下或五下甚至一直拍個不停。初學時，可讓幼兒跟著老師一起動作，如老師拍一下幼兒也拍一下，直到所預定的數量爲止。

另外，可以視幼兒的層度，讓幼兒將各種感官結合起來感知數量。例如，按聲響次數，從口袋中摸出相應數量的物體或從許多卡片中找出與聲響次數相應的物體卡片；按聲響次數幾下等。

(二)學習數的保留的方法

學習數的保留是中班的主要教學目標之一。它也是幼兒形成基本數概念的主要指標之一。對幼兒進行數的保留的教學，應在切實掌握了10以內數的基礎上進行。

學習數的保留，主要是讓幼兒理解到，不論是什麼物體，不管它們的顏色、大小、形狀以及擺放形式有什麼不同，它們的數量是一樣的。

教幼兒學習數的保留的方法很多。可先用同樣顏色、形狀、大小的物體，改變排列形式學習數的保留。例如：

1.同數異長

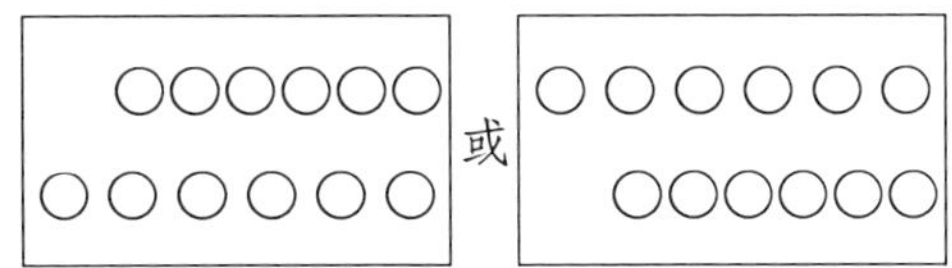

2.同數異位

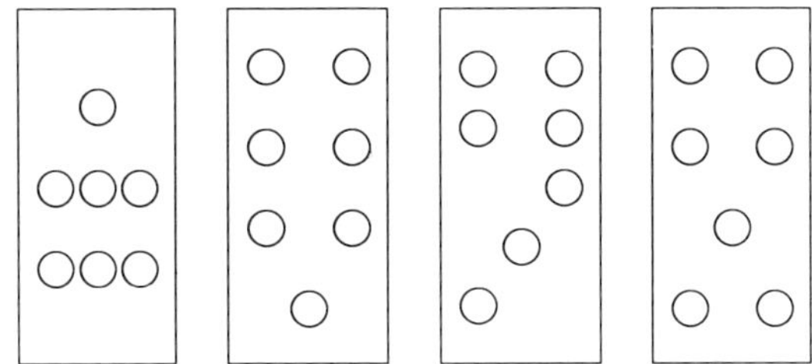

3.異數等長

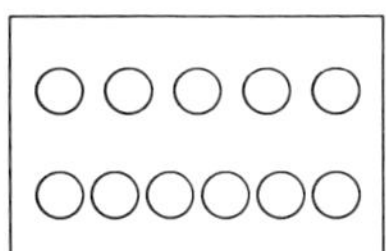

然後再依不同數數對象、對象的不同大小、不同顏色和不同排列方式等綜合因素進行保留練習。如老師出示五張圖片（見下圖），先引導幼兒觀察、比較並討論：這五張圖上畫的東西什麼地方不一樣？

討論中應要求幼兒動腦筋互相補充。在幼兒說出它們的名稱、顏色以及擺的樣子都不一樣以後，老師再提出問題：你們說了這五張圖有這麼多不一樣的地方，那麼它們有沒有一樣的地方？什麼地方一樣？這個問題的目的是引導幼兒從數量方面找出它們的共同點，也就是引導幼兒排除各種外部因素的干擾，而抽象出數量方面的共同特徵，這是達到數的保留的基本方法。對此正確的回答是：它們的數是一樣的，都是5。如果經過反覆的提問題或無人能作答時，老師可進行較具體的啓發問題：數數看，它們的數一樣不一樣？此後老師應逐一的請出二三位小朋友，讓他們前來數數每張圖片中的物體數量，以證明它們的數是一樣，都是 5 個。

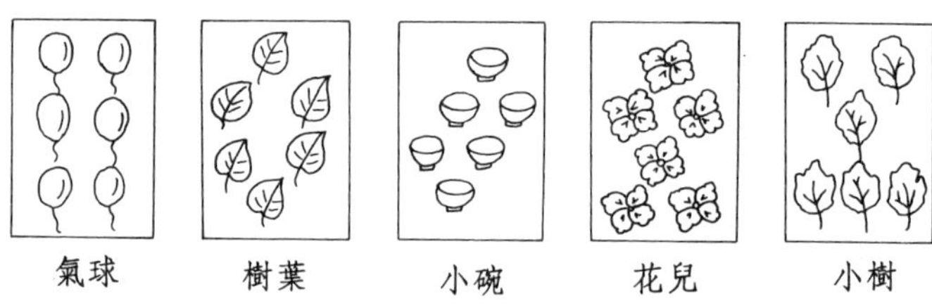

(三)學習接數和倒數的方法

學習接數和倒數是大班基數教學內容。接數是從 10 以內任何一個數開始順（或倒）接數至 10（或1 ）。倒數是從 10 倒數至 1 。在中班用數數和兩個集合的比較及轉換的方法，以認識 10 以內數的過程中，幼兒已經掌握了 10 以內數的順序。大班的接數和倒數則加強了 10 以內的數序，並有利於學習相鄰數和加減運算。

學習接數和倒數，應先學習 10 以內的順接數，再學倒數，最後進行倒接數。

以下是幾種學習接數和倒數常見的方法：

1.卡片遊戲

運用卡片學習順接數，是由老師拿出一張卡片（圓點或數字）讓幼兒拿出該數以後的卡片，並用嘴說出排列的結果等。

運用卡片進行倒數。可發給每個幼兒一套卡片，每套 10 張，可以是 1～10 的數字卡片，也可以是 1～10 的圓點卡片。把卡片的順序打亂，讓幼兒把這些卡片按 1 到 10 的順序，從左到右排好後，再將卡片打亂，要求幼兒從 10 至 1 地從左至右排好，還可以增加遊戲的競賽性質，「看誰排得又快又對」，由老師統一發出開始的信號「預備，開始」。排好後可讓幼兒用嘴說出所排的數的順序。

2.口頭遊戲

不用教具，用口頭練習倒數，順接數或倒接數。例如，要求幼兒按照老師說出的一個數，接著數到 10 ，或倒著數到 1 。

3.拍手遊戲

由老師先拍幾下手（或敲幾聲鼓），請小朋友接著拍手到 10（或任意一個 10 以內數）。遊戲開始前，要向小朋友說明，請他們接著拍到幾，以免引起混亂。

㈣認識三個相鄰數及自然數列的等差關係的方法

認識三個相鄰數及自然數列的等差關係，是大班認識 10 以內基數的主要內容。在中班，因爲學習了兩個集合的比較和轉換，故已經有了相鄰兩數多 1 和少 1 的基礎。因此，大班學習三個相鄰數及自然數列的等差關係，就比較順利了。

1.教幼兒認識三個相鄰數的方法

認識三個相鄰數，不僅要知道 10 以內某數（除 1 以外）的前一個數和後一個數是什麼，更爲重要的是，要使幼兒知道它們之間的關係，中間一個數比前面一個數多 1 ，比後面一個數少 1 。

3 個相鄰數的教學，一般應先複習兩個相鄰數的比較，再進行三個相鄰數的比較。直觀教具擺成橫式爲宜，以便對應比較。以認識 3 的相鄰數爲例：

第一步先在絨布上貼出對應並置的兩排圓片 2 和 3 ，讓幼兒比較後，明白 3 比 2 多 1 ，2 比 3 少 1（見左下圖）。

第二步，在 3 的下面貼出第三排 4 個圓片，讓幼兒比較第二排和第三排的圓片數量，明白 4 比 3 多 1 ，3 比 4 少 1（見右下圖）。

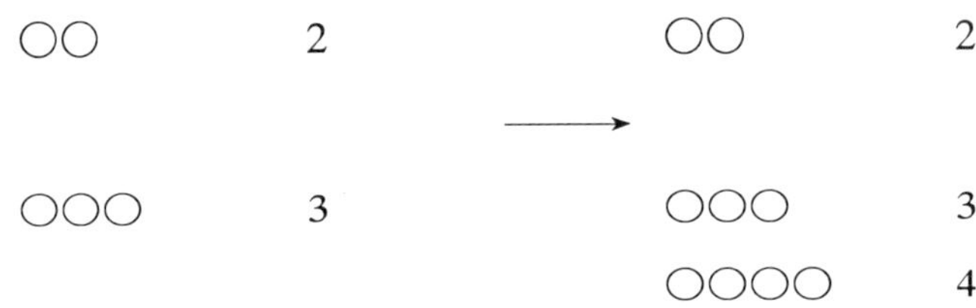

第三步進行三個數之間的連續比較。以中間一個數爲主，先與前面一個數比，再與後面一個數比，3 比 2 多 1 ，3 比 4 少 1 ，3 的「鄰居」（或「朋友」）是 2 和 4 。

教幼兒認識三個相鄰數及其關係，應從直接動手結合數字進行。從數 2 開始逐個數地進行。教 5 以內相鄰數時，進展要慢一點，多做練習，讓幼兒掌握比較相鄰數的原則（先比前面一個數，再比後面一個數）。在這個基礎上進行6～10相鄰數的教學，不僅進度可以加快，而且可以用啓發探索的方法，促進幼兒運用相鄰數的原則去認識新的相鄰數，促進幼兒知識的正遷移和推理能力的發展。例如：學習 6 的相鄰數時，先不採取上述具體的教學步驟，而是在複習 5 的相鄰數後，向幼兒提出「 6 的鄰居是幾和幾 」，「 爲什麼 6 的鄰居是 5 和 7 ？ 」等問題，讓幼兒對不同的回答進行比較後，作出統一的正確答案。老師還可以請幼兒運用教具，來論證自己答案的正確性。

2.加強對三個相鄰數認識的複習方法

幼兒每學習一個數的相鄰數之後或者學會全部 10 以內各個數的相鄰數之後，應採用各種方式加強練習。例如卡片遊戲和口頭遊戲「找鄰居」。

卡片遊戲有兩種形式：第一種是發給每個幼兒一套 1～10 數字或圓點卡片，老師舉起一張卡片或說出一個數，讓幼兒找出該數的「鄰居」並將卡片舉起。第二種，發給幼兒每人一張數目不同的數字（或圓點）卡片，然後老師舉起一張卡片，請拿著該數「鄰居」卡片的幼兒將卡片舉起。如發現不同答案，應讓幼兒共同討論，相互比較和驗證，糾正個別幼兒的錯誤。

口頭遊戲是用口頭進行「找鄰居」的遊戲。由老師說出一個數，幼兒集體或個別回答它的鄰居是幾和幾。可變換由一個幼兒說數，小朋友集體回答或兩位小朋友一問一答等形式，以提高興趣。老師應改變提問題的方式，以避免思考的僵化，訓練幼兒思維的積極性和靈活性。如將「×的鄰居是誰？」改變「誰是×的鄰居？」或「×和×是誰的鄰居？」將提問題方式的交替、穿插使用，能保持幼兒集中注意力和思維始終處於積極狀態。

3.指導幼兒理解 10 以內自然數列等差關係的方法

在幼兒掌握了 10 以內各個數與它的相鄰數的基礎上，引導幼兒對 10 以內各數之間的等差關係，作出歸納和概括，使幼兒理解 10 以內的數，除 1 以外，不論哪個數都比前面一個數多 1，比後面一個數少 1。理解 10 以內自然數列的等差關係，是認識相鄰關係的總結和必然結果，它能幫助幼兒將數與數之間關係的知識組織起來並系統化，從而認識自然數列的基本原則，爲認識更大的數目奠定基礎，並能加強對數序的理解和培養幼兒對知識的基本抽象和概括能力。

接著運用教具，將 10 以內自然數列的等差關係，直觀地呈現出來，同時，也可讓幼兒爲每一列物體標出數字（見下圖）。先複習其中二、三組三個相鄰數的關係，然後請幼兒想一想，在排好的 1～10 的數當中，每一個數和它前面、後面的數有什麼關係？有沒有一樣的地方？鼓勵幼兒積極思考，表示自己的看法，透過討論和相互補充，最後得出：在排好的 1～10 數當中，不管哪一個數都比前面一個數多 1 ，比後面的一個數少 1 的共同結論。

1 ○
2 ○ ○
3 ○ ○ ○
4 ○ ○ ○ ○
5 ○ ○ ○ ○ ○
6 ○ ○ ○ ○ ○ ○
7 ○ ○ ○ ○ ○ ○ ○
8 ○ ○ ○ ○ ○ ○ ○ ○
9 ○ ○ ○ ○ ○ ○ ○ ○ ○
10 ○ ○ ○ ○ ○ ○ ○ ○ ○ ○

第四節
認識10以內序數的教學

序數是用自然數表示事物排列的次序。認識序數要以認識基數爲基礎。幼兒認識序數的教學，一般安排在學習 10 以內基數以後。

教學目標（中班）

㈠能理解序數的涵義，用序數詞正確表示 10 以內物體排列的次序。

㈡能從不同方向（從左到右、從右到左、從上到下，從下到上）確認物體的排列次序。

教學方法

㈠可採用集中分段教學的方法

學習序數不必像學習基數那樣逐個數地形成概念，在幼兒掌握 10 以內基本數概念及數序的基礎上，可分兩段集中學習 10 以內序數。先學習 5 以內序數，再學習 10 以內序數。

㈡運用具體教具向幼兒說明序數的涵義

例如，老師先告訴幼兒今天要玩「給動物排隊」的遊戲，同時擺出 5 個小動物玩具，請幼兒說出它們的名字，並數一數共有幾隻小動物，然後邊挪動小動物邊說：「我從左邊開始排，請小貓排在第 1 個，請小花狗排在第 2 個，小熊第 3 個，小猴子第 4 個，大象排在第 5 個」，接著可請個別小朋友回答老師提出的「××排在第幾個？」的問題，藉以加強對序數的認識。然後可改變玩具的位置，或請小朋友來排列和問問題等。

可以再出現 5 所玩具小房子，進行什麼動物住在第幾幢房子的遊戲，再一次練習 5 以內序數。在幼兒初步掌握序數詞的基礎上，應引導幼兒對基數和序數進行比較並作出區別，可問幼兒「有幾個」和「第幾個」的問題一樣不一樣？爲什麼不一樣？最後老師應作出總結，說明「有幾個」是問東西一共有多少，「第幾個」是問什麼東西排在第幾個位置上，從而使幼兒明確地掌握序數的涵義。

㈢教幼兒用數數的方法確定序數

在學習 10 以內序數時，往往不易立即說出物體在第幾個位置上，對此老師應告訴幼兒用數數的方法來確定，從第一開始數，第二、第三……。

㈣向幼兒說明確定序數的方向

物體排列的位置可因起始的方向而不同。教幼兒學習序數，應注意說明從什麼方向開始，如果從左到右，排在最左邊的是第一，反之最右邊是第一；樓房的層次應從下面開始，最下面的是第一層；小朋友爬山，最高的是第一；小動物賽跑，跑在最前面的是第一……。先學習從左往右的排列順序，再學習其他方向的排列順序，最後再進行綜合練習。例如「樓房遊戲」（見下圖）。運用畫有幾層樓房，每層有若干個窗戶，每個窗戶上畫有不同人物頭像的圖畫，告訴幼兒樓房的第幾層是從下面數起，第幾間房子是從左邊數起，然後讓幼兒回答：「老奶奶住在第幾層第幾間房子裡？」「警察叔叔住在第幾層第幾間房子裡？」等問題。又如「開玩具店的遊戲」，在玩具架的每一層上放若干個玩具。老師要講明規則，玩具架的最下面一層叫第一層，玩具架最左邊的玩具是第一個，可先由老師當售貨員做一次示範，幼兒當顧客，然後改由幼兒當售貨員。幼兒必須正確說出想要買第幾層第幾個的什麼物體，才能買到需要的物品等。

㈤透過操作和遊戲活動進行練習

如發給幼兒每人 5 張不同小動物卡片和 1 張 5 層樓房的卡片，按老師或小朋友「請××動物住在第幾層」的要求，將動物卡片放到樓房卡片的第幾層上，或者按要求將動物排好次序等。還可以組織幼兒玩「換位置」的遊戲，先請幾位小朋友到前面依次排好，請幼兒記

住他們的排列次序，然後請大家閉上眼睛，老師調換其中兩個小朋友的位置，讓幼兒判斷第幾位小朋友和第幾位小朋友換了位置等。

第五節
認識 10 以內數的組成的教學

在本章的第二節中我們較詳細地闡明數的組成觀念和年齡特點等問題，因爲學習數的組成是幼兒掌握 10 以內數的一個重要且較困難的內容。10 以內數組成的教學宜在幼稚園大班的第二學期進行。

教學目標（大班）

1.能理解數組成的涵義，知道 2 以上各數；都可以分成兩個數，兩個數合起來就是原來的數。

2.能懂得一個數和它分出的兩個數之間的關係：即一個數比它分成的兩個數都大，分成的兩個數都比原來的數小。

3.能瞭解分成的兩個數之間的互補和互換關係，並掌握 10 以內各數的全部組成形式。

教學方法

數的組成包括兩個不可分割的過程：分（解）與（組）合。幼兒學習數的組成，這兩個過程要同時學習，既學分又學合，先學分再學合。

㈠運用講解演示法教數的組成

在教數的組成之前，老師應喚起幼兒生活中，已有的分合物體經驗的回憶，以利於理解數的分合。告訴幼兒他們已經學會了將物體、幾何形體等進行分類和拆拼，這是物體的分合，然而對一個數也可進行分合，這是學習的新課題。

在已有經驗的基礎上，老師利用具體教具並配合數字向幼兒講解數的組成涵義。爲此，宜從小的數進行。例如：2 的組成，老師拿出兩個皮球，分別分給兩位小朋友，並說明 2 個皮球分給兩位小朋友每人 1 個，這就是 2 這個數可以分成 1 和 1，邊說邊在絨布板上貼出 2 的組成形式（見左下圖），接著要求兩位小朋友將皮球還給老師，同時說明兩位小朋友的皮球合起來又成了 2 個皮球，1 和 1 合起來是

2，並用貼出的數字說明 1 和 1 如何合成 2。然後讓幼兒複述一下這一分合過程。這種利用較小的數，既直觀又抽象地講解示範，很容易使幼兒理解數組成的涵義。在此基礎上，再進行 3 的組成講解，方法與 2 的組成基本相同。區別之處在於 3 有兩種組成形式（2 和 1，1 和 2，見右下圖）老師在說明 3 可以分成 2 和 1 以後，應提出 3 還可以有另外一種分法，引導幼兒探索和討論，從而明瞭 3 還可以分成 1 和 2。然後應讓幼兒清楚地表述 3 的組成：3 可以分成 2 和 1，2 和 1 合起來是 3；3 可以分成 1 和 2，1 和 2 合起來是 3。

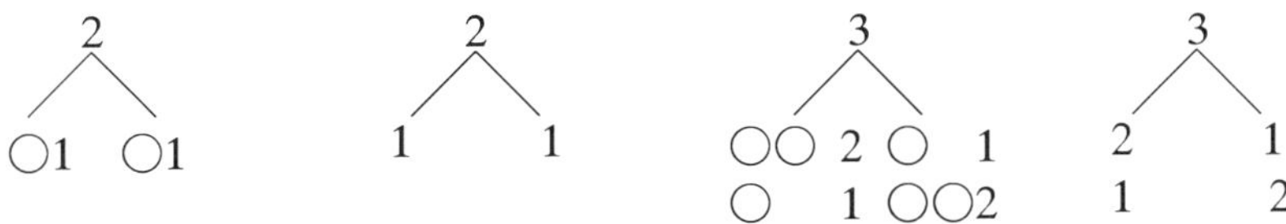

最後還可以讓幼兒動手操作材料，以驗證和複習 3 的組成。

㈡透過操作，啓發幼兒探索數組成的原則

經過老師講解演示和幼兒動手操作，使幼兒基本理解數組成的涵義。從 4（或 5）的組成開始，老師可先不進行講解演示，而讓幼兒先操作材料，嘗試去探索新的數組成形式，在幼兒操作和探索的基礎上，再和幼兒共同討論，歸納出數的組成原則。例如：學習 4 的組成，大致經過以下幾個步驟：

第一，幼兒探索。老師發給幼兒每人一盤扣子（或圖片或塑膠片等），數量不少於12個。請幼兒先取出 4 個扣子，試著將 4 個扣子分成兩個部分。

第二，指導探索。大部分的幼兒在完成 1 種分解工作後，再啓發幼兒繼續拿出 4 個扣子，探索其他的分法，要求每次分的形式要和前面不一樣，並提醒幼兒應注意，分出來的數合起來要和原來的數 4 一

樣多。

第三，歸納探索結果。在大多數幼兒已經完成工作後，應將幼兒完成的各種分法歸納起來。老師要請那些完成不同分法的幼兒，分別說明自己是怎麼分的。有的說「我把 4 個扣子分成 2 個和 2 個，2 個和 2 個合起來是 4 個。」有的說他分成 3 和 1 或 1 和 3 。幼兒所說出的每一種組成形式，老師皆要用數字有順序地在黑板（或絨布板）上記錄下來（見下圖）。

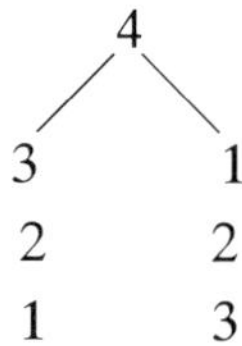

第四，共同探討原則。老師引導幼兒將記錄下來的 4 的各種組成形式，進行分析、比較和思考，想一想是否能從中找出什麼好辦法將數分得又快又正確。爲此，老師可啓發幼兒先比較左邊一行的數有什麼特別的地方（逐一遞減），再看右邊一行的數（逐一遞增），從而得出這樣的認識：分出來的兩個數一個數減去 1 ，另一個數就增加 1 ，總數不變（互補關係）。同樣再引導幼兒比較第一和第三組成形式，認識到：他們都有 1 和 3 ，只是換了一個位置，3 和 1 ，1 和 3 合起來都是 4 （互換關係）。一般而言，大班幼兒經過對兩三個數的組成操作、探索後大部分已能基本掌握數組成的原則。

㈢運用數組成的原則學習新的組成知識

在幼兒掌握數組成原則之後，老師可要求幼兒運用已經學到的好方法（互補、互換關係）來解決較大的數（如 6 或 7 ）組成。這對促進幼兒知識正向遷移十分有效，它能培養幼兒的推理能力和學習數學的興趣。一般情況下，運用原則推理出新的數的各種組成形式，不必再從操作具體材料入手，直接用口頭說出數的辦法更能促進幼兒數抽象的能力。對一個新的數的組成推理結果，同樣應予以記錄並引導幼兒共同討論和論證，以便對一個數的全部組成形式有全面的認識。運用這一方法，應視全班幼兒掌握組成原則及數抽象的能力而定，如不具備此一條件，可先用直觀材料進行操作、探索，直至有條件時，再改用這一方法。

㈣運用多種方法複習 10 以內各數的組成知識

上述教 10 以內數的組成方法，是強調在理解和掌握原則的基礎上，學習數的組成。但在幼兒學習每一個數的組成之後，僅僅做到理解是不夠的，還應運用多種方法進行複習，以求對每一個數的所有組成方式的掌握達到一定的程度，這樣才能使數組成成爲學習加減的基礎。複習方法有多式多樣，如操作練習、遊戲練習和塡空練習等等。可在上課時複習，也可在自由活動時間、日常生活等活動中複習。試舉幾例：

1.操作練習

老師說一個數，幼兒運用材料擺出這個數的任何一種或兩種（甚至全部）的組成形式。

2.遊戲練習

種類很多，略舉兩種：①卡片遊戲，幼兒每人一套 1～10 的數字（或圓點）卡片，老師問：「 5 可以分成 3 和幾？ 」幼兒應舉起 2 的卡片，老師也可舉起一張卡片（總數），要求幼兒舉起兩張合起來總數和老師一樣多的卡片；②報數遊戲。如練習 7 的組成，老師（或一位幼兒）說：「 我說 3 」請出另一位幼兒應說：「 我說 4 」然後大家一起回答「 3 和 4 合起來是 7 」。

3.填空練習

要求幼兒用填寫數字的方法練習組成（見下圖）。幼兒學習書寫數學之後，可以多用填空練習。

4.兒歌練習

老師可將數的組成編成兒歌，既有趣味，又易於記憶。例如：10 的組成歌。

10 隻鴨子水中游，9 和 1，1 和 9；
10 隻鴨子嘎嘎嘎，8 和 2，2 和 8；
10 隻鴨子笑嘻嘻，7 和 3，3 和 7；
10 隻鴨子順水流，6 和 4，4 和 6；
10 隻鴨子來跳舞，最後一組 5 和 5。

第六節 認讀和書寫阿拉伯數字的教學

數字是表示數的一種符號。幼兒學習認讀和書寫數字能加深對 10 以內數的認識，提高對數抽象性的理解。數字所表示的物體數量就是數的實際涵義，學習數字應在理解數的實際涵義基礎上進行。因此，中班幼兒可結合認識 10 以內數來認讀 10 以內數字，大班再學習書寫數字。

教學目標

(一)中班

能認讀 1～10 阿拉伯數字，並能用數字正確表示 10 以內物體的數量。

(二)大班

能正確書寫阿拉伯數字，掌握正確的筆順，字跡工整，以及姿勢和握筆方法正確。

教學方法

(一)教中班幼兒認讀 1～10 阿拉伯數字的方法

1.教中班幼兒認讀數字，最好結合認識 10 以內數。在認識數的實際涵義、比較相鄰兩個數的大小、按數取物以及數保留等活動中，在運用實物進行的基礎上，均可再結合出現數字，一方面認讀數字，同時又使幼兒知道每個數字所代表的物體數量。

2.利用幼兒熟悉的事物和形象做比喻，幫助幼兒記住字形。例如，「1」像棍子，「2」像鴨子，「3」像耳朵，「4」像旗子，「5」像鈎子，「6」像哨子，「7」像鐮刀，「8」像葫蘆，「9」像勺子，「10」像棍子和雞蛋。

3.對外形容易混淆和讀音不清楚的數字要多做比較和練習。像

「6」和「9」、「3」和「5」，幼兒在辨認時極易混淆，也常常將「3」（ㄙㄢ）錯讀成（ㄒㄩㄢ），「4」（ㄙˋ）錯讀成（ㄒㄩˋ），「7」（ㄑㄧ）錯讀成（ㄎㄧ）等。因此，應要求幼兒用國語讀清楚字音。

4.運用各種遊戲，練習數讀數字和理解數字所表示的物體數量。例如「連線遊戲」、「看圖找數字」按畫有不同數量物體的卡片，找出相應的數字卡片（見下頁圖一），或者按數字卡片找出相應數量物體的卡片：「按數畫物」（見下圖二）等。

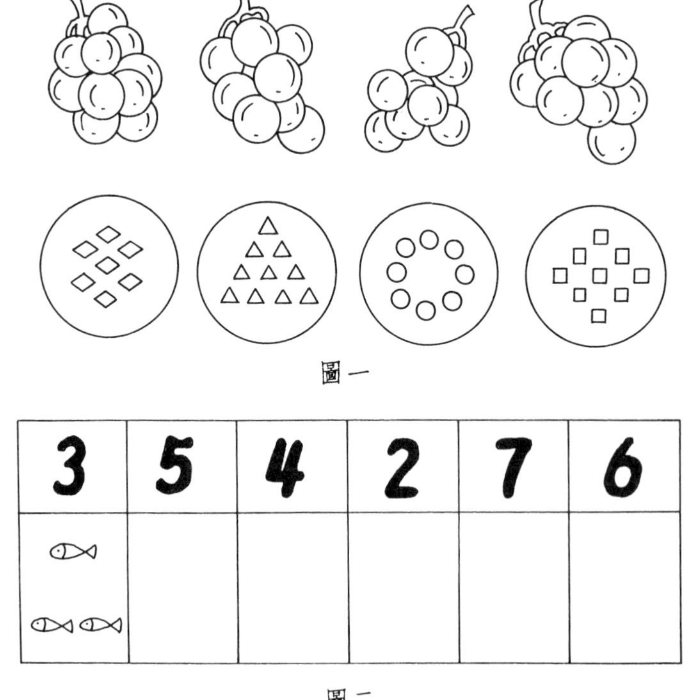

圖一

3	5	4	2	7	6

圖二

㈡教幼兒書寫1～10阿拉伯數字的方法

1.教幼兒書寫 1～10 阿拉伯數字宜在大班開始。

2.講解、示範正確書寫阿拉伯數字的姿勢及方法。主要講解示範以下內容：

⑴書寫姿勢。正確的書寫姿勢十分重要，它是寫好數字的前提，也有利於保護幼兒的視力及身體正常發育。因此，應從開始學習書寫時就嚴格要求，並堅持下去。為此，老師應講解並示範正確坐姿及握筆要領。坐時兩腳自然平放地下，身子坐正，頭要直，胸部和桌邊保持一定距離（約一拳頭），紙放正，左手輕按紙，右手握筆；握筆要領，用三個手指握筆（大、食、中指），手指握筆部位約離筆尖兩手指寬，小指輕觸紙面作為支點等。

⑵書寫格式及筆順。幼兒學習書寫數字，應運用日字格。先用範例（見下圖）說明書寫格式及格子的上下左右部位，字體要寫滿上下兩格，但不要出格。然後再講解書寫的順序，從何處起筆，向什麼方向運筆，如何拐彎等。講解後要做示範。

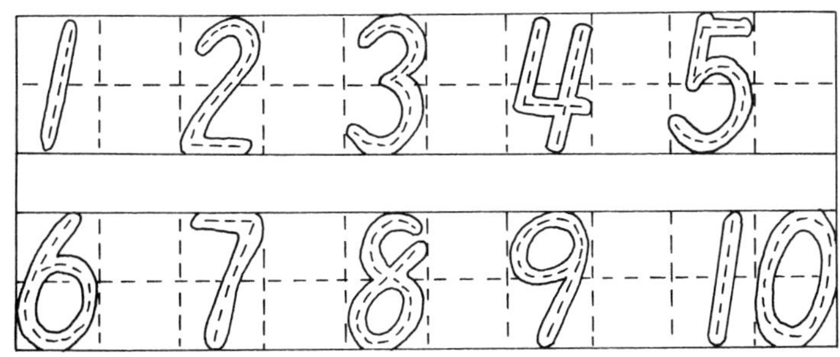

3.幼兒書寫練習

⑴書空練習。老師進行講解示範以後，應先帶領幼兒書空練習。

讓幼兒用右手食指跟著老師在黑板上的書寫動作做書空練習，或在本子的範體字上書寫兩遍，以熟悉筆順和筆劃。

⑵試寫。書空練習後，再請一、二名幼兒在黑板上試寫。黑板上要畫好日字格並寫好範體字。然後和全體幼兒評論試寫者所寫數字的優缺點，再一次幫助幼兒掌握書寫方法。

⑶書寫練習。經過書空、試寫等練習，每個幼兒開始自己練習書寫。初寫時，應先用模字本，讓幼兒用筆在模字上描寫，這樣可幫助幼兒較快地掌握書寫數字的格式和方法，並養成書寫的習慣，以後再獨立用日字格書寫。幼兒書寫時，老師檢查幼兒的姿勢及筆順等，及時糾正不正確的地方。

思考與練習

1.什麼是數數活動？數數活動的內容是什麼？爲什麼數數活動是幼兒形成基本數概念的主要活動？

2.舉例說明對幼兒掌握基本數概念的發展過程。

3.試述幼兒掌握 10 以內數概念的年齡發展階段及其主要表現。

4.什麼是說出總數？其意義何在？怎樣幫助幼兒說出總數？

5.試述 10 以內數、相鄰數以及自然數列的等差關係之間的區別與聯繫，用什麼方法可讓幼兒正確的理解和掌握。

6.什麼是序數？舉例說明教幼兒學習序數的方法。

7.數的組成內容是什麼？如何向幼兒進行數的組成教學？掌握等量、互補和互換關係的意義何在？

8.設計一個認識 10 以內數的教學活動（任擇一個內容和年齡班）。

CHAPTER 6

幼兒10以內加減運算能力的發展及教學

算術運算包括了加、減、乘、除四則運算。幼兒只學習簡單的10以內加減運算。

第一節 幼兒加減運算能力的發展

幼兒加減運算能力的發展過程

幼兒加減運算能力的發展，可從具體到抽象和從逐一加減到按數羣加減兩方面予以考察。

(一)從具體到抽象

幼兒加減運算能力要經歷從具體物的加減，到運用表象進行加減，再到抽象的加減的三個過程。

1.具體層次加減

是指幼兒以實物或圖片等具體物爲工具進行加減運算。這是屬於具體的加減運算。

2.心像層次加減

運用心像進行加減，就是可以不借助於具體物，在腦海中依靠對形象化物體的再現，進行加減運算。口述應用題就是運用心像進行加減運算的典型例子。口述應用題以其生活中熟悉的情節表示出數量關係，喚起幼兒頭腦中積極的心像活動，從而幫助幼兒理解題意和數量關係，選擇正確的方法進行運算。

運用心像進行加減是幼兒期學習加減的主要方式。尤其在幼兒開始學習加減時，以心像爲主的口述應用題，對幼兒理解加減涵義和數量關係以至運算符號和算式等均有很大的助益。

3.抽象層次加減

抽象的加減也可稱作數羣概念的運算，是指直接運用抽象的概念進行加減運算，不需依靠具體物或心像，就能直接進行口頭或書面的加減試題運算等，這是較高層次的加減運算。

爲了能讓讀者有更清晰的概念，可用一個例子對這三種層次運算做出區分：

(1)出現絨布教具同時陳述：有 3 隻小鹿在樹林裡玩耍，一會兒又跑來 2 隻鹿，現在樹林中一共有幾隻小鹿？這是屬於具體層次，因爲有教具呈現在眼前，幼兒可憑直觀來計算小鹿的數量；

(2)不出現小鹿，只口頭陳述這道應用題，這是心像層次的加減運算題。幼兒依靠口頭陳述，引起腦海中小鹿數量的再現，並進行數運算；

(3)口述或出現算試3＋2＝？。這是捨去了所有可憑藉的具體和表象的形象，只憑抽象的數字進行加減運算。

(二)從逐一加減到按數羣加減

幼兒掌握加減法要經過逐一加減到按羣加減的發展過程。此一過程表面上似乎是運算方法問題，實際上是反映幼兒在加減運算中思維抽象性的不同層級。

逐一加減就是用數數的方法進行加減運算。這種方法還可分爲兩種層次，一種是先將兩組物體合併在一起，再逐一數數一共是幾個的加法運算。減法是先將要減去的物體取走，再逐一計算剩下的物體總數。這種加減的方法實際上是逐一數數，運用的不是數羣概念。另一種加法是以第一組物體的總數爲起點，開始逐一數數，直到數完第二組物體，如 3 隻蝴蝶加 2 隻蝴蝶，就數成3、4、5，一共是 5 隻蝴蝶。減法則從被減數開始逐一倒數，數到要減去的數量爲止，如 5 隻蝴蝶飛走 2 隻還剩幾隻？算法是 4 、 3 ，還剩下 3 隻。這種加減方法實際上是順接數和倒數，也不是按數羣加減。

按數羣加減也就是前述的依靠抽象概念進行加減運算，這時幼兒對所說的數或數字已能作爲一個整體去掌握，從而進行抽象數羣之間的加減運算。

不同年齡幼兒對10以內加減運算能力的特徵

以上是加減法兩方面的普扁發展過程，這個過程表現在幼兒的年齡方面，二者是相互聯繫且緊密結合的，因而表現了幼兒掌握加減法的年齡特徵：

(一)四歲以前

一般說來，四歲以前幼兒基本上不會做加減運算。他們不懂加減的涵義更不會使用「 + 」「 − 」「 = 」等運算符號，也不會自己動手將實物分開或合併進行加減運算。

(二)四至五歲

四歲以後，幼兒會自己動手將實物合併或取走之後再進行加減運算，但這時必須是運用實物而且是從頭開始逐一算數，才能得出結果。對於抽象的加減運算如 2 加 1 等於幾？他們是不能理解，也不感興趣。但值得注意的是，四歲以後的幼兒已經能運用心象進行簡單的加減運算了。就是在幼兒還不瞭解應用題結構的情況下，不使用加、減符號和術語的條件下，他們能解答所認識的數目範圍內的簡單加減應用題。有學者曾對四至六歲幼兒解答簡單應用題的能力做過調查，測試時不用具體教具，所出的題目在小數量範圍內，且加、減數均不超過 1 。如樹上有 3 隻小鳥，又飛來了一隻，現在樹上一共有幾隻小鳥等問題。其目的是為了瞭解幼兒運用心象進行加減的能力。用小數量可以排除因數量過大而造成的困難和干擾，以便瞭解幼兒運用心象解決加減問題的能力。實驗結果發現四歲幼兒正確解答求和、求剩餘的口述應用題人數比例可達 90％和 65％，但他們不能回答「用什麼方法算的？」問題，這種依靠生活經驗和應用題中熟悉的情境引起的心象活動，還不是眞正意義上的加減運算，卻說明口述應用題在學習加減中的作用。（詳見第二節）

(三)五至六歲

五歲以後，幼兒學習順接數和倒數，且能不困難地運用到加減的運算中。多數幼兒可以不用操作實物，而是用眼睛注視物體，心中默默地進行加減運算。五歲半以後，隨著數羣概念的發展，他們運用心象解答口頭應用題的能力進一步提高，可以不限於加減數為1的運算，能較順利地運用心象，進行按數羣的加減運算。特別是在他們學習了數的組成之後，能在成年人的引導下，運用數的組成進行加減算試的運算，從而擺脫逐一加減的層次，達到按數羣運算的程度。不過關於幼兒晚期發展起來的學習加減的能力，還有兩個特點需注意：

第一，幼兒學習減法要難於加法。因為減法是加法的逆運算，幼兒用數的組成知識學習減法時，需具備三個數羣關係的逆反能力，亦即將兩個部分數合起來等於總數，轉換成總數減去一個部分數，等於另一個部分。但根據實驗證明，幼兒掌握數羣之間的逆反關係要難於等量關係。如實驗中曾向未學過減法的幼兒提出這樣問題：「請你種 8 顆豆子，如果你第一次種 5 顆，第二次要種幾顆才能完成任務？」有 30％的五歲半受試幼兒能用數的組成知識作出正確地回答，不僅能得出「還要種 3 顆」的答案，而且在解釋為什麼是 3 顆時說：「因為 8 可以分成 5 和 3，所以 5 加 3 是 8。」顯然，幼兒運用的是加法而不是減法，而且這一年齡組沒有人會用減法回答問題。這是因為當加法轉換成減法時，需要將一部分數作個逆轉，即將 A＝B＋B′轉換成 A－B＝B′或 A－B′＝B，因而學習減法要難於加法。但是加與減，等量關係與逆反關係在經過一定的教學過程後，到幼兒時期的晚期便能夠順利地進行這種轉換。所謂教學過程就是教育者有目的地將數的組成與加減法結合在一起進行教學，並對減法的逆轉關係重點加以說明，使兒切實掌握。這樣將三個數羣之間的各種關係聯繫起來，有利於促進幼兒理解數羣關係，並爲其加減運算奠定了基礎。

第二，由於幼兒思維抽象性的個別差異以及教學過程、地區文化背景的不同等，有的大班幼兒在他們遇到困難時，還會回到掰手指逐一數數的方式。這是不可避免的，成人不應禁止，應視幼兒發展的可能性，逐步引導以組成知識聯繫加減的運算，但不可強求。

第二節 口述應用題在幼兒學習加減中的作用

幼兒學習 10 以內加減與學習 10 以內數的組成一樣，均是較困難的任務，如何尋找出既符合幼兒思維發展特點又能引導幼兒較順利地掌握 10 以內加減運算的途徑，是本節要解決的課題。而口述應用題在幼兒學習 10 以內加減中有著不可忽視的特殊作用。

應用題的結構及特點

(一)應用題的結構

應用題是根據日常生活中的實際問題，用語言、文字表示數量關係的題目。應用題的結構（組成部分）包括情節和數量關係兩方面，兩者缺一不可。數量關係中又包括已知條件和未知條件。已知條件是說明已知數量及已知數量與未知數量的關係。未知條件是要求解答的問題，即要求求出未知的數量。幼兒學習的只是用語言來表述應用題。

(二)應用題的特點

應用題最主要的特點是它源於生活，而且它以人們熟悉的生活情境來表述數量關係，並提出要求回答的數量問題。這種寓加減任務於情境之中的題目，正是應用題不同於單純由數學和符號組成的加減算式最顯著的特點。

從心理學觀點看，應用題的情節爲幼兒的心象活動提供了素材，幼兒借助於應用題的情節，對過去熟悉的生活情境產生回憶，以生活經驗來理解應用題中所要求的運算方法，甚至在還未懂得什麼叫加法或減法這些專門術語的時候，他們已能對運算方法作出正確的選擇。

應用題可以喚起幼兒頭腦海中有關加減情境的心象。這一特點正符合幼兒期思維具體形象性的普遍性特點，因而應用題就成爲幼兒開始學習加減運算的有效途徑。

應用題有文字和口述的區分，但上述應用題的結構和特點卻是共有的——幼兒尚未學習文字，所以本書所涉及的僅指口述應用題。

口述應用題對幼兒學習加減運算的幫助用

1989年我們在一項對象爲五至五歲半幼兒的教學實驗中，設置了各種基本條件相同的兩個班，一爲實驗組（A），不學數的組成，只以簡單的口述應用題（求知、求剩餘）爲工具，學習 5 以內加減，另一個爲對照組（B），仍沿用傳統的教學方法，主要以數的組成爲工具，學習 5 以內加減，兩個班均進行了 12 節課，此一研究的主要結果可說明口述應用題在幼兒學習加減中的作用：

(一)口述應用題是幼兒掌握加減運算的有效工具和必要基礎

首先口述應用題能幫助幼兒較容易而準確地理解加法和減法的涵義及有關的運算符號。在實驗的後測中，讓幼兒對 2＋3＝5 和 2－1＝1 算式中的「＋」、「－」和「＝」等符號說出名稱及涵義，結果實驗組理解加減涵義的成績明顯優於對照組（P＜0.01）。

(二)口述應用題能促進幼兒思維能力的發展

1.思維抽象能力的發展

口述應用題能促進思維抽象能力的發展。以下的實驗，將幼兒解答算式的思維層次分為三級：(1)不會解答；(2)憑直覺行動具體形象或逐一數數作出部分或全部解答：(3)運用抽象的數羣概念正確解答。統計結果如下表：

實驗組與對照組解答式題不同思維層次比較

層次 / 人數及% / 組別	Ⅰ		Ⅱ		Ⅲ	
	人數	%	人數	%	人數	%
實驗組 N＝31	3	9.68	2	6.45	26	83.8
對照組 N＝33	4	12.12	12	36.36	17	51.51
③水準人數百分比差異性	$t=2.76^{**}$　　$P<0.01$					

表 6－1 說明實驗組的幼兒在實驗後抽象思維能力得到較快發展，他們以抽象數羣概念解答式題（層次）的人數已達 83.3%，而

對照組只有 51.5%，兩者差異達顯著水準。

口述應用題之所以能提高幼兒解答加減算式的抽象能力，其根本原因在於口述應用題能喚起幼兒腦海中有關加減情境的心象，使幼兒能由具體到抽象，逐漸地掌握加減運算，從而提高抽象能力的。

加減運算是幼兒在腦海內把數進行組合分解的一種智力運算，它要求較高的抽象思維。總體而言，幼兒期思維是以心象爲主，具有相對的具體性。因此，加減運算所要求的思維抽象性與幼兒思維實際思維的具體性之間，存在著必然的斷層。解決這一斷層的辦法，不應從抽象到抽象（以數的組成教加減），而應發展幼兒對加減運算的心象，以此爲中間環節，促進幼兒思維由具體向抽象過渡和轉化。心象是指過去感知過而當前沒有作用於感覺器官的事物在腦海中出現的形象。它既有直觀性和形象性，又具有一定的抽象性和概括性，是一個高於具體層次又低於抽象概括層次的中間環節，是思維由具體過渡到抽象的橋樑。口述應用題正符合這一要求，因而它在幼兒學習加減法的過程中有著不可替代的特殊作用。

2.思維分析綜合能力的發展

幼兒對口述應用題如果只能說出答案，僅能表明這是憑借口述應用題所喚起的有關生活經驗心象的表現，而能正確說出答案，還能說明選擇的計算方法、列出算式和說明選擇計算方法的理由，這才是對應用題中的已知數之間以及已知數與未知數之間的數量關係進行分析、綜合後作出判斷的結果。因此，上述的實驗在考察口述應用題對發展幼兒思維分析、綜合能力的作用中，不只看答案的正確與否，還以能否說明運算方法、列出算式和說明選擇運算方法的理由作爲評量的重要指標。評量分爲四級：(1)完全不會解答口述應用題；(2)能正確說出答案，但不知道運算方法和列出算式；(3)能正確說出答案，計算方法並列出算式，但不能說明選擇算法的理由；(4)能正確說出答案和運算方法，並正確列出算式，還能說明選擇算法的理由。結果如下表：

實驗組與對照組解答口述應用題的層次的比較

層次 人數及% 組別	I		II		III		IV	
	人數	%	人數	%	人數	%	人數	%
實驗組 N=31	5.25	16.9	7.5	24.2	5.25	16.9	13	41.9
對照組 N=33	11.50	34.8	11	33.3	8.25	25	2.25	6.8
IV層次人數百分比差異性	$t=3.30^{**}$　$P<0.01$							

上表的統計數字說明實驗組解答口述應用題中的分析綜合能力遠遠高於對照組，實驗組處於第三、四層次的人數占 58.8%，其中第四層次的人數占有 41.9%，而對照組第三、四層次的人數僅占 31.8%，其中第四層次的人數只有 6.8%。

口述應用題之所以能培養幼兒對問題的分析綜合能力，一方面是由應用題本身的特點和解答應用題活動的特點決定，應用題與計算題不同，計算題的數量關係和計算方法是由數字和符號直接表示出來，無需考慮用什麼算法，而應用題的數量關係和算法則是隱含在情節之中，幼兒需按情節分析數量關係，才能正確地選擇方法並列出算式，才能說明理由，這個過程就是一個分析、綜合的思維過程，另一方面口述應用題能否發揮其培養幼兒分析綜合能力的作用，還有待於成年人的正確引導。如果老師只滿足於說出答案，即使讓幼兒解答很多口述應用題，也很難於促進幼兒分析綜合能力的發展。在運用口述應用題進行加減教學時，老師應發問具啓發性的問題，引導幼兒分析綜合能力的發展，如在幼兒說出正確的答案後，再問：你是用什麼方法算的？為什麼要用加（減）法？題目裡最後問的是什麼？剩下的蘋果比以前少了還是多了？等等。這些啓發性的問題，能引導幼兒的分析活動逐步深入，達到眞正理解題意的目的，同時也能促進幼兒初步邏輯思維的發展。

3.思維推理（知識遷移）能力的發展

口述應用題不僅能促進幼兒思維抽象能力和分析綜合能力的發展，還可培養幼兒的推理能力。

上述實驗在後測中，以幼兒沒有學過的求加數和求減數兩類應用題對實驗組和對照組進行測驗，以期得知幼兒運用已有知識解決新問題的能力，具體試題是：「池塘裡有一羣鴨子，游走了 3 隻以後還剩下 1 隻，問池塘裡原來有幾隻鴨子？」（求加數）「媽媽第一次給我買了 2 個蘋果，第二次又給我買了蘋果，媽媽兩次一共給我買了 5 個蘋果，問媽媽頭二次給我買了幾個蘋果？」（求被減數），得到的結果見下表：

實驗組與對照組解答口述應用題推理能力發展比較

項目 / 人數及% / 組別	通過		不通過	
	人數	%	人數	%
實驗組 N＝31	23	74.2	8	25.8
對照組 N＝33	14.5	43.9	18.5	56.1
通過人數%差異性檢驗	$t=2.46^{**}$　0.01＜P＜0.01			

由上表可知，實驗組對求加數和被減數兩類新的應用題解答能力明顯高於對照組，實驗組通過人數的百分比為 74.2%，而對照組只

有 43.9%。這種解決新問題的能力要求幼兒不受題目表面情節的干擾，而能根據題目中數量關係選擇正確的算法，題目中描述的「一共」（或「剩下」）表面上是一種加（減）法運算，實際上卻需採用相反的運算。如果幼兒不能從問題出發，分析問題與條件之間的關係，必然得不到正確的回答。

知識遷移能力的獲得與幼兒切實理解口述應用題中的數量關係有密切關係。實驗組幼兒憑借對口述應用題的學習經驗和對其中數量關係的理解，提昇了運用已有知識解決新問題的能力，而對照組以數的組成作爲學習加減的方法，從抽象到抽象，使幼兒對加減運算知識的掌握多憑機械記憶，不能充分理解，而影響了解決新問題能力的發展。

總之，口述應用題不僅是幼兒學習加減運算的有力工具，更能促進幼兒的思維發展。

無具體物伴隨的口述應用題是發展幼兒加減心象的主要形式

不論是老師出題，幼兒解題，還是幼兒自編，口述應用題均可分爲有具體物伴隨和無具體物伴隨兩種形式。

在幼兒學習解題和自編口述應用題的初期，應該且必須運用具體物（實物、玩具、絨布教具、動作、圖片等）伴隨的口述應用題。例如老師左手持兩朵花說：我做了 2 朵花，又做了一朵花（右手再拿起一朵花），我一共做了幾朵花？對此，通常稱之爲講解演示口述應用題。又如老師請出 2 位小朋友後再請出 1 位小朋友，讓幼兒根據這一活動編出一道應用題等，以上這些均屬於有具體物伴隨的口述應用題，它能幫助幼兒具體地理解應用題的涵義。

但幼兒學習口述應用題時不應只用這一種形式，還應適時地兼用或轉用無具體物伴隨的口述應用題，而且逐步使之成爲口述應用題的主要形式，因為，用具體物伴隨口述應用題時，是具體物對思維發生主導作用，這時幼兒對口述應用題的理解仍處於直覺行動層次，而無具體物伴隨的口述應用題才能引起幼兒眞正的心象，亦即能在頭腦中出現過去感知過而當前沒有作用於感覺器官事物的形象。因此，無具體物料伴隨的口述應用題是引起加減心象和引導幼兒學習加減由具體過渡到抽象的主要形式。

值得注意的是，過去人們常用圖片作為引起心象的工具，這是一種誤解。人們只注意到圖片不同於實物的一面，而忽視了圖片中具有具體性的另一面，而且是主要的一面。實際上圖片也是具體性質的對象，是以畫面表示的實物，它並不能激發幼兒腦海中已有的心象。只有口頭語言（無圖片伴隨）才能喚起兒童腦海中已有的心象。在前述的實驗中，對照組用數的組成進行加減教學時，使用實物和圖片是非常充分的，然而卻未促使幼兒在抽象數概念層次上掌握加減運算，約有一半的幼兒仍需依靠掰手指數數來解答問題。其根本原因就是缺少心象這個中間環節，可見圖片並不能引起心象。

幼兒解答口述應用題

幼兒學習的口述應用題有成年人出題幼兒解題和幼兒自編口述應用題兩種。以上說明的口述應用題的教育作用，均適用於這兩種口述應用題。

但是在幼兒學習 10 以內加減時，首先和大量使用的，均是解答口述應用題。因此，幼兒解答口述應用題是幼兒學習 10 以內加減的主要方式。

幼兒開始學習加減時，成年人就讓幼兒解答口述應用題，引導幼兒瞭解加減的涵義；或是依靠成人的口述應用題，幼兒解答，幫助幼兒理解的加號、減號和等號以及加、減的計算；此外，在學習 5 以內每一個數的加減時，仍要由老師出題幼兒解答，使幼兒瞭解和熟悉該數的加法和減法。

幼兒解答的口述應用題通常是由成人編擬的。老師可從多方面獲取編題的材料，但題目和情節應是幼兒熟悉的。

幼兒自編口述應用題

幼兒自編口述應用題是幼兒學習口述應用題的另一種形式。自編口述應用題有助於加深幼兒對加減法的理解，並能培養幼兒靈活運用知識的能力。

長期以來，人們普遍認爲幼兒自編口述應用題較解答口述應用題困難。因爲前者需掌握應用題的結構，才能正確編題，後者只憑生活經驗就能解題。因此，幼兒學習自編口述應用題安排在大班後期，學習了 10 以內數的組成和加減以後進行。

然而經由上述實驗和部分幼稚園的實際經驗發現，如果沿用以往的模式，讓幼兒從掌握應用題的結構來學習自編口述應用題，的確是有困難；如果改用新的模式，讓幼兒用描述和模仿的方法開始學習自編口述應用題，就容易得多，幼兒學習自編口述應用題的時間可以大幅度地提前，進而能有利掌握應用題結構，又能有利加減學習。

從掌握應用題結構（以往老師是這樣告訴幼兒：編應用題有三個要求，第一，講的是一件事；第二，要有兩個數，這兩個數說的是同樣東西；最後還要提出一個問題）開始，實際上是從理性開始學習自編口述應用題。此時幼兒還未獲得編題的感官經驗前，先提出並要求幼兒理解和掌握編題的概括性要求，這一學習模式不符合幼兒認知特點。因此不論成人用多麼通俗的語言表述，舉出多少實例，幼兒仍因缺乏實際經驗而難以掌握應用題的結構，因而出現種種錯誤。例如：

㈠在情節方面，往往出現一些不符合實際生活或自然界發展規律的情節。例如，有的孩子說：「我中午吃了 4 碗飯，一會兒又吃了 2 碗飯，我一共吃了幾碗飯？」有的說「我家院子裡的蘋果樹上長了 2 個蘋果，過一會又長了 2 個蘋果，問我家的樹上一共長了幾個蘋果？」這種情況，主要受知識和生活經驗的限制所致。

㈡在數量關係方面，掌握未知條件要難於已知條件。幼兒編題常見的錯誤，全都錯在提出問題（未知條件）上，主要有以下兩種情況：

1.沒有提問題，編題不完整。如有的幼兒說「媽媽買了 1 個蘋果，爸爸帶回來了 2 個蘋果」，就此結束，沒有下文。

2.沒有提問題，卻有運算結果。如，幼兒說，「媽媽給我買了 2 匹玩具小馬，爸爸又給我買了 1 匹，我一共有了 3 匹玩具小馬」。「樹上原來有 5 隻小鳥，又飛來了 1 隻，樹上一共有 6 隻小鳥」等。

用描述和模仿方法開始學習自編口述應用題，可使幼兒在易學的方法中豐富編題經驗，累積理解應用結構的感官材料，爲以後掌握邏輯的編題條件作好準備。而使學習加減法與幼兒自編口述應用題緊密結合，加深了對加減法和抽象加減計算的理解，培養了幼兒靈活運用知識的能力。

描述應用題，不僅描述情節、數量，還包括答案。如幼兒描述：我們班上有 1 架大鋼琴，2 架小鋼琴（玩具），一共有3架鋼琴。描述應用題，暫時迴避了幼兒最難掌握的提出問題（未知條件）這一要求，因而幼兒很容易掌握。

模仿口述應用題，是在不要求抽象地掌握應用題結構要求（三個條件）的前提下，模仿成人編題，幼兒獨立地編出結構完整的口述應用題。除情節、已知數外，還要提出問題。如幼兒按老師的活動編題：「老師拿來了 4 塊積木，後來拿走了 1 塊，現在桌上還有幾塊積木？」它不同於掌握應用題結構邏輯狀態下的編題，可視作幼兒編題的初級階段。

模仿編題比描述應用題難些，可在學習描述應用題後進行。幼兒有愛模仿的特點，在老師適當的啓發和小朋友討論互相糾正錯誤後，可以正確地自編口述應用題。

因此，用描述和模仿的方法學習自編口述應用題，可早於學習數的組成，成爲學習加減的有效方法，並貫串加減學習的整個過程。

以上所述老師出題幼兒解答和幼兒自編口述應用題，只限於編擬求和及求剩餘的簡單口述應用題。兩數差、求加數或減數等類型應用題，幼兒理解其數量關係較困難，因而不應作爲幼兒數學教學的學習目標。但如果幼兒的發展程度較好，可在大班的後期練習，作爲思維訓練的一種方法

第三節 10以內加減運算的教學

指導幼兒學習 10 以內加減運算，既要考慮到他們目前的抽象思維發展的情況，又要促進幼兒思維的發展；既涉及到如何運用口述應用題、數的組成，以幫助幼兒較順利地掌握 10 以內加減，又要從幼兒的實際情況出發，提出合理的目標，以進行教學。因此，我們不將幼兒學習自編口述應用題，獨立於學習加減之外，而是作爲幼兒學習加減法的一部分和有效的方法，在教學內容要求、教學安排和教學方法中予以綜合說明。

教學目標

㈠幼兒能學會解答簡單的（求和、求剩餘）口述應用題，能學習用描述和模仿的方法自編簡單口述應用題，並能以此爲基礎，掌握應

用題的結構。

㈡幼兒能學習 10 以內加減法：理解加、減涵義；認識加號、減號和等號及其涵義；認識加、減算式並會運算。

學習加減法對幼兒是一項較難的內容，因此，要求他們掌握 10 以內加減達到什麼程度，可不作統一硬性規定，老師應視幼兒的發展作選擇。

教學安排

在幼兒學習加減時，如果能綜合運用口述應用題、數的組成與加減三者的關係，不僅利於幼兒順利地學習加減，且更有利於促進幼兒思維的發展。

根據前述我們對口述應用題及數的組成觀點，對幼兒學習加減的安排，提出以下建議：

1.先用小數量（4 以內）學習解答和自編（描述和模仿）口述應用題。目的在讓幼兒先掌握學習加減法和發展思維的有效方法。同時，累積有關加減和應用題結構的感官經驗。

2.再運用口述應用題（包括解題和自編，以下同）向幼兒說明加減涵義、符號及算式。

3.從 2 開始逐一進行數的組成，結合加減的學習。此時應充分利用解答和自編口述應用題，進行從口述應用題到數的組成和加減算式的轉換，以加深對加減及算式的理解，並發展靈活運用知識的能力。一般情況下，第一學期學習 5 以內加減，第二學期學習 6～10 的加減。

（以上安排方案，可參考附錄三的「大班數學教學設計實例」）

教學方法

以下將按上述學習加減法的安排步驟，說明具體的教學方法。

(一)學習描述和模仿自編口述應用題，讓幼兒獲得加減法和應用題結構的感官經驗

累積加減的感官經驗，是學習加減法的第一步。幼兒學習描述和模仿自編口述應用題，是累積加減感官經驗的最佳方法。幼兒學習自編口述應用題不宜從理解抽象的應用題結構開始，應從描述和模仿開始，並且宜用小數量（4 以內數）進行。

1.學習描述口述應用題

幼兒學習描述口述應用題，要配合各種具體材料進行。此時，先不出現「加法」或「減法」等術語，只讓幼兒從描述中感受物體增加或減少的情景。可以先學加法，再學減法。以學習加法爲例：

首先老師要爲描述口述應用題作出示範。如，老師拿出 1 個皮球，說：我先買了 1 個皮球，再拿出 1 個皮球，又說：後來又買了 1 個皮球，我一共買了 2 個皮球。接著提出：誰能照老師說的再說一遍。陸續請幼兒模仿老師的口述，初步學習描述口述應用題。

老師做出示範後，可以改換直接材料，讓幼兒嘗試獨立自編描述應用題。如，老師在絨布板左邊貼出 2 隻小黃鷄，接著在右邊貼出 1 隻小黑鷄，告訴幼兒：誰能用老師貼出的這些小鷄，說一說有什麼樣的小鷄，一共有幾隻？（幼兒：老師先貼出了 2 隻小黃鷄，後來又貼出了 1 隻小黑鷄，一共有 3 隻小鷄）此後，老師再要求幼兒動腦筋編題目，最好編得和別的小朋友不一樣（幼兒甲：草地上有 2 隻小黃鷄，又跑來了 1 隻小黑鷄，一共有 3 隻小鷄。幼兒乙：草地上有 2 隻小黃鷄在吃小蟲，還有 1 隻小黑鷄也在吃小蟲，3 隻小鷄都在吃小蟲。……）

老師可運用不同的具體材料（實物、玩具、圖片、絨布教具等）讓幼兒輪流學習描述口述應用題。

還可以用主題遊戲「開水果店」、「開筆店」、「開書店」等，讓幼兒學習描述應用題更有趣味。重要的是，要讓每個幼兒都有描述的機會。這種機會可以在數學課上，也可以在日常生活、自由活動、遊戲和散步時，進行小組或個別教育。

進行了描述口述加法應用題後，再進行描述減法的口述應用。方法同上述加法。

2.學習模仿口述應用題

幼兒學習了描述口述應用題後，應適時地引導幼兒學習模仿口述應用題。模仿口述應用題同樣宜用小數量進行，仍可先學加法再學減法。

進行模仿口述應用題教學時，老師仍應使用具體材料並編題，爲幼兒提供模仿的榜樣。如，老師先出示 1 個洋娃娃（女）說：有 1 個娃娃到我們班上來玩了。接著再出示另 1 個洋娃娃（男），說：又有 1 個娃娃也來玩了，一共有幾個娃娃來班上玩？（一共有 2 個娃娃）

老師提供了編題的示範後，應讓幼兒照老師的樣子自己編題。開始可能有的幼兒只是復述老師的情節，但應鼓勵幼兒用 2 個娃娃編出和老師不一樣的題目。

另外，應該注意的是，此時幼兒仍會以描述的方式出題，這可等幾位幼兒編題後，老師在肯定小朋友編得好的同時，提出新的要求：「下面你們再編題的時候，不要自己算出答案，把最後一句話，一共有 2 個娃娃，變成一個問題問問大家，考考別的小朋友會不會算。」這個要求，是引導幼兒從描述轉向模仿的關鍵一步，也能幫助幼兒具體地掌握提出的問題。

爲了讓幼兒獲得更多模仿編題的機會，老師可更換具體材料，變換方式，讓幼兒學習模仿編題。此時，應特別注意幼兒是否學會正確地提問題，可請幼兒輪流編題，大家討論編得對不對？最後是不是提出了問題？還可為每個幼兒提供一張內容各不相同的卡片，讓幼兒各自按卡片內容模仿編口述應用題。老師個別詢問、提醒那些直接說出總數的幼兒，把最後一句變成一個問題。最後還可讓幼兒兩兩地相互說題，互相幫助和糾正。

上面是以模仿自編加法口述應用題為例，說明引導幼兒學習模仿編題的方法。模仿編減法口述應用題，同樣可採用上述方法。

3.幼兒學習自編口述應用題的直接材料

無論是老師編題還是幼兒描述和模仿自編口述應用題，可提供的直接材料有以下幾種：

(1)按活動內容編題。老師組織一些表示數量關係的活動。讓幼兒根據活動中的情節及數量說出口頭應用題。例如：老師請一位小朋友到前面，給他 2 面旗子，再請一位小朋友前來，給這位小朋友 1 面旗子，然後要求幼兒根據兩位小朋友的活動編題。也可以先給一位小朋友 3 面旗子，然後從他手裡取走 1 面旗子，讓幼兒根據這個活動情節編題。

(2)按玩具所設置情境編題。老師可用各種玩具擺出各種情境，作為幼兒編題的依據。例如，老師在桌上擺出兩堆玩具小汽車，一堆 3 輛，另一堆 1 輛，請小朋友根據小汽車擺放的情況及數量編出應用題。

(3)看圖編題。老師提供圖片，請幼兒根據圖片上的情節及數量編題。如，老師拿出一張畫，畫的右方開著 4 朵紅花，左方開了 1 朵黃花，請幼兒觀察後編題。

(4)還可讓幼兒從活動室的環境或設置的物品及玩具中尋找編題的材料。如幼兒說：牆上有一個大鐘，娃娃家還有一個小鐘，一共有 2 個鐘。

(5)自由編題。不提供任何編題的條件，讓幼兒完全根據自己的生活經驗知識編題。它可任憑想像力的馳騁，編出各種生活內容的應用題。

(6)經過反覆練習模仿編題，幼兒積累了較為豐富的加減和應用題結構的感官經驗，為加減學習趨向抽象奠定了基礎。

(二)借助直接教具和口述應用題，說明加法和減法的涵義

說明加減法的涵義，就是不僅讓幼兒知道「加法」、「減法」詞彙，而且懂得什麼是加法，什麼是減法。

1.學習加法

學習加法，就是向幼兒說明，把兩個數合在一起，求出一共是多少，這就是加法。像「又飛來了」、「又拿來了」、「又跑來了」等是用加法，加法得出的數量是變多，不是變少。

例如，老師請一位小朋友拿 2 朵花站在前面，再請另一位小朋友拿 1 朵花並排站好，老師說：「小明有 2 朵花，小華有 1 朵花，他們一共有幾朵花？」幼兒回答一共有 3 朵花後，老師應鼓勵幼兒，同時再提出問題：「你們用什麼方法算的？」不論幼兒能否答出用加法，老師應進一步透過活動顯示加法的涵義，老師邊將兩位小朋友的花合併握在一隻手中，邊說明：「要算出一共有幾朵花，就要把兩位小朋友的花合在一起，就是 2 朵花加上 1 朵花，一共有 3 朵花，用的是加法，加法得到的數是變多了。」這樣幼兒既看到了兩個數合併的過程，又看到了合併的結果，具體理解了加法的涵義。

在實物演示的基礎上，可再用絨布教具或圖片等，讓幼兒繼續理解加法的涵義。如先貼出 1 隻小兔的貼絨教具，再貼出一隻，說：草地上有 1 隻小白兔，又跑來了 1 隻，草地上一共有幾隻小白兔？」還可出示 1 張畫有 2 個蘋果的圖片，再出示畫有 1 個蘋果的圖片，請幼兒自編口述應用題。老師或幼兒編題後，老師均應重點地讓幼兒回答：「一共是多少？」「用什麼方法算的？」「加法是什麼意思？」

「加法得的數是變多了還是變少了？」等問題，幫助幼兒切實理解加法的涵義。

2.學習減法

學習減法，要向幼兒說明從一個數中去掉一部分，求還剩多少，就是減法。像「飛走了」、「拿走了」、「吃掉了」等是用減法，減法得出的數是變少，而不是變多。

例如，老師請一位小朋友拿 3 朵花站在前面，然後請這位小朋友送 1 朵花給老師（或送給另一位小朋友），並說：「小明原來有 3 朵花，送給我 1 朵，小明現在還剩幾朵花？」幼兒回答後，同樣應要求他們對得出答案的方法作解釋，回答：「你是用什麼方法算的？」如果有人能回答「用減法」，應予獎勵，但要進一步問他：「爲什麼用減法？」不論幼兒作何回答，或根本無人回答，老師均應向幼兒說明， 3 朵花，送掉了 1 朵，求還剩幾朵，就要從 3 朵裡面去掉 1 朵，還剩 2 朵，這是減法。減法是使原來的數變少了，不是變多了。

老師可再改變具體教具，繼續編減法題並由幼兒自編減法口述應用題。爲了促進幼兒思維的積極性，編題後，可將老師的講解轉變爲老師與幼兒討論的方式，以加深幼兒對減法涵義的理解，例如，幼兒看著老師示範：先貼出 4 架絨布飛機，又飛走（拿走）了 1 架後，編題：「飛機場上停著 4 架飛機，飛走了 1 架，飛機場上還有幾架飛機？」老師可用「飛機場上還剩幾架飛機？」「用什麼方法算的？」「爲什麼用減法？」「減法得的數是變多了，還是變少了？」等一系列問題，引導幼兒理解減法涵義。

對加減法及其涵義的理解，是幼兒邁向理性學習加減的開端。先學習對加減涵義的理解，幼兒負擔不重，容易掌握，但理解加減涵義與認識加減符號及算式的聯繫十分密切，如果幼兒具有接受的能力，兩者也可結合進行。

㈢指導幼兒認識加號、減號和等號及算式

幼兒理解了加減涵義後，可以進一步指導幼兒認識加減符號、等號和算式。這時仍用 4 以內數，加減數不超過 1 的小數量進行，下面以教幼兒認識加號、等號及加法算式爲例，進行說明：

老師透過具體教具的演示和口述應用題，向幼兒說明把兩個數合在一起，求出一共是多少，這必須用加法之後，就向幼兒介紹「＋」、「＝」符號和加法算式所代表的意義（涵義）。

例如，老師一邊敘述應用題一邊出示絨布教具，「花園裡有 3 隻蝴蝶，又飛來了 1 隻，花園裡一共有幾隻蝴蝶？」幼兒能無困難地回答一共有 4 隻蝴蝶。老師接著問幼兒：「你們是用什麼方法算出來的？」（加法）然後，老師出示數字 3 放在 3 隻蝴蝶下面，問：「這是什麼數字？」（3）又說：「我用 3 表示先飛來的 3 隻蝴蝶，（再出示數字 1 放在 1 隻蝴蝶下面）用 1 表示又飛來的 1 隻蝴蝶，要算花園裡一共有幾隻蝴蝶，就要把 3 隻蝴蝶和 1 隻蝴蝶合起來算，要用什麼方法？」（加法）老師出示符號「＋」，問：「這是什麼符號？」幼兒可能不會回答。老師接著說：「這一橫一豎交叉起來叫加號，加號表示合起來的意思。」隨後把加號放在 3 和 1 的中間，說明加號放在中間是表示把左右兩個數合起來，也就是加起來的意思。並問：「3 加 1 是多少呢？」幼兒回答後，老師出示數字 4 放在 1 的後面，問：「這個 4 代表什麼意思？」（代表 3 和 1 合起來是 4），再出示「＝」號，說：「這個像一雙橫放的筷子叫『等號』，等號的意思是『就是』，我把它放在 1 和 4 的中間，意思是 3 隻蝴蝶加 1 隻蝴蝶就是 4 隻蝴蝶。」然後告訴幼兒「3 ＋ 1 ＝ 4」叫做加法算式，讀做 3 加 1 等於 4。再集體朗讀兩遍算式。

老師初步介紹加法算式後，可引導幼兒反過來對算式中的數字及符號做出說明，進一步複習對符號及算式的理解，並培養靈活運用知

識的能力，如，老師一邊指點數字和符號一邊問：「這個 3 表示什麼？」（表示花園裡有 3 隻蝴蝶）「這個 1 表示什麼？」（表示又飛來的 1 隻蝴蝶）「這（指加號）一橫一豎是什麼符號？」（加號）「加號表示什麼意思？」（表示合起來的意思）「這（指等號）像筷子一樣的是什麼符號？」（等號）「等號表示什麼意思」（表示「就是」的意思）「 4 代表什麼？」（代表 4 隻蝴蝶）「 3 加 1 等於幾？」（等於 4 ）「那麼花園裡一共有幾隻蝴蝶」（一共有 4 隻蝴蝶）。

隨後可進行由幼兒自編口述應用題轉換成算式題，並對算式做出說明的練習。例如，老師在桌上先擺出 2 輛玩具小汽車，然後再擺出 2 輛（各兩輛玩具汽車之間留有一定間隔）玩具小汽車，請幼兒編題。如幼兒編道：「停車場上有 2 輛小汽車，又開來了 2 輛，停車場上一共有幾輛汽車？」老師請小朋友評斷編得對不對？並回答一共有幾輛後，再問：「誰能把這道題目列成算式？」幼兒回答後，可請一位幼兒上前，用絨布教具擺出試題（ 2 ＋ 2 ＝ 4 ），或由老師擺出。接著，再引導幼兒對算式中的數字及符號的涵義做說明，再一次複習對符號及算式的理解。如老師一邊指數字及符號一邊問：「第一個 2 代表什麼？（原來的 2 輛汽車）」那第二個 2 代表什麼？」（又開來的 2 輛汽車）」這（指加號）是什麼符號？」（加號）「加號表示什麼意思」（表示合起來的意思）「這（指等號）是什麼符號？」（等號）「等號表示什麼意思？」（表示就是的意思）「 4 代表什麼？」（ 4 輛汽車）「那麼 2 加 2 等於幾？」（等於 4 ）「停車場上一共有幾輛小汽車」（一共有 4 輛小汽車）

此外，還可用口述應用題結合卡片進行複習。幼兒人手一套數字和符號卡片，由老師或幼兒自編口述應用題，讓幼兒獨自用卡片擺出算試。這時老師出的應用題可以逐漸改為無具體材料伴隨的純語言敘述。幼兒自編的題目則可結合具體材料，也可不用具體材料進行自由編題。

在幼兒用卡片排算式的過程中，老師巡視，如發現共同的錯誤，應及時向全體幼兒提出，引導他們糾正，如個別錯誤，則個別提示。

每一次列式後，均應引導幼兒討論以下問題：用什麼方法算？怎樣列式？算式中的每個數字和符號都代表什麼意思？怎樣讀這個算式？

如果幼兒已掌握了用卡片列式後，可改為根據口述應用題直接說出算式的方法進行複習。口述算式比用卡片難，老師應視幼兒情況酌情使用。

(四)用數的組成學習加減的方法

經過自編口述應用題的學習與解題之後，幼兒不僅理解了加減涵義、符號和算式，而且為理解抽象的數量關係培養了較充足的經驗基礎。同時隨著幼兒年齡的發展，其思維抽象層次也提高了。因此，教幼兒學習數的組成，使之成為抽象加減運算的基礎，可提高幼兒運算的思維層次，為進入小學做好準備。

用數的組成學習加減，可以這樣進行：

1.學習某數的組成

如2的組成、3的組成等。如何教幼兒學習數的組成，請參閱第五章第五節。但學習數的組成目的是作為加減運算的工具和基礎。因此，須將數的組成學習與加減學習緊密地結合在一起。

2.由數的組成到加減運算

如何使數的組成成為加減運算的基礎？或者說如何使數的組成與加減運算結合起來，發揮基礎的作用？關鍵在老師的正確引導。

在幼兒學習某一個數的組成後，老師應要求幼兒用該數的組成列出加法和減法的算式，可採用與幼兒共同討論的方法，做出示範。例如，學習了2的組成（2可以分成1和1。1和1合起來是2）後，老師問幼兒：誰能把2列出一個1和1的加法算式？請一位小朋友作答後，老師將幼兒的回答寫在黑板上，或請小朋友用絨布教具擺出算式（1＋1＝2）。如果無人能作答，老師需予以講解：2可以分成1和1，1和1合起來是2，所以可列出這樣的算式，邊說邊在黑板上寫出或絨布板上擺出式題1＋1＝2。然後請每位小朋友用人手一套的數字及符號卡片，擺出這個加法式題，藉由操作進行複習。

用組成知識列出算式後，還應要求幼兒用驗證加（減）算式正確性的辦法，再一次使組成加減聯繫起來。如上例，幼兒正確列出1＋1＝2的算式後，老師再問：爲什麼1＋1＝2是對的呢？應引導幼兒回答：因爲2可以分成1和1，1和1合起來是2，所以1＋1＝2。這種用組成列算式，再用算式聯繫組成的反覆轉換過程，能在幼兒腦海中逐步建立起從組成→加減和從加減→組成的一種運算模式，從而使數的組成眞正成爲加減運算的基礎。

再用同樣的方法，讓幼兒探索組成與減法的聯繫。如老師問：「誰還會用2列出一個1和1的減法算式？」其步驟與上述加法列式過程相同。

3.口述應用題、數的組成及加減算式、運算之間的聯繫轉換

幼兒運用數的組成知識學習加減，表示加減運算已由具體和心象層次上升到抽象的層次。但不應認爲這時幼兒已能完全進行抽象層次，不再需要具體和表象思考了，何況幼兒之間還有個別差異。而且口述應用題、數的組成和算式可視作同一組數量關係的不同數學表示形式。一道應用題可以用算式列出。一個分合式或算式也可以轉換成應用題。尤其是前述幼兒學習加減的步驟中，只有口述應用題與算式以及組成與算式的過渡和聯繫，卻沒有三者的聯繫，這樣易造成三者間的隔閡，也無法靈活運用知識能力。因此，三者之間聯繫和轉換的方法也是複習加減和發展思維的一種有效方法。

可以先由老師出口述應用題或幼兒自編口述應用題向組成和算式

轉換。例如：

老師口述應用題：小明先吃了 5 顆花生，又吃了 1 顆，問小明一共吃了幾顆花生？幼兒回答後，老師再問：誰能把這道應用題裡的三個數變成組成的分合式：應鼓勵幼兒動腦筋，嘗試回答。如果沒人能回答，老師應給予講解，可在黑板上寫出 1 5 ╲╱ 6 分合式，邊寫邊說：我把小明吃花生這道應用題中的三個數寫成這樣的分合式，再問幼兒：這個分合式裡的數字表示什麼意思？（ 5 表示小明先吃的 5 顆花生，1 表示又吃的 1 顆，6 表示小明一共吃了 6 顆花生，╲ ╱ 符號表示合起來的意思），幼兒回答後再問：「誰能用這個分合式編出一道加法算式？」這是由應用題到組合式和算式間的轉換。然後引導幼兒將算式再轉換成口述應用題。老師在黑板上記下幼兒說出的算式後，再問：「5＋1＝6 這個算式表示什麼意思呢？」幼兒可復述一遍小明吃花生的應用題，更可鼓勵幼兒作出創造性的回答，他們用 5、1、6 三個數字，編出軍艦、機器人、太空船等有趣情節的口述應用題。這種用數字作條件的自編口述應用題，是一種更爲抽象和高一級的編題形式。數字的抽象性在於它概括了同數量的任何一種物體的集合。幼兒超越老師給出的範例自行編題，說明幼兒切實理解了加減法和應用題及其關係。

接著老師進一步要求他們再編出另一道加法式題（1＋5＝6）和兩道減法式題（6－5＝1，6－1＝5），幼兒每列出一個試題，都進行該試題表示什麼意思的討論。如此從應用題→組成→式題→應用題的反覆轉換，有效地複習了加減運算，又促進了知識的聯繫和靈活運用。

由此可見，口述應用題、組成和加減三者聯繫的轉換過程，是一種在成人引導下，幼兒學習加減和發展抽象思維及靈活運用知識的過程。

4.補充說明

第一，運用數的組成知識學習加減，需一個數一個數的逐步進行，而且當一個數有兩組以上的組合形式（如5的組成，有 5（4、1／1、4）、5（3、2／2、3），的兩種組合形式）時，則需進行將組合形式逐一地與加減法聯繫的練習。例如，幼兒知道了 5 可以分成 4 和 1，3 和 2，2 和 3，1 和 4 後，老師先指導幼兒作 5 的第一組學習，即將 5（4、1／1、4）的組合式編成加法和減法算式（4＋1＝5，1＋4＝5，5－4＝1，5—1＝4）的練習，然後再進行 5（3、2／2、3）的組合式轉換爲 5 的加減算式的練習。

第二，在用數的組成學習加減運算的階段，加減可結合進行。這樣有利幼兒掌握數羣之間的關係（4＋1＝5 爲等量關係，5—4＝1 爲逆反關係），並培養幼兒的逆向思考和思考的靈活性。

第三，在用數的組成學習加減階段，成人的口述應用題可不用具體材料伴隨，以喚起心象。幼兒自編口述應用題也可不用具體材料，或提供一些能促進心象和抽象的聯繫，以及靈活運用知識的具體材料。如：

⑴多角度編題。在提供的編題具體材料中，蘊含多種因素，讓幼兒用一種具體材料，編出不同情節的口述應用題。如，老師拿出 1 張畫有 3 位小朋友（2 男 1女）在拍皮球，2位小朋友（1 男 1 女）在跳繩的圖片

（見下圖），請幼兒仔細觀察，認真思考後再編題。逐步引導幼兒理解到可以按小朋友的活動內容編題，也可以按照男女性別編題。

⑵根據數字或算式編題。將提供給幼兒編題的條件改為 2 個數字或算式，這是比上述一些形式較為複雜的一種形式。因為數字和算式是一種抽象形式，它沒有表明某一種具體對象，但卻能代表任何一種具體對象，而且用 2 個數字編題，這些均需要幼兒憑藉自己的想像力和加減運算的技能編題，進而提高了運用數字知識的能力。

第四，在用數的組成學習加減之前，幼兒已透過描述和模仿的方法學習自編口述應用題，並在這過程中，不斷地透過討論的方式，糾正編題中出現的錯誤，使幼兒能掌握應用題結構的三個基本要求，到了用數的組成學習加減的階段，老師可根據大部分幼兒掌握自編口述應用題的情況，適時地和幼兒一起總結出自編口述應用題應注意的三個條件，即：⑴講的是一件事情；⑵要有兩個數，這兩個數說的是一樣的東西；⑶最後還要提出一個問題。這種將幼兒累積起來的關於編應用題要求的經驗，予以歸納提高到理性認知層次的方法，不僅符合幼兒認知發展的特點，而且反過來又能讓幼兒按照這些條件編題，減少錯誤。

㈤複習 10 以內加減運算的其他方法

掌握 10 以內的加減運算，不只是理解問題，還有熟練的問題。我們對入學前幼兒學習 10 以內加減運算，不要求他們像小學生那樣做到脫口而出，講究速度，但仍需不斷進行練習。在上述學習加減各步驟中所運用的各種方法，實質上均具有互相配合和複習作用。此外，還有多種幼兒喜愛的方法。

1.教學遊戲

⑴「送信」遊戲。老師做好若干「信封」，每個封面上寫有一道 10 以內加減的試題，再設置 10 個「信箱」，分別標上 1～10 的號碼。遊戲時發給幼兒每人一個信封，讓幼兒按信封上算試的答案送到相應號碼的「信箱」裡。在投遞之前先請幼兒唸題，並算出正確答案，再將「信封」投到「信箱」中去。

⑵「花籃」遊戲。背景爲「花籃」的絨布板上貼著若干個各寫有一道試題的花苞，花苞的背面畫有花的圖案並寫著答案。老師先指定一個花苞上的試題，然後和幼兒一起對答兒歌，幼兒：「花兒、花兒開不開？」老師：「我要開、我要開，說對了我就開。」再請一位小朋友說出答案，說對了，再將花苞翻轉過來，顯示出花朵的圖樣。

⑶發給幼兒每人一張數字（10 以內的一個數）卡片，當老師出示一張寫有算式的卡片時，幼兒要迅速地算出答案，凡是拿有和該題得數一樣的數字卡片的幼兒，應立即站起並舉出卡片。

類似的遊戲，還有「開鎖」（一把鑰匙開一把鎖）、「動物找家」（一隻動物對一個門號）等等。

2.感覺—認知練習

⑴透過視覺——看一看、算一算

讓幼兒看圖片進行計算。如用兩張畫有不同數目小魚的圖片，讓幼兒看圖回答「一共有幾條小魚？」，並說明用什麼方法算的。也可以先讓幼兒看完圖片後再拿走圖片，讓幼兒用記憶來計算。

⑵透過聽覺——聽一聽、算一算

讓幼兒按聲響的次數進行計算。如老師第一次敲兩下鈴，第二次敲一下鈴，然後問幼兒：「一共敲了幾下鈴？」或「第一次比第二次多敲了幾下鈴？」等。聽聲響進行計算比看圖計算困難，應該在比較小的數量範圍內進行，聲響次數多了幼兒不容易記住。兩次聲響之間應有明顯的停頓，或者告訴幼兒第一次和第二次，以免幼兒把兩次聲響混在一起。

⑶透過觸摸覺——摸一摸、算一算

讓幼兒用觸覺感知物體的數量並做加減運算。如在兩隻口袋裡各裝入幾塊積木，把口袋標上號，表明是第一隻和第二隻，讓幼兒用左右兩手分別伸進兩隻口袋中去摸，說出兩隻口袋裡各有幾塊積木，兩隻口袋裡一共有幾塊積木，以及其中一隻口袋裡比另一隻口袋裡的積木多幾塊等。然後把積木倒出來，檢驗計算的結果。

3.書面練習

計算題的書面練習，即幼兒在考卷上塡答案。還有一些變換形式的練習。例如：出示幾道題目和幾個數，請幼兒把試題和相應的答案用線連起來（見左下圖），也可將兩組算式中相同得數的算式用線連起來（見右下圖）。

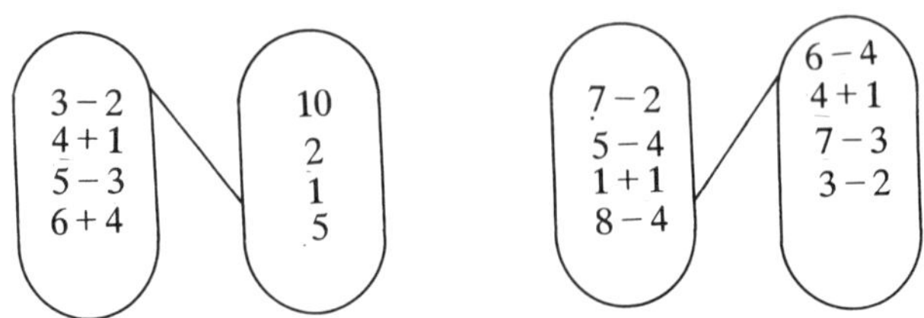

4.**口頭練習**

老師口述題目或出示題目卡片，請幼兒（集體或個人）說出答案。也可以請幼兒出題，再請另一位小朋友作答。還可以請兩位小朋友或兩組小朋友進行比賽，看哪位（組）回答得快而正確等。

5.**編題練習**

可提供幼兒各種圖樣（畫），要求幼兒按照圖上物體的數量，編出加減試題（見下圖）。也可用實物、玩具代替圖樣，讓幼兒編題。還可以不用任何實物或圖樣，只出示 3 個數字請幼兒編題。

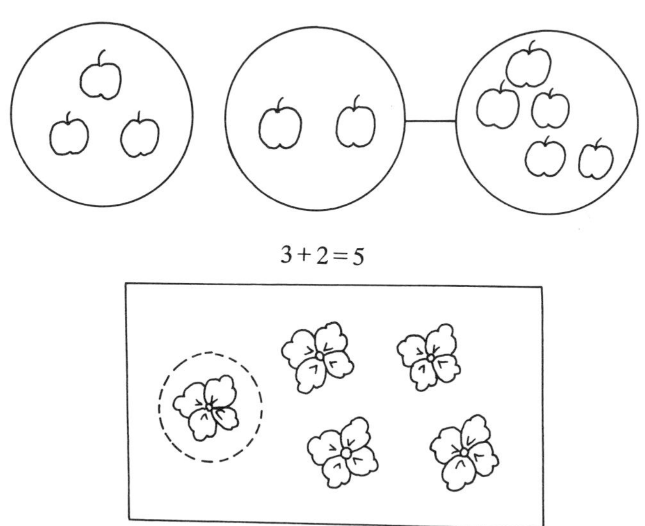

3+2=5

5−1=4

思考與練習

1.試述幼兒加減運算能力的一般發展過程和年齡特點。

2.試述口述應用題在幼兒學習加減中的作用。

3.教材中所述幼兒學習加減的步驟及方法與過去的有何不同?試比它們的優缺點。

4.試編引導幼兒學習自編模仿口述應用題教學活動設計一例。

5.舉例說明口述應用題、數的組成及加減算式、運算之間的聯繫和轉換及其意義。

CHAPTER 7

幼兒「量的認識」的發展及教學

認識日常生活的各種量是幼兒數學教學的內容之一。量與量的關係是數學研究的對象之一，也是幼兒生活中經常接觸到的必備知識。幼兒也具有認識量的初步知識的可能性。

量是指客觀世界中物體或現象所具有的可以區別或測量的屬性。量可以分爲不連續量和連續量兩種。本章只涉及幼兒認識連續量的教學。

第一節 幼兒認識大小和長度能力的發展

在幼兒尚未學會測量之前，對物體量的認識實際上是對它們的感知。因此，幼兒認識大小、長度是以不同感官動作（視覺的、觸摸覺的、運動覺的）和不同感官動作之間建立的聯繫來達成的。以下將根據相關的心理學實驗，說明幼兒認識大小長度能力的發展情形。

二歲左右

幼兒感知大小的能力發展較早，從嬰兒期起就孕育著對物體大小的辨別能力。二歲左右幼兒大部分對不同大小物體能做出正確反應，能按成人的語言選擇大的或小的物體，但尚不能用適切的詞彙來表示。

三歲左右至四歲左右

三、四歲幼兒已能正確區分物體的大小和長短，也能用簡單詞彙表示。如「我抱著一隻大狗熊」，「這是一根長棍子」等。而且感知物體大小的準確性有所提高。其表現包括：(1)能判別差別不太明顯的一組物體中最大的或最小的物體。如對下圖中的 6 個邊長相差各為 2.5mm 的正方形，他們能正確指出最大的一個（第一個）和最小的一個（第四個）；(2)能正確辨別遠處物體的大小和不同位置物體的大小。如能執行從不同距離拿來大的（或小的）皮球的任務，也能說出遠處有大人和小孩，大人站著，小孩坐在草地上等等，說明該年齡幼兒具有初步的知覺恆常性。

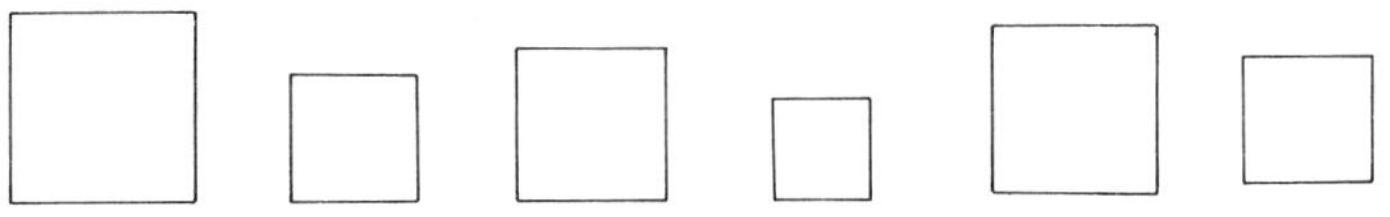

但是三、四歲幼兒往往把大或小這兩個詞彙作為表示物體各種長度的通用詞。例如：他們往往把長的、高的、寬的、粗的物體稱之為大的；把短的、矮的、窄的、細的物體說成小的。這種現象反映了這一年齡幼兒對物體各種長度認識上的局限性，因為物體的長短、高矮、寬窄、粗細、厚薄都是長度問題。長短是物體兩端之間距離的長度；高矮是指物體從下到上距離的長度；寬窄是指物體橫面距離的長度；粗細是橫截面的長度；厚薄是指扁平物體上下面之間距離的長度。

四歲左右至五歲左右

在正確教學下，四、五歲幼兒感知大小和長度的能力進一步提高。其表現包括：(1)對不同大小的物體能依次作出區分和排列；(2)能從一組物體中找出相同大小的物體。判別「一樣大」的物體，需要在腦海中對一組物體逐個進行比較和分析，才能作出選擇，所以這種能力發生得較晚；(3)能認識物體的粗細、厚薄、高矮、寬窄、輕重等，並能用適切的詞彙表示。

但一般情況下，四、五歲幼兒還缺乏保留概念。如他們不易判斷改變了放置形式等長的兩個物體的長度，對錯開放置的兩根等長棍子（見左圖），往往判斷下面一根長，他們說：「你看這根都到這兒了（用手指下面一根的終端）；卻沒有注意到小棍的起始點。同樣，他們也很難正確判斷，等量的水倒在又高又細和又矮又粗的瓶子裡還是一樣多的容量保留概念。

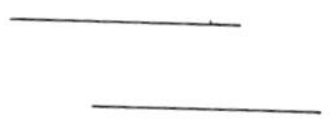

五歲左右至六歲左右

五、六歲幼兒，在正確認識物體大小、長度的基礎上，能做到理解大小和長度的相對性質。物體的大小、長短、寬窄等都是相對的、有條件的。長是相對短而言，一根小棍子和比它短的小棍子相比是長的，如果與另一根比它長的小棍子比，那麼它就是短的。這就是長短的相對性。例如：對綠（最短）、紅（較長）、黃（最長）三隻不同長度的鉛筆進行比較。在幼兒對綠、紅和紅、黃鉛筆依次作出比較的基礎上，提出問題：「請小朋友想一想，到底這支紅鉛筆是長呢？還是短呢？」有的幼兒回答：「它又是長的，又是短的。」有的說：「紅鉛筆和黃鉛筆比，紅鉛筆短，要是和綠鉛筆比，它就長了，要看它和誰比。」這些回答反映了幼兒對紅鉛筆長度相對性的理解，知道不能絕對地說紅鉛筆是長還是短，有時可以是長的，有時也可以是短的，問題在於和誰比。

這一年齡階段，另一個重要的發展是能理解物體在長度、面積、容積（體積）等方面的保留概念。當物體在外形、位置等發生變化時，幼兒仍可正確判斷量的不變性。如一塊球體的紙黏土，當它被搓成圓柱體（小香腸），或壓扁（餡餅）時，知道紙粘土和原來的還是一樣多。在一項對 120 名 5 歲左右幼兒進行了數量保留的實驗中。讓幼兒用操作法自己探索，理解關於數、面積、長度及容積的簡單保留概念。實驗結果如下表：

五歲幼兒掌握守恆比較表

項目／人數及比例／班次	實驗前								實驗後							
	數		長		面積		容積		數		長		面積		容積	
	人數	%	人數	%	人數	%	人數	%	人數	%	人數	%	人數	%	人數	%
A 班 N=30	10	33	4	13	16	53	4	13	27	90	29	96	29	96	29	96
B 班 N=30	15	50	6	20	15	50	9	30	28	93	26	86	29	96	26	86
C 班 N=30	6	20	0	0	9	30	3	10	20	66	10	33	30	100	20	66
D 班 N=30	9	30	6	20	17	56	3	10	16	53	17	56	21	70	23	76
合計 N=120	40	33	16	13	57	47	19	15	91	75	82	68	109	90	98	81
顯著性考驗	$P<0.01$															

由上表可知，實驗前後的變化是顯著的，幼兒正確掌握各項保留概念的人數由 13%～47%上升到 68～90%，其中容積保留概念尤爲顯著，正確掌握的人數，由 15%上升到 81%，增長了 66%。說明 5 歲左右幼兒已具備了初步的推理能力，透過教學，他們能夠初步掌握量的保留概念，對大班幼兒進行量的保留概念教學，將十分有利於幼兒思維的抽象能力、推理能力以及靈活性的發展。

第二節

幼兒重量感知的發展

重量是連續量。重量感知的發展是掌握重量概念的基礎。幼兒期重量感知的發展具有重要意義。

根據一項對幼兒輕重感覺的發展所做的初步實驗研究，3～6 歲幼兒輕重感覺發展可歸納如下：

三歲幼兒已能感知和判別具有明顯差異的兩個物體重量的不同

要求幼兒用手測量兩個形狀、顏色、體積相同而重量明顯不同（分別重 140 克和 15 克）的瓶子並回答，「它們是一樣重還是不一樣重」的問題時，三歲幼兒作出正確回答的人數可達 80%；而瓶子重量分別爲 140 克與 70 克時，正確作答的只有 37%。說明三歲幼兒對重量差異大的物體易於辨別，而差異小的則有困難。而且能正確完成「把重的瓶子給我」（測試對「輕」、「重」詞的理解）要求的人數，已高達 90%。但是他們不能運用「輕」、「重」詞彙表達自己的感受，如提出「這兩個瓶子怎麼不一樣？」的問題時，能正確用「這個重（輕）作答的人數只有 17%，他們只能作具體的說明，「這裡面水多」、「這裡面藥少」，而不會使用「輕」、「重」詞彙。

四歲幼兒基本上能用正確詞彙表示對物體輕重的感知

四歲幼兒能用「輕」、「重」詞彙表示不同瓶子重量的人數可達

53%。同時四歲幼兒對輕重的感覺有了明顯的提高，能從若干對象中找出同樣重量的物體。如在桌上任意並放著 6 個形狀、顏色、體積相同重量的物體。如在桌上任意並放著 6個形狀、顏色、體積相同而輕重不同的瓶子，其中兩個 140 克、兩個 70 克，兩個 15 克，從中拿出 1 個重 70 克的瓶子，要求幼兒從其餘的瓶子裡找出與範例一樣重的瓶子。三歲能完成的人數只有 13%，而四歲幼兒已達 43%。從衆多不同重量的物體中區別出同樣重量的物體，不僅需要幼兒對輕重差異不大物體的判別能力，而且要有對同等重量物體判別的準確性。

五歲幼兒判別輕重差異的精確性有較大提高，並能理解和運用「輕」、「重」詞彙

實驗證明五歲幼兒能正確完成這些任務的人數已達 73～100%。同時五歲幼兒的感知輕重相對能力發展顯著，如對任意並排放著的三個形狀、顏色、體積相同而重量分別爲 140 克、70 克和 15 克的瓶子，能判別並說出其中哪個最重、哪個最輕、哪個比較重的人數可達 67%。可知五歲幼兒基本上已具備了感知輕重相對性的能力，這種能力就是判別輕重精確性發展的一種表現。

六歲幼兒已具備了認識物體重量和體積之間關係的能力

隨著重量感覺的發展，五至六歲幼兒能夠認識到小的物體可以比大的物體重（大氣球比小玻璃球輕），而大小一樣的物體，由於製作材料的不同，重量也可以不同。如乒乓球、皮球能浮在水面上，而小玻璃球、鐵球都沈到水底。這種對重量與體積之間相反關係的認識，表示學前末期幼兒思維可逆性的發展。

第三節
幼兒量排序能力的發展

排序是將兩個以上的物體，按某種特徵上的差異或規則排列成序。排序是一種複雜的比較（連續的比較），它建立在兩個物體的比較上。幼兒排序能力的發展，主要表現在對物體量的排序方面，它是幼兒對量的比較能力的一種表現。

幼兒量排序教學的意義

㈠排序有助於學習算數

算數需對物體逐一點數。在排序活動中，形成的在時間上或空間中依次列舉的能力，有助於算數活動的進行。

㈡排序能幫助幼兒認識數的順序，建立起數序概念

自然數在自然數列中是有序的，幼兒認識 10 以內數，除了認識 10 以內各數的實際涵義外，還應掌握 1～10 的順序。排序活動中，幼兒獲得對物體按某種差異排列順序的經驗，這將幫助他們理解數的順序，懂得自然數中，每一個數目都占有一定位置，它們是按一定關係排列起來，形成一個數的序列。

㈢排序能幫助幼兒理解抽象的數概念

排序能幫助幼兒理解抽象的數概念，主要是因爲排序活動能促進幼兒可逆性、傳遞性和雙重性思維能力的發展。這些思維能力正是形成抽象數概念必須具備的。

幼兒可以在知覺層次上解決排序問題。例如：三歲幼兒能完成 3 根小棍子的排序任務，是依靠可看到的小棍子不同長度。但這時他們不能理解序列結構中的可逆性、傳遞性和雙重性的關係。

排序中的可逆性，指從兩個方向排序的能力，也就是將物體按一定量的差異排列成遞增或遞減的順序。如從小到大，反之從大到小；從短到長，反之從長到短等等。

排序中的傳遞性，可理解爲如果 B 比 A 長，C 比 B 長，那麼 C 就比 A 長，（B＞A，C＞B，所以 C＞A）。在比較的過程中，C 沒有與 A 直接比較，而是透過 B 將關係傳遞（推理）過去。所以序列中各對象之間均可用傳遞的方法，判斷它們量的關係。

排序中的雙重性，指按等差關係排列的物體序列中，任何一個元素的量都比前面一個元素大，比後面一個元素小。如三根等差爲 1 公分的小棍序列，中間的一根要比前面一根長，比後面一根短；以數爲例，就是自然數列中各相鄰數之間的 $n \pm 1$ 的關係（自然數列中任意一個自然數都比前面一個數多 1 ，比後面一個數少 1 ）。

物體序列中的這三種關係，也存在於數的關係之中，理解物體序列中這三種關係，也就能理解數之間的邏輯關係。這些均需幼兒在思維上具有可逆性、傳遞性和雙重性才能做到。這三種能力實際上就是思維的抽象能力和推理能力。思維上的這三種能力在幼兒期是逐漸發展起來的，甚至有的思維能力直至幼兒晚期才開始發展。但是，如果我們在不同年齡幼兒的排序教學中，注意對幼兒進行可逆性、傳遞性和雙重性的教學，將可促進幼兒思維能力的發展，從而眞正有助於幼兒抽象數概念的形成。

二、幼兒的幾種排序

幼兒的排序主要有以下幾種

(一)按物體的外部特徵排序。

如按形狀排序、按顏色排序（見下圖）。

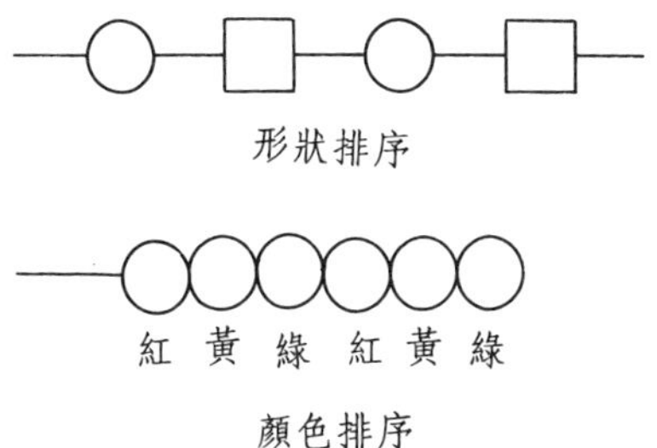

形狀排序

顏色排序

(二)按規則排序

將物體按一定的規則排列（見下圖）。

㈢按物體量的差異排序

包括大小排序、長短排序、高矮排序、粗細排序、厚薄排序和寬窄排序（見下圖）。

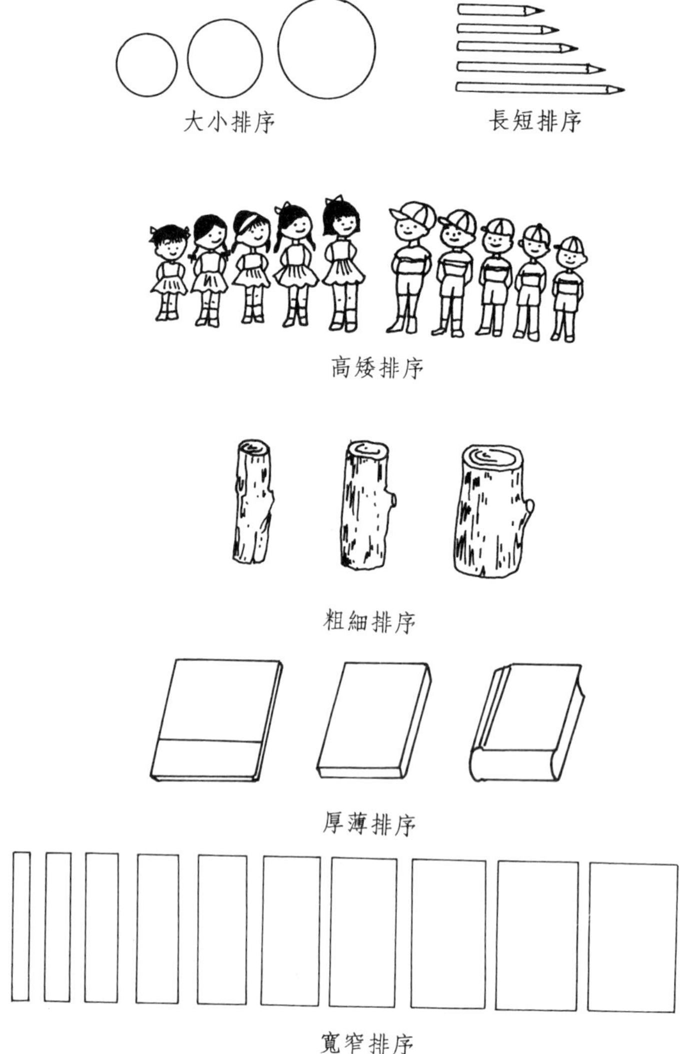

(四)按數排序

可用圓點卡片或數字卡片（見下圖）進行按數排序。

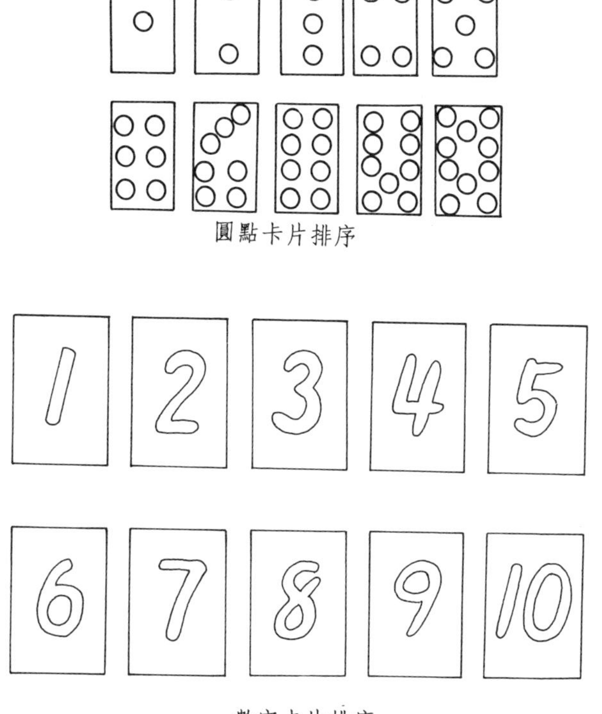

圓點卡片排序

數字卡片排序

幼兒排序能力的發展及特點

(一)幼兒對各種量排序能力的發展過程

根據不同的屬性進行排序的能力，對幼兒來說有難易之分，先後之別。心理學家曾對幼兒的各種排序能力作過初步的研究，在實驗中用積木作大小排序，用小棍子作長度排序，圓點卡片作實物數量排序，用塡數作數字排序等。

實驗統計結果說明，幼兒對物體大小、長短的排序能力要早於對實物數量的排序，實物數量的排序，又比抽象的數字排序爲先。此一發展趨勢，符合幼兒從直接感知到抽象概念的認識發展的過程。

因此，幼兒的排序教學，應從大小、長短等具有直觀形象的連續開始，不應從數序開始，以連續量的排序促進對序列的概念和數序的理解。

㈡幼兒排序能力的年齡特徵

幼兒排序能力在排序對象的數量及排序中思維能力方面均呈現出年齡的差異，說明了幼兒排序能力的發展趨勢。在一項以長度排序爲主題的實驗中，可以看出：

1.排序數量的年齡特點

幼兒的排序能力與排序對象的數量有關。不論是正向排序還是逆向排序，不同年齡的幼兒掌握排序對象的數量範圍有明顯的差異。以正向排序爲例，在未接受過排序教學的條件下，三歲幼兒 70%能完成 3 根棍子的排序，而 5 根和 10 根棍子的排序則無人能完成。四歲幼兒 80%能完成 3 根棍子的排序，35%能完成 5 根棍子的排序，10 根棍子的排序則無人完成。5 歲幼兒 3 根棍子排序正確率已達 100%，80%能完成 5 根棍子排序，55%能完成 10 根棍子排序。6 歲幼兒 3 根棍子排序和 5 根棍子排序的正確率均達到 100%，而且已有 90%的幼兒能完成 10 根棍子排序。

2.排序的一般年齡特徵

在排序活動中，不同年齡的幼兒各具特點，顯示出不同的心理發展水準，以長度排序爲例：

⑴三歲幼兒在完成排序任務時，活動帶有很大的遊戲性、任意性和不穩定性，如下列所述：

例如：××（3歲），當老師請他把3根棍子由短到長進行排列時，他拿起一根棍子，把棍子的一端放在眼前，但眼睛卻注視著其他地方。當老師再次提出任務後，他才放下小棍子，又抓起另外的兩根，任意把它們排在那小棍的旁邊，不按長短排列，然後坐好，看著老師，表示出高興的樣子。

⑵四歲幼兒往往用分組比較的方法進行5排序，但組與組之間是孤立的，還不能配合成一個序列。

例如：××（4歲），他將5根棍子任意分成3根和2根兩組，每組都按長短依次排好，然後將兩組小棍子並攏形成如下序列，舉手說他已經排好了。部分幼兒只注意到棍子頂端一根比一根長，不注意棍子的底部，只有少數幼兒能注意到排序時的基線，且排序過程中嘗試錯誤次數較多。對排序任務的目的性認識有所提高，遊戲性動作減少。再如××（4歲2個月），他在排列5根棍子時，只顧棍子上端一根比一根長，嘴裡還說：「一根比一根長」行動上沒有按長短順序，也沒有考慮到棍子的下部基線。這說明，他只把注意力集中於問題的一個方面，看不到與問題有關的各個方面，不懂得正確的長度排序應以同一水平面作為起點。

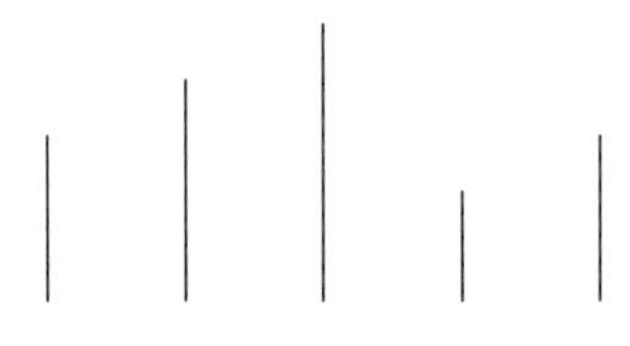
4歲幼兒排列的5根小棍

⑶五歲幼兒在進行5以內排序時，嘗試錯誤明顯減少，有些幼兒具備一定目測能力，但在進行10排序時，嘗試錯誤較多。能注意基線，能主動改正錯誤。

例如：××（5歲）在完成10排序時，前5根的排序沒有錯誤，很快排好。從6～10根棍子，經過逐根棍子的比較和主動改正錯誤完成了任務。從開始排序時，他就知道用手擋住棍子的下端，後幾根棍子的排列，不用手擋也排列得很整齊。說明中班晚期，幼兒手動作的協調性、靈敏性已有很大進步。注意的廣度、穩定性也較三、四歲幼兒有了發展。他們能夠注意到所需排列的全部棍子，而不是只注意其中的幾根。

⑷六歲幼兒在進行 10 排序時，目測能力明顯提高，嘗試錯誤次數也明顯減少，有的幼兒能自覺運用簡便的排序方法。

例如：周××（6 歲），她在完成 10 排序時，先找出最短的一根，然後用眼睛觀察其餘的棍子，確認出最短的一根再動手取出排好。依次類推地完成任務。整個排序過程，幾乎沒有失誤動作且十分迅速，基線很直。又如李××（6 歲），他排列 10 根棍子的方法既巧妙又簡便，先將 10 根棍子全部握在手中，再將棍子向地垂直在桌面上輕輕地磕兩下，使所有棍子的一端都接觸桌面置於同一水平面，然後有順序地依次找出最長的一根，十分順利而敏捷地完成 10 的逆排序任務。

3.四種排序能力的年齡特點

如果將幼兒在排序活動中所達到思維能力，也作爲排序能力看待，那麼 3～6 歲幼兒幾種排序能力的發展順序是：正排序→逆排序→傳遞性→雙重性。這一發展過程主要反映了幼兒心智（認知）發展的層次。上述的實驗結果發現，同一年齡組對同數列的棍子，四種排序能力有明顯不同。如三歲組對 3 根棍子正排序正確率高達 70%，逆排序只有 25%，傳遞性爲 10%，（雙重性則無人掌握。5 歲組對 3 根棍子，正排序及逆排序均爲 100）而傳遞性只有 40%，雙重性是 30%。

可見從正排序到雙重性，這四種排序能力直接受幼兒年齡心理發展層次的限制，從而表現出難易不同的先後順序。同時也說明了排序數量範圍的多少對各種排序能力有一定影響，但不是決定的因素。

⑴正排序（如從小到大，由短到長）。三至四歲能完成 3 以內的正排序任務，4～5 歲能完成5以內正排序，五至六歲能完成 10 以

內正排序。

⑵逆排序。三歲不能進行逆排序，四至五歲是逆排序能力迅速發展的時期。例如：對 5 根棍子的逆排序，三歲幼兒無人做到，四至五歲能完成的人數由 20%上升到 75%。

⑶傳遞性。幼兒是否具有認識排序中傳遞關係的能力，不能只以能否作出正確判斷為依據，而應以能正確說出理由為準。因為正確的傳遞性判斷可以依靠直接來完成，但不一定理解其傳遞關係。例如：實驗中三、四歲幼兒對不同長度的三根棍子，直接地推斷出 C 比 A 長的人數平均可達 50%左右，但是其中的 85%左右都不能說出其理由，他們以「我想出來的」，「媽媽教我的」作答。所以五歲以前認識排序中的傳遞性有困難。五至六歲是認識傳遞性的較好時期。這一時期能明確說明理由的人數明顯增加，平均達到 50%左右。例如：一個五歲的幼兒說：「因為剛才比過了綠棍子和紅棍子，是綠棍子短，紅棍子長，黃棍子比紅棍子還長，所以黃棍子比綠棍子要長。」

⑷雙重性。幼兒對排序中雙重性的理解發展較慢。五歲以前不能理解雙重性，幼兒晚期可達到初步理解。與傳遞性一樣，考察幼兒認識排序雙重性能力應以能否口頭回答理由為依據。例如：實驗用相差各為 1 公分的 10 根棍子，收起第 8 根，將其餘的 9 根按順序放好，然後拿出第 8 根，要求幼兒將它插入序列中適當的位置，並要求說出理由（因為它比前面一根長，比後面一根短）。實際插入的操作成功率與口頭回答理由的成功率有顯著差異。能正確操作插入第 8 根棍子的五歲以前幼兒很少，三歲有 10%，四歲為 20%。五歲以後這種能力有了迅速的發展，可達 70%，六歲全體通過。但能口頭回答理由的情況卻完全不同，整個幼兒期發展均比較緩慢，雖然各年齡組均有所提高，但直到五歲才有 30%能正確回答理由，六歲可達到 40%，說明了幼兒大班晚期具有學習雙重性的可能性，經過教學，可以做到初步理解。這一結果與大班晚期認識自然數列的等差關係是一致的。

第四節 認識量的教學

教學目標

(一)小班

1.學會用比較的方法區別並說出大小、長短、高矮差別明顯的兩個物體。

2.能從 5 個以內的大小、長短、高矮差別明顯的物體中找出並說出最大的（最長的、最高的）和最小的（最短的、最矮的）。

3.能按物體的表面特徵（如形狀、顏色）或量（如大小、長短、高矮）的差異進行 3 個物體的正排序。

(二)中班

1.能區別並說出物體的寬窄、粗細、厚薄、輕重。

2.能從五、六個大小、長短、高矮、粗細、厚薄、輕重不同的物體中（其中兩個相同）找出等量的物體。

3.能按物體量的差異，進行 5 以內的正、逆排序。

(三)大班

1.認識寬窄並初步理解量的相對性。譬如比較三塊不同寬窄的厚紙板，中間一塊比前面的寬，比後面的窄，是寬是窄要看它和誰比。

2.學習量的保留概念。知道物體的外形、擺放位置等發生了變化，它的量不變。

3.能按規律排序和自由排序以及按物體量的差異進行 10 個物體的正、逆排序。初步理解依次排列物體之間的傳遞性和雙重性關係並正確說出理由。

4.學習自然測量

教學方法

(一)比較各種量的教學方法

1.教幼兒運用各種感官來感知和比較物體的量

幼兒最初對物體量的認識不是透過測量的方法，首先是透過各種感官去感知量，在視覺、觸覺、運動覺等各種感官的作用下，以及它們的聯合活動中體驗到物體在大小、長度、重量等方面的特性。因此，師長應讓幼兒在充分地看、摸、擺放等活動中，體驗和比較物體的量。

(1)視覺觀察比較。幼兒認識物體大小、長度等量的特徵，主要藉由視覺的觀察比較。重疊和並放是運用視覺進行比較常用的方法。例如用重疊法比寬窄。老師出示兩塊同長度、同顏色（也可不同顏色）而寬窄不同的紙板問小朋友，這兩塊紙板一樣不一樣，什麼地方不一樣。初學時，幼兒往往不會用寬窄兩個詞彙描述它們的不同，老師應明確地告訴幼兒要用「寬、窄」的詞彙描述。然後再提出問題：「你們怎麼知道它們寬窄不一樣呢？」幼兒可能回答：「我們看出來的。」這時，老師可提出並示範，用兩塊紙板重疊在一起的辦法來驗證小朋友回答的對不對。同時告訴幼兒疊在一起比的時候，應該將兩塊紙板的兩條邊（長和寬）對齊才能看得清楚。又如用並放法比長短、高矮、厚薄等，並排橫放著的長短不同的鉛筆，並肩站著的老師和小朋友，並放著的兩本不同厚薄的書（書背面向幼兒），幼兒很容易透過視覺的觀察，比較出它們在長短、高矮和厚薄等方面量的不同。

⑵運動覺感知比較。幼兒對物體重量的感知，主要是透過手的掂量和提起物體來獲得重量的直接體驗。因爲重量不是眼睛所能觀察到的，它是由肌肉運動覺感受到的。如外形完全一樣的物體由於製作材料的不同其重量可能不同，而外形大的物體可能比體積小的物體輕。因此應讓幼兒透過運動覺，用手提起或掂量的方法，感知並判斷物體的重量。例如：讓幼兒分別提起外形相同的兩隻水桶，一隻是空的，一隻裝著沙子，請小朋友說出對這兩隻小水桶感覺有什麼不一樣，並學習用「重」、「輕」詞彙表示自己的感受。同樣對兩隻外形一樣的瓶子，其中一只是空的，另隻裝著沙或水，讓幼兒用手掂量進行比較和判斷。

各種感官的聯合感知比較，幼兒對物體量的感知，往往是由多種感官的聯合活動完成的。各種感覺之間建立起聯繫能使幼兒對量的認識更爲明確和清晰。例如：小班比較兩個皮球的大小（或兩根木棍的長短等）不僅讓幼兒觀察比較，還應讓幼兒用兩手抱著球仔細地撫摸，在這過程中幼兒看到了球外形大小的區別，又感覺到球所占據的空間的不同，與此同時用語言說出「大的球」、「小的球」。這樣各種感覺聯繫起來，在各種感官之間建立起聯繫，而使用的詞彙又將各種感知概括起來，使這些代表物體量的「大」、「小」的詞彙，建立在豐富的感官經驗的基礎之上，進而對大小概念有了初步的認識。

用感官感知物體的量，不僅在學習新的知識時廣泛使用，而且在複習舊知識時也同樣重要。例如：發給每個幼兒兩根不同長短的棍子，讓他們將拿著棍子的手放在背後，按照老師要求，靠觸摸覺摸出長的（短的）一根棍子來等。又如在一個口袋或盒子裡，放一些大小、長短、寬窄、厚薄等不同的物品，讓幼兒不用眼睛看，只用手摸，按老師要求，摸出大的或小的，長的或短的等物品，並用語言說明這個物品的特徵（如「我摸出來的是一塊厚的木板」等）。接著可變換方式提高要求，讓幼兒同時摸出兩個大小（或粗細等）不同的物品，還可請幼兒自己任意摸出一個或兩個物品並說明等等。

指導幼兒運用各種感官感知和比較物體的量應注意以下各種問題。

⑴選擇比較的物體，應根據不同教學目標，突顯某種性質的量。例如：爲了認識物體的粗細，那麼應選擇高矮相同，粗細不同的物體；認識厚薄時，應選擇長和寬一樣，厚薄不一樣的物體。而物體量的差異程度應隨幼兒認知層次的提高而減少。一般情況下，小班幼兒可判斷差異程度明顯的物體。中班和大班可適當減小其差異程度，以提高幼兒感知量的精確性，但應以幼兒能做出區別爲限。

⑵幼兒自己動手進行直接比較時，應提醒幼兒注意物體重疊或並放時應該對齊。如比較高矮，被比較的物體應放在同一個水平面上；比較長短時，被比較物體的一端應對齊；比較寬窄時，並放比較應注意不要重疊，重疊比較時應下邊對齊。重疊比較大小應將大的放在下面，小的重疊在上面，才能看出它們的差別。

幼兒初步認識了某種量並初步掌握用語詞予以表達以後，應該藉由一些活動複習，以加強對量的認識。複習的方法除了上述教幼兒認識量的常用方法外，尚包括下面的一些方法。

2.尋找和描述物體的量

引導幼兒在周圍環境中尋找哪些物體是長的、哪些物體是短的、哪些物體粗、哪些物體細等，並且用正確的詞彙去描述，藉以加強幼兒對物體的大小、長短等特徵的認識。

⑴在準備好的環境中尋找。可以在桌子上或玩具架上事先放好一些大小長短等不同的物品，讓幼兒用目測或接觸的方法尋找並描述物體的特徵，即找出並描述「什麼東西是大的？」「什麼東西是小

的？」「什麼東西是長的？」「什麼東西是短的？」等。

(2)在自然環境中尋找。可以讓幼兒在屋子裡或自己身上進行尋找和描述。例如，說出幼兒往往會找出桌子高、椅子矮，手臂粗、手指細，外套厚、內衣薄等等。

(3)運用記憶心象尋找。讓幼兒運用已有的知識和經驗，憑記憶進行尋找和描述。例如，說出家裡棉被厚、牀單薄，街上的馬路寬、巷道窄，動物園裡長頸鹿高、猴子矮等等。

3.遊戲練習

利用各種形式的遊戲，讓幼兒練習判別物體的大小和長短等。這種練習一般在幼兒對物體的大小、長短等特徵有了初步認識後進行，多用於中、大班。

例如：競賽性的遊戲，「看誰找得快又對。」讓幼兒按照老師的要求從一些物品中找出最長的和最短的、最粗的和最細的、最寬和最窄的……，看誰找得又快又對。

又如相反的遊戲。透過說相反的形容詞，訓練幼兒對大小和長短等掌握的熟練程度。這種遊戲可在老師和幼兒之間進行，也可以在幼兒和幼兒之間進行。例如，老師說「大」，幼兒接著說「小」；老師說「長」，幼兒就說「短」，老師說「粗」，幼兒說「細」等等。開始只在口頭上進行，幼兒熟練之後，可以同時配合手勢，以訓練幼兒對大小、長短等詞彙實際意義的掌握和思維的敏捷性。

(二)量排序的教學方法

1.利用教學玩具學習排序

有些玩具本身就含有順序的特點，即寓排序於玩具之中。幼兒學習玩這種玩具時，也就學習了排序。例如：成套的各種用具及飾品，以及老師自製的一些序列玩具等，如下頁圖：

套碗

套塔

套娃娃

大象系列

插棍子系列

2.按範例和口頭指示排序

小班幼兒初學排序，應予示範，做出範例，同時說明排序的規則。例如：學習按物體的顏色排序，老師拿出紅、黃珠子各 3 粒，在比較它們顏色不同以後，用塑膠繩邊穿珠子邊告訴小朋友，「現在老師把這些珠子穿在一起，我先穿一顆紅珠子，再穿一顆黃珠子，黃珠子穿完了又穿一顆紅珠子，再穿一顆黃珠子，就這樣一顆紅的一顆黃的穿下去」，示範後，也請小朋友將自己的珠子照老師的樣子穿好。

在幼兒學會按範例排序的基礎上，可逐步要求幼兒按成人的口頭指示完成排序任務。如「按一顆紅的珠子，一顆綠的珠子，一顆黃的珠子這樣的次序把珠子穿好」，「按一個正方形，一個圓形，一個正方形，一個圓形的次序擺好」等等。

3.向幼兒說明排序的基本規則和方法

(1)明確排序的方向。應向幼兒說明是橫向排列還是直向排列。有的量排序只能直排如高矮排序，而長短排序一般是橫向排列，有的量排序既可橫排也可豎排，如大小排序、寬窄排序和粗細排序。排序的方向在幼兒進行活動前要明確地提出。

(2)明確排序的起始線。有些量的排序需在同一個起始線上，才能做到正確排序。例如：高矮排序，告訴幼兒注意下端要對齊；橫向的長短排序左邊要對齊等。

(3)明確排序的規則。例如：按形狀排序，說明什麼形狀排第一，什麼形狀排第二、排第三；大小等一些量的的排序應說明是逐一遞增（先排最小的，然後一個比一個大地往後排），還是逐一遞減（先排最大的，然後一個比一個小的往後排）；也可以將中、大班的幼兒自定排序規則，自由排序。

4.引導幼兒自由排序

幼兒有了一定的排序經驗後，老師應讓幼兒自由排序。例如：在教室內放置可供排序用木珠、棍子以及印章和紙條等各種材料，或者在數學活動時，留給幼兒自由排序的時間等。在自由排序中幼兒按自己的興趣和想像自由選擇、自定規則，排列出各種序列。

幼兒自由排序時，老師不要干擾，只在需要時，予以幫助和指導：(1)幼兒遇到困難主動求教時；(2)出現明顯錯誤時予以啓發提示；(3)幼兒做出成果時老師應請他說明自己是怎麼排的，並鼓勵再用別的方法做出新的排列。

5.指導幼兒尋找簡便的排序方法

幼兒進行長度排序時，完全靠目測判斷既費時又易混淆，可請幼兒想一想有什麼好辦法可以排得又快又對。經過討論，總結出了將物體集中在一起一端對齊，每次都先找出最短（或最長）的一根依次排好，這樣就能順利而無錯誤地完成排序。

6.啓發幼兒探索並理解物體序列中的可逆、傳遞和雙重的關係

排序教學的作用不僅在於能作出正確排列，主要的是要發展他們思維能力。因此，老師要有計畫地引導幼兒理解序列中的三種關係。可在幼兒進行各種排序的過程中或完成以後，結合討論排序結果進行。例如，中班幼兒逆排序後，老師問幼兒「你排得和剛才排的（從大到小）有什麼不一樣？（可逆性）」對大班幼兒提出「你怎麼知道黃棍子比綠棍子長呢？（傳遞性 C>A）」「爲什麼說 10 根排好的棍子，隨便抽一根都是比前面一根，比後面一根短呢？（雙重性）」。

也可特別安排探索序列中某種關係的集體活動。例如：大小的一次探索傳遞性的團體活動，老師準備了 3 個不同顏色和大小的玩具碗，3 支長短不同的蠟燭和一張畫著3位高矮不同並分別穿著黑、白、紅不同顏色鞋子的小朋友的圖畫，逐一出示教具，在和小朋友共同討論中探索物體量的傳遞性，發展幼兒的推理能力，在用碗探索傳遞性時的步驟如下：

第一步：先拿出最小的碗（紅），問：這是什麼？它是什麼顏色

的？

第二步：再出示第二大的碗（黃）問：這是什麼？它是什麼顏色的？它和第一隻碗比什麼地方不一樣？（顏色和大小）

第三步：拿去第一隻紅碗，拿出最大的碗（綠），問這隻碗和黃色的碗比什麼地方不一樣？（顏色、大小）

第四步：在不出現第一隻紅碗的情況下，指著最大的綠碗問：這隻碗和剛才的第一隻碗比，哪隻碗大，哪隻碗小？

當幼兒作出正確的回答後，再問：爲什麼這隻（綠）碗大呢？這一步和最後這個問題的提出是最關鍵的，它是對第一隻紅碗和第三隻綠碗不直接比較的情況下，要求幼兒間接地作出判斷（綠碗比紅碗大），這一判斷過程就包含著推理的成份，正確的判斷是藉由第二個黃色的碗比第一個紅碗大這一個中間的橋樑傳遞過去的，對此，大部分大班幼兒都能作出正確回答，而對「爲什麼綠碗大？」這個問題，最初有幼兒往往不能正確作答，以「我想出來的」、「我媽媽教的」爲由，有的幼兒則會說「因爲它（指綠碗）比黃碗還要大」、「因爲紅碗最小」、「黃碗比紅碗大，綠碗比黃碗還大」，幼兒說出的這些理由，雖然不是十分完整和有邏輯性，但已清晰地表示出了他們的判斷是以第二隻碗作爲中介而得出的。因此，在這個前提上，老師幫助幼兒進一步歸納和整理，讓幼兒知道，因爲黃碗比紅碗大，綠碗比黃碗大，所以綠碗要比紅碗大。

(三)學習量的保留概念的教學方法

量的保留概念的教學應在認識了相應的量的基礎上進行。量的保留概念是大班的教學內容。

1.運用變化形式

運用各種量的多種變化形式，添入干擾因素，使幼兒做到不受外部因素變化的影響而認識到量的不變性，這是幼兒學習量保留概念的主要方法。例如：

(1)長度保留概念。可用繩子、木棍、火柴棍、紙板等，擺出長度的各種變式，讓幼兒判斷它們是否一樣長。

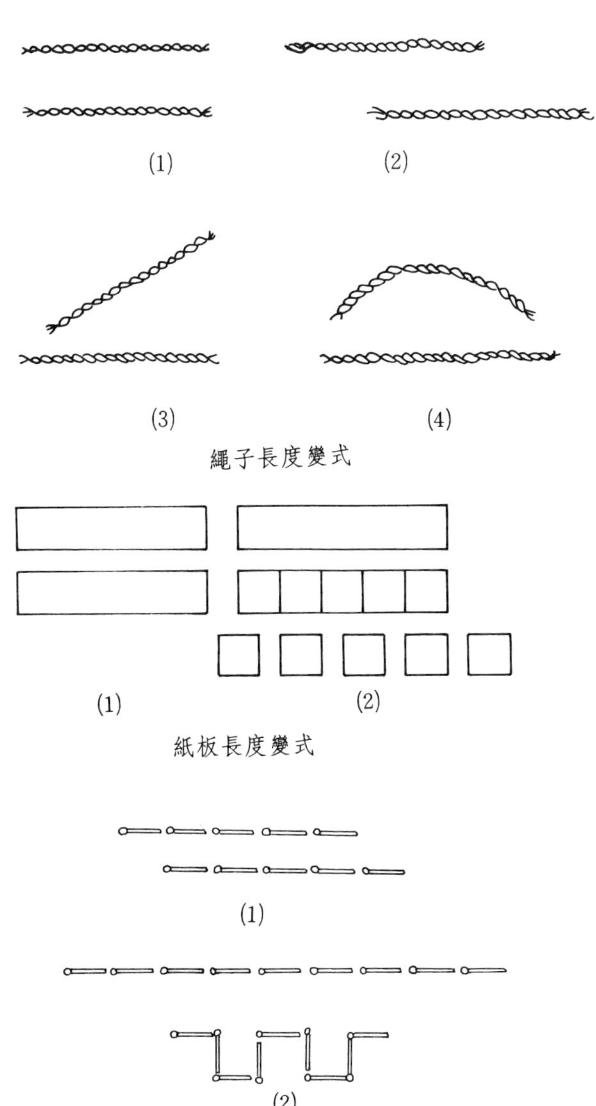

繩子長度變式

紙板長度變式

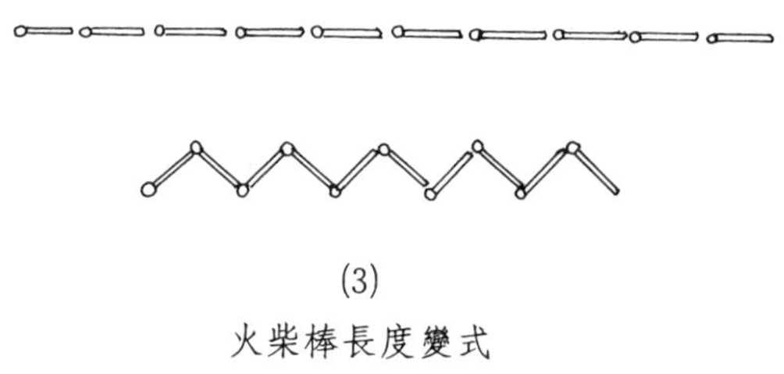
(3)
火柴棒長度變式

⑵面積的保留概念。用幾何圖形可做出各種面積的變化形式。

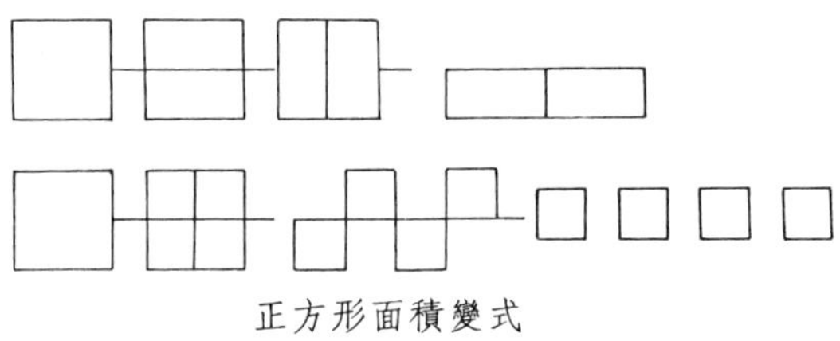
正方形面積變式

⑶容積的保留概念。可用裝有水或沙子的各種杯子、瓶子或其他容器，做出容量的各種變化形式。

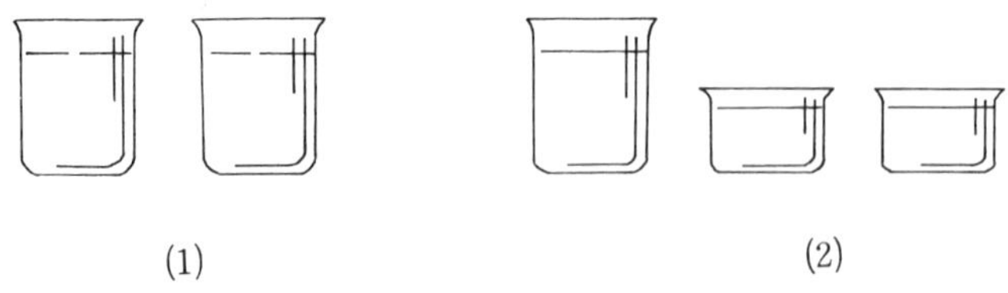
(1) (2)

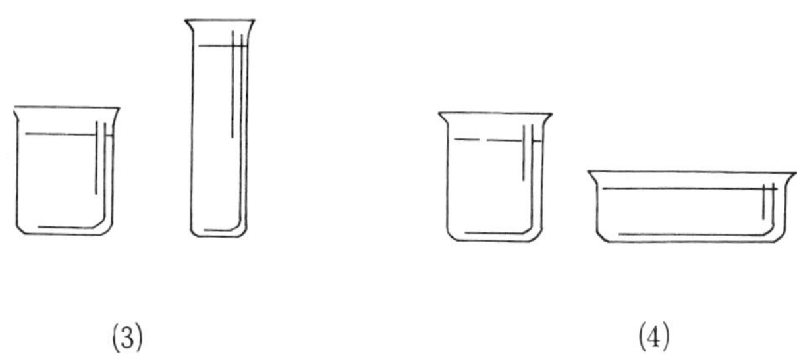

(3) (4)

(4)體積保留概念。用紙粘土、積木等擺出體積的不同變式，學習體積保留概念。

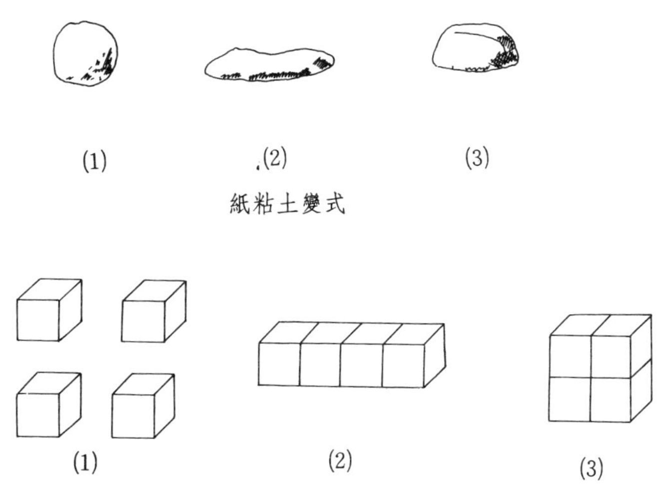

(1) (2) (3)

紙粘土變式

(1) (2) (3)

積木體變式

2.用同等量的兩份物體作保留概念的判斷

目的是讓幼兒理解到在物體外部形式發生變化後，總量不變。因此，運用兩份同等量的物體，以便其中一份量的形式改變了以後，幼兒還可以直觀地、有比較地看到這種形式變化的量是和原來的一樣，量沒變，只是外形（擺法）變了。反之，如果只用一份物體，當這份物體改變了外部形態時，幼兒看到的只有這個變形了的量，原形的量已不復存在，只能靠記憶中心象的作用，這樣不利於作出保留的判斷。

運用同等量的兩份物體的目的，是爲了進行量不變性的比較。首先應在等量的兩份物體間進行比較，讓幼兒確認這兩樣東西的量（長度、大小、面積等）是一樣的。然後，再將其中一份改變形式並向幼兒提出問題，如：長度保留概念，先出現平行放置的兩根等長棍子，在幼兒比較確認它們是一樣長以後，再將其中的一根向右（左）錯開，並提出問題：「現在這兩根棍子是一樣長，還是不一樣長，這時幼兒可能有不同的反應，有的說一樣長，有的說不一樣長，老師應讓不同觀點的幼兒各自作出說明，爲什麼你認爲不一樣長（或一樣長），在這過程中，老師可引導幼兒將變化形式量與原形量做比較，以證實它們的量是一樣的。

3.用數表示量的保留

有的物體量的變化形式是以某種單位爲基礎作出變化，而且各種量均可以用計量單位予以測定，所以各種量的保留，也可以用單位的數量是否相等作出判斷。例如：面積保留（見前面正方形面積變形），它的變化形式均是以一個正方形分成 2 個長方形或 4 個小正方形爲基礎的不同排列方式，幼兒可以借助長方形或小正方形的數量相同，做出「因爲大的正方形分成了 2 個長方形（4 個小正方形），這也是 2 個長方形（4 個小正方形），只是擺法不一樣，所以它們是一樣大」的正確回答。又如上面的容積保留圖例中，雖然不能明顯地看出水或沙的區分單位，但是爲了證實量的保留，老師可請幼兒自己用玩具小碗來測量每個瓶子裡裝的水（沙）各有幾碗，這樣幼兒確信了每個瓶子裡的水（沙）都是一樣多，因爲「它們都裝著 5 碗水，只是瓶子不一樣。」

4.滲透整體與部分關係的觀念

量的保留概念教學中，許多量的變化形式都涉及到整體量和部分量的問題。一大杯水倒在 2 個或 4 個小杯子中，所有小杯子中水的總和與大杯子中的水是等量的。其中反映了整體可以分成部分，部分合起來等於整體，整體大於部分，部分小於整體的關係。因此，在量的保留概念的教學中，老師應有意識地培養這一觀念，當幼兒作保留判斷時，讓幼兒討論並強調指出這一關係。這樣。幼兒學習了量的保留，理解了整體與部分的關係，同時培養了集合與子集合關係的觀念，爲幼兒理解數的組成和加減法中的三個數羣之間的關係奠定了起點行爲。

㈣認識量的相對性的教學方法

1.量的相對性的認識是藉由對三個不同量的物體比較來進行

第一步，先比較第一個和第二個物體之間量的不同，再比較第二個和第三個物體之間量的不同。例如：三塊長度相同寬度不同的貼絨紙板（爲了便於比較可用不同顏色），先出示最寬（黃色）和第二寬（紅色）紙板，橫向（或豎向）並放，比較出黃色的紙板寬，紅色的紙板窄。再出示第三塊最窄的綠色紙板，將它與紅色的紙板比，比的結果是紅色的紙板寬，綠色的紙板窄。

第二步，向幼兒提出認識相對性的問題。如老師指著中間紅紙板說：「這塊紅紙板有時候是窄的，有時候又是寬的，那麼請小朋友想一想，這塊紅紙板到底是寬還是窄呢？」由此引起了幼兒思考的積極性和班級活躍的氣氛，繼而思考究竟應如何作答。

第三步，在討論中建立起初步相對性的觀念。對老師所提的問題，有的幼兒可能作出巧妙的回答，說：「它不寬也不窄」，老師給予鼓勵後又問「爲什麼說它不寬又不窄呢？」幼兒答：「因爲它比黃紙板窄，又比綠紙板寬」。最後，老師與幼兒一起歸納出這樣的結論

「一塊紙板是寬還是窄要看它和誰比，如果把紅紙板和黃紙板比，它就是窄的，如果和綠紙板比，它就是寬的了。」

2.運用操作、遊戲等方法加強對量相對性的理解

幼兒初步理解量的相對性後，需藉由各種活動予以加強。例如，發給幼兒每人三塊不同寬窄的紙板，每人三塊紙板的顏色不同，不僅每位小朋友的三塊紙板顏色不一樣，而且也和別的小朋友不同。老師要求幼兒將紙板按寬窄依次排好，再逐一請幾位幼兒向大家說明自己的紙板哪種顏色最寬，哪種顏色的不寬不窄，哪種顏色的最窄，藉以加強對寬窄相對性的認識。同時，還可以請兩三位小朋友到前面，舉起自己最寬（窄）的紙板，和大家一起討論：都是最寬（窄）的紙板，它們的顏色可以不一樣，所以比較寬窄時和顏色沒有關係。

㈤學習自然測量的教學方法

1.幼兒的測量活動是自然測量

測量就是把待測定的量與一個作爲標準的同類量進行比較的過程。這個公認的標準量叫做測量單位，例如：公尺是一種長度測量單位，克是重量的一種測量單位等。

常用的測量方法，有直接測量和間接測量兩種。把要測量的量直接與測量單位進行比較後求得量數的方法叫做直接測量。如用米尺量布的長度，用秤稱人體的重量等。藉由直接測量有關的量，並借助公式進行計算得到要測量的量的結果，這種方法叫做間接測量。例如：要知道正方形的面積，先要量出它的邊長，然後再自乘，所得的結果才是正方形的面積。

幼兒學習的是自然測量。自然測量指利用自然物作爲量具（器）進行直接測量。幼兒不宜用通用的標準測量單位進行測量，只用他們熟悉的一些物品作爲測量工具。像筷子、棍子、腳步、小碗等。

2.幼兒學習測量的意義

測量是認識量的方法。因此，幼兒初步學習自然測量的意義有以下四點：

⑴加深對各種物體量的認識。當他們用一根棍子測量小朋友的桌子和牀的長度以後，知道了牀比桌子要長。他們用杯子往不同大小的瓶子裡倒水後，發現一個瓶子能裝3杯水，另一個瓶子能裝 5 杯水，知道了大瓶子比小瓶子多裝 2 杯水。

⑵有助於對不同量的測量工具的初步認識。當幼兒用筷子測量長度，用小杯子測量容量時，初步認識到對不同的量要用不同的東西去測量，才能知道它們到底有多大。

⑶加深對 10 以內數的理解。測量的結果要用數來表示，因而可進一步理解 10 以內數的實際涵義以及數和量的關係。

⑷培養幼兒動手操作能力以及對測量活動的興趣。

3.教學方法

幼兒開始學習自然測量需老師做出示範並配合說明正確測量的方法。

⑴指導幼兒明瞭，對不同的量進行測量，應使用不同的測量工具。測量長度可用棍子、腳步、鉛筆、線段等。測量瓶子的大小（容量）應該用碗或杯子去量瓶中的沙子或水。

⑵老師用講解演示法，使幼兒瞭解正確測量的方法和理解測量的方法。如長度測量的方法包括：從被測量的一端開始，連續移動測量工具，並使前一次測量的終點成爲下一次測量的起點；測量要沿著直線進行；測量一次，數一個數，並記住最後的量數。例如：老師用棍子作測量黑板長度的示範，邊測量邊講解：「我從黑板左邊的頂端（頂頭）開始量，把棍子的一頭和黑板頂端（頭）對齊，順著黑板上面這條直的邊量一次，用粉筆在棍子這一頭（末端）的黑板上作個記號，拿起小棍子從這個記號的地方再開始量，一定要注意中間不能留

著空隙，再做個記號……一直量到黑板的右邊這一頭，現在請小朋友告訴我，這塊黑板有幾根棍子長？」還可告訴小朋友，也可以不用粉筆作記號，但是要一邊量一邊數，記住一共量了幾次。老師示範後可以讓幼兒自己動手學習測量，可以讓小朋友分組輪流測量桌子的長度，並互相幫助。

(3)在日常生活或遊戲、散步等活動中練習測量。幼兒初步學會自然測量後，要注意在日常生活中製造機會進行測量活動的練習。例如：量小朋友牀的長度並作比較；量櫃子的長度和高度；量門和窗的寬度；用腳步量房間的長度和寬度；用繩子量樹幹或柱子的不同粗細；玩沙、玩水遊戲時量一下小水桶可以裝幾碗（杯）水等等。

可以讓幼兒自己尋找測量工具，以提高對不同量要用不同量具的理解和對測量活動的興趣。因此，老師應爲幼兒自由的測量活動營造情境、提供活動的場所，以及工具和材料等。

(4)使幼兒初步理解測量單位與測量結果之間的關係。在幼兒學會正確測量以後，要引導幼兒認識到，用不同的工具測量同一個物體時，其結果是不同的。如老師讓幼兒用筷子和鉛筆測量同一張桌子的長度，要求幼兒告訴大家測量的結果是一樣還是不一樣，並啓發幼兒思考爲什麼不一樣，經過討論，幼兒會發現，測量的工具大，量的次數就少，測量的工具小，量的次數就多這一道理。

引導幼兒理解測量單位與測量結果之間的關係，對大班幼兒是十分重要而有意義的。因爲測量單位與結果之間的關係，實際上就是數學中的函數關係，幼兒雖然不懂什麼叫函數，也不應教幼兒這個數學上的專有名詞，但藉由對這一關係的理解，培養了相對性的思考，並有利於思維靈活性的發展。

思考與練習

1.幼兒認識物體大小、長度的能力是怎樣發展的？
2.試述幼兒感知重量的年齡特徵。
3.幼兒量排序教學的意義是什麼？不同年齡幼兒排序能力有什麼不同？
4.對小、中、大班各 5 名幼兒進行長度保留的調查並作記錄，試析他們的不同特點。
5.舉例說明教幼兒學習量的比較的方法及注意事項。
6.如何教幼兒學習量的排序及探索可逆、傳遞和雙重關係？
7.引導幼兒學習量的保留概念的方法是什麼？舉例說明。
8.設計指導幼兒認識量的相對性教案一則。
9.什麼是自然測量？怎樣教大班幼兒學習自然測量？如何在測量中培養函數關係？

CHAPTER 8

幼兒對幾何圖形認識的發展及教學

第一節

幼兒對幾何圖形認識的發展

幾何圖形是客觀物體形狀的抽象化和概括化，具有普遍性和典型性。

幼兒對幾何圖形的認識，是幼兒數學教學的重要內容。幼兒如果具備一些幾何圖形的知識，能幫助他們辨認和區別客觀世界中各式各樣的物體。發展他們的空間知覺能力與基本的空間想像力，爲將來小學學習幾何圖形預做準備。

幾何形體包括平面圖形和立體圖形（幾何體）。平面圖形如正方形、長方形等。立體圖形如正方體、長方體等。

幼兒認識幾何圖形的發展過程

幼兒在嬰兒期就具有分辨熟悉物體外形的能力。他們見到自己的奶瓶就手舞足蹈，媽媽來了就露出了笑臉，而見到陌生人時表情就緊張，甚至哭起來。但這種辨別物體外形特徵的能力與辨認幾何圖形是不同的。

幼兒認識幾何圖形的發展過程，可以從不同方面予以研究。

㈠認識各種幾何圖形的難易順序

1.先平面後立體。

2.認識平面圖形的先後順序，根據相關研究，比較一致的看法是先圓形後正方形、三角形、長方形、半圓形、橢圓形和梯形等。

3.認識立體圖形的順序是：球體、正方體、圓柱體、長方體和圓錐體。

以上發展順序主要是與幼兒生活經驗有關，同時與圖形本身的複雜程度也有關係，通常幼兒較能認識那些日常生活中經常接觸到的形狀。

(二)圖形的感知與語言的聯繫

幼兒認識幾何圖形在心理上是對圖形的知覺，它屬於空間知覺的範疇。從幼兒感知幾何圖形的外部形狀，到能用相應的語言予以表達，之中有其發展過程。以平面圖形爲例，發展需經過配對→指認→命名的過程。經過這一過程幼兒達到初步認識圖形的目的——說出幾何圖形的名稱。

配對是指找出與提供的範例圖形相同的圖形。指認是按成人口述圖形的名稱，找出（指出）相應的圖形。命名是說出所提供圖形的名稱。

一般而言，幼兒圖形配對的正確率最高，指認次之，命名最低。因爲圖形配對可以完全依據直觀進行，即使不知道該圖形的名稱，仍可透過對圖形的直接感知和模仿，找出相同的幾何圖形，這是對幾何圖形的感知問題，認識幾何圖形的前奏。指認是形狀知覺與對應語言建立聯繫，要依據老師說出的詞彙而不是直觀圖形，引起適當的圖形表象才能作出正確選擇。至於對圖形的命名，是用抽象的語言來稱呼與其對應的圖形，它將圖形感知與對應語言加以聯繫，以語言來表示圖形，所以命名是表示著已初步完成認識某種圖形的過程。因此，幾何圖形認識的發展過程，不僅可作爲認識圖形的三種形式，而且也可作爲幼兒認識幾何圖形逐步發展的具體標準。圖形的感知與語言的聯繫是從對圖形本身的認識發展過程來觀察，並未涉及圖形與客觀物體的聯繫。

(三)幾何圖形與實際物體形狀的聯繫

從幼兒對幾何圖形的認識與客觀世界中物體形狀的聯繫來看，有三個明顯的發展過程，包括：(1)將幾何圖形與實物視為等同；(2)將幾何圖形與實物作比較；(3)將幾何圖形作為區分物體形狀的標準。

1.將幾何圖體與實物視為等同

即是將幾何圖體理解為日常的玩具或物體，並按照他們所熟悉的物體名稱命名幾何形體。如圓形叫作「太陽」、「皮球」；正方形叫作「手帕」；稱圓柱體為「茶杯」、「管子」；長方形叫作「魚缸」、「盒子」等等。這種將幾何圖體與物體相混淆的現象，實際上反映了幼兒尚未完全認識有關圖形，還沒有達到正確指認和命名有關圖形的層次。

2.將幾何圖形與實物作比較

在成人教導下，幼兒對圖形的知覺逐步發展，漸漸不再把圖形與物體等同起來，而只是比較它們。如圓形像「盤子」；正方形像「手帕」。這種比較性的稱呼顯示幼兒已能正確無誤地認識和掌握幾何圖形的名稱，而且是從圖形出發對照實際物體形狀作出比較的結果。

3.幼兒把幾何圖形作為區分實物形狀的標準

亦即幼兒能將幾何圖形作為標準，按照它來區分或選擇物體。如說出大盤子、小碟子是圓形的；皮球、蘋果是球體等，或按照圖形選擇出相對的物體。這時幼兒是從客觀物體出發，以幾何圖形為標準，確定物體的形狀，既不將二者視為等同亦不是比較，而是在幾何圖形與實際物體之間建立起既有區別又有密切聯繫的關係，進而能將有關幾何圖形的知識運用在實際生活中。

(四)幼兒感知圖形方法的發展過程

幼兒認識幾何圖形需經由視覺和觸覺的聯合活動，並配合語言，才能達到對圖形的充分感知。瞭解幼兒這方面的發展，有益於改進幼兒認識圖形的數學方法，幼兒運用視覺和觸覺感知形體的方法有其一定的發展過程。

視覺方面：三歲幼兒用視覺感知圖形時往往是匆忙的，他們常常只草率地看一眼，因而不易分辨一些相似的形狀，如正方形與長方形，圓形與橢圓形，或只注意到形體的某一個特定點，如說三角形是「有尖的」。四歲幼兒認識形體時，眼睛只注意到圖形的內部，好像在觀察圖形的大小。五、六歲時幼兒的眼睛則能隨著圖形的外部輪廓移動，所以能注意到圖形的角和邊，從而獲得對圖形的確切感知。

觸覺方面：三歲幼兒接觸物體時，手的動作只是去抓握物體而不是撫摸。四歲幼兒則用一隻手掌和手指的根部觸摸，而不用指尖。五、六歲幼兒開始時會用兩隻手觸摸物體，兩隻手會朝相同或相反的方向移動，最後則能用指尖連續地觸摸物體的整個輪廓，獲得對物體比較完整的感知。

幼兒認識幾何圖形的年齡特徵

㈠三歲左右至四歲左右的幼兒，一般達到下列的發展層次

1.對平面圖形具有較好的配對能力。研究證明，他們對圓形、正方形、三角形、長方形、半圓形、橢圓形，甚至包括梯形、菱形和平行四邊形在內，絕大部分小班幼兒都能按照範例找出相同的圖形，成功率均在 80%以上（菱形為 78.2%），有的高達 98%。

2.大部分小班幼兒對圓形、正方形和三角形能正確地認識。不僅能正確配對、指認，而且能做到正確命名，另外，亦能按照這些圖形找出周遭環境中相應的物品。

(二)四歲左右至五歲左右的幼兒，其認識平面圖形的能力有了更進一步發展。

1.擴展了正確認識平面圖形的範圍，能正確認識長方形、半圓形、橢圓形和梯形。

2.能理解平面圖形的基本特徵。平面圖形的基本特徵是指圖形中角和邊的數量。角和邊的數量，將平面圖形作出區分。如正方形的基本特徵是 4 個角、 4 條邊， 4 個角一樣大， 4 條邊一樣長；長方形也有 4 個角 4 條邊，但 2 條邊長， 2 條邊短， 2 條相對的邊一樣長；三角形有 3 個角， 3 條邊等。

3.能對相似的平面圖形進行比較，找出它們的相同和不同。如正方形和長方形比較，圓形和橢圓形比較。

4.能具有圖形保留概念，對平面圖形基本特徵的認識，能做到不受圖形大小、顏色和擺放位置的影響，正確辨認和命名。例如：能從許多不同圖形中將不同顏色，不同角度的三角形（見下圖）都挑選出來，並說明：因爲他們都有 3 個角和 3 條邊。

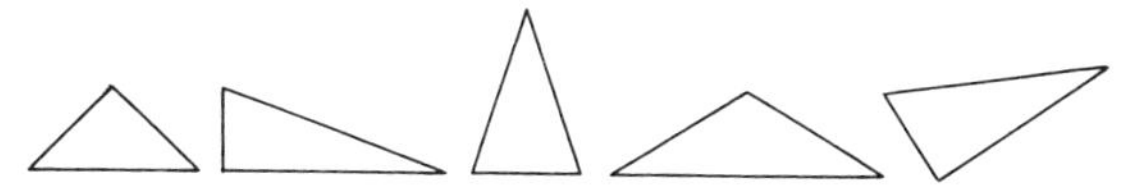

5.能理解平面圖形之間的簡單關係。並對他們所認識的圖形進行分、合、拆、拼的轉換。如正方形（長方形）可分成 2 個長方形、 2 個三角形或 4 個正方形（長方形）、 4 個三角形等。

6.具有使用平面圖形組合成有意義的物體圖形的能力。例如：下面是一組四歲半至五歲幼兒組合圖形的實例。

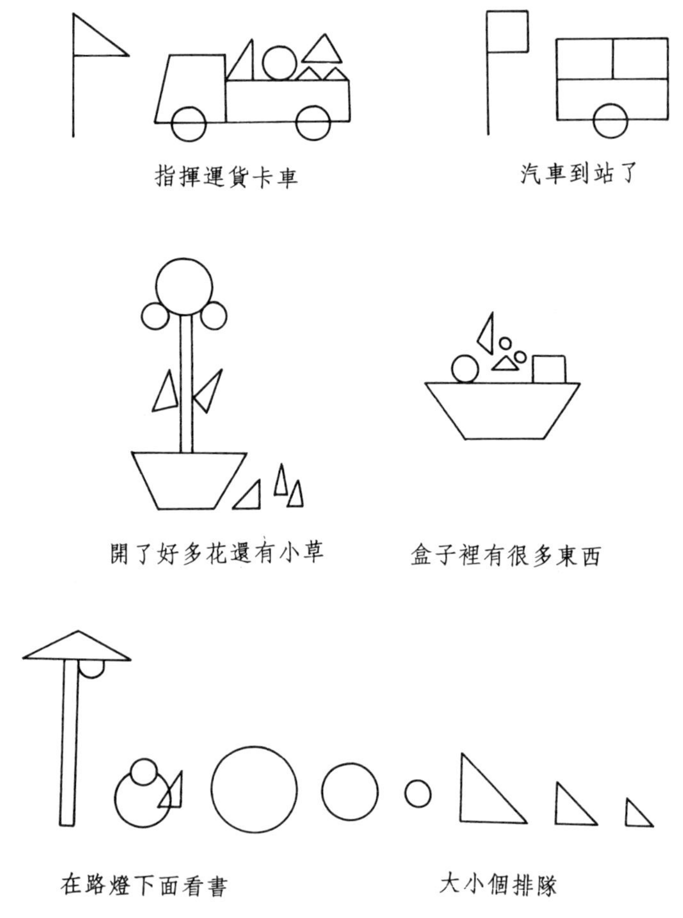

㈢五歲左右至六歲左右

大班幼兒除了進一步提高在中班所具有的圖形保留和組合等能力外，認識幾何圖形能力的發展主要表現在以下兩個方面：

1.進一步理解圖形之間的關係。首先大班幼兒能理解圖形之間較複雜的組合關係。知道一個圖形不僅可以由幾個相同的其他圖形組成，還可以由幾個不同的圖形組合而成。例如：長方形可以由 4 個小長方形或三角形拼湊成，也可以由 1 個梯形和 2 個三角形組或 1

個正方形和 4 個三角形合成等等（見下圖）。

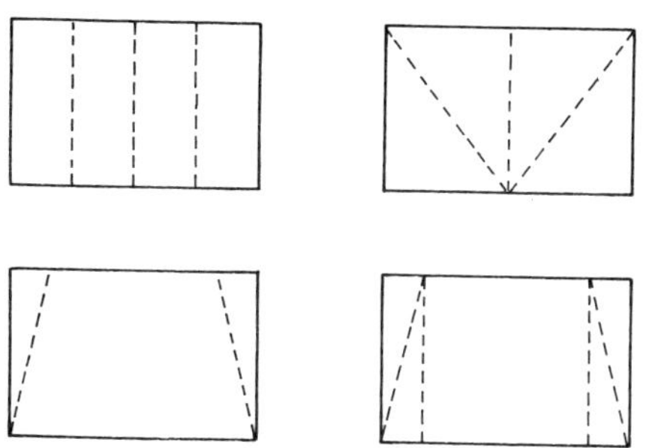

其次，大班幼兒可以在一定抽象的層次上，概括和理解圖形之間的關係。如正方形、長方形、梯形、菱形、平行四邊形等，可以概括為四邊形，因為這些圖形都有 4 個角和 4 條邊。這種掌握圖形的基本特徵，以一個更廣泛的名稱來概括一些圖形的能力，能使幼兒對圖形的知識逐步系統化，並發展了他們的初步抽象思維能力。

2.能認識一些基本的立體圖形，做到正確的命名並知道它們的基本特徵。其包括球體、圓柱體、正方體、長方體。例如：正方體有 6 個面（上下、前後、左右），6 個面都一樣大，都是正方形，把它放在桌面上，不管怎麼放，都不能滾動，圓柱體的上下兩個面是一樣大的圓形，中間部位則上下是一樣粗，把它平放在一個平面上，會前後滾動，像一根柱子等。

第二節
認識平面圖形的教學

教學目標

(一)小班

能認識圓形、三角形和正方形，能根據圖形的名稱取出圖形並說出名稱。

(二)中班

1.能認識長方形、橢圓形和梯形，並正確說出名稱和認識圖形的基本特徵（如長方形有 4 個角， 4 條邊， 4 個角一樣大， 2 條邊長， 2 條邊短，相對的 2 條邊一樣長），能從日常生活環境中取出和圖形相似的物體。

2.能不受顏色、大小及擺放位置的影響。正確辨認和命名圖形。

3.能初步理解圖形之間的簡單關係，如1個正方形可以分成2個長方形和4個小正方形等，並能運用圖形按要求或自由拼搭。

教學方法

(一)認識平面圖形（以下簡稱圖形）的方法

1.藉由觀察和觸摸，讓幼兒能藉由感官的知覺說出圖形的名稱

幼兒認識圖形是圖形知覺問題。幼兒認識圖形的教學，首先要讓幼兒感知圖形，在充分感知而獲得有關圖形的感官經驗後，再配合說出的詞彙，達到正確命名圖形的目標。因此，老師應運用觀察、觸摸的方法，讓幼兒感知圖形。開始時應儘量選用生活中接近平面圖形的物體，讓幼兒藉由實物來感知圖形，然後再用標準的圖形。例如，小班幼兒認識圓形，老師先讓幼兒觀察圓鏡子（或圓盤子），提出「這鏡子是什麼形狀的？」問題，並讓幼兒用指尖沿著圓形邊緣和面觸摸，讓幼兒感知到鏡子的面是平的，邊緣是光滑的，它是圓形的。可分發給每位幼兒一個圓形硬紙板（或塑膠片），讓他們反覆地觀察和觸摸，在獲得清晰的感官刺激之後，再讓幼兒描述自己對圖形觸摸後的感受並說出名稱。這個過程，是對圖形的感知與語言相聯繫的過程，目的在發展圖形知覺，並讓幼兒建立各種圖形的具體形象，使之成為正確認識圖形的基礎，也有助於在日後空間想像力的發展。同時，此時幼兒所說出的圖形名稱，就蘊含了一定的感官經驗，而不是空洞的詞彙了。

藉由感知認識圖形，對幼稚園各班均十分重要。尤其在小班更應該運用這方法認識新的圖形。

2.藉由圖形與圖形的比較認識圖形

藉由對圖形和圖形的觀察比較，讓幼兒以已經認識的圖形為基礎，做為區別不同圖形的特徵，進而認識新的圖形。並藉由找出兩個相近圖形的相同點和不同點，在比較中瞭解新的圖形名稱及其特徵，

不過，這種方法多用於中班認識新圖形的教學。

例如：認識長方形，可以把長方形和已經認識的正方形進行比較。將長方形的寬和正方形的邊一樣長的兩張圖形進行重疊比較（長方形在下面，正方形重疊在上面），這樣可以明顯地看到長方形有兩條相對的比較長的邊，這是長方形的主要特徵。這時再讓幼兒比較長方形和正方形的相同點（都有 4 條邊和 4 個一樣大的角）和不同點（正方形的 4 條邊都一樣長；長方形有 2 條相對的邊長，加外 2 條相對的邊短），認識長方形的基本特徵。同樣也可用圓形和橢圓形的比較來認識橢圓形及其特徵。

㈡認識圖形的基本特徵和圖形保留概念

幼兒在充分獲得對圖形的感知和學會命名之後，應進一步讓幼兒認識圖形的基本特徵。這是中班的教學目標之一。圖形的基本特徵主要指圖形的邊和角的數量。例如：三角形有 3 條邊， 3 個角；正方形有 4 條邊， 4 個角， 4 條邊一樣長， 4 個角一樣大等。對圖形基本特徵的認識，是對圖形認識的進一步抽象概括，如此幼兒不僅能感知和命名圖形，也能理解圖形特徵的一些簡單規律；教學時，應告訴幼兒圖形的邊是指什麼，什麼是圖形的角，讓幼兒數一數有幾條邊，有幾個角，它們是不是一樣長或者一樣大。然後再讓幼兒觀察不同大小和顏色的同一種圖形，分別分析討論它們的邊和角的數量，加強對圖形基本特徵的理解，加深對圖形的認識。

圖形保留概念是指幼兒能不受圖形的大小、顏色和擺放位置的影響，正確辨認和命名圖形。因此，在幼兒對不同大小、顏色以及擺放位置的同一種圖形作基本特徵的分析討論時，已經是圖形保留概念的前奏了，此時幼兒已具有理解圖形保留概念的基本條件，只需要成人予以啓發引導，讓幼兒做出進一步的歸納和概括。例如：老師爲每位幼兒提供不同顏色、不同大小的圖形（先從兩種圖形開始），讓幼兒進行操作分類，然後討論操作分類的結果，討論中，老師提出問題，引導幼兒思考並正確說出理由，例如：老師取出1個鈍角三角形和1個等腰三角形，問幼兒「這兩個形狀不一樣的三角形，不只是大小不一樣，它們的樣子也不一樣，你爲什麼把它們分在一起呢？」像這類問題，能引導幼兒從基本特徵上確定形狀的名稱，得出「它們都有 3 條邊，3 個角，所以都是三角形」的結論，達到不受外部因素（顏色、大小及擺放位置）的影響，正確辨認圖形的目的。

㈢藉由對圖形的分割和拼合，讓幼兒認識圖形間關係

認識圖形間簡單關係是對已知圖形的進一步認識，它能幫助幼兒理解整體與部分之間的關係，同時也能培養幼兒從不同方向思考問題的能力。

幼兒對圖形之間關係的認識，主要是藉由對圖形的分割和拼合進行的。內容上應從簡單到複雜，先等分，再不等分；先 2 等分，再 4 等分（見下圖）。步驟上，先分後合，方法可先由老師講解演示，說明如何分合圖形，後讓幼兒操作練習，也可先讓幼兒自己探索如何分合圖形，老師再作必要的解釋或示範。但不論用何種方法，均應經由分合的操作活動，使幼兒理解一種圖形和其他圖形之間的關係，並讓幼兒知道整體可以分成部分，部分合起來還是原來的整體，整體大於部分，部分小於整體。

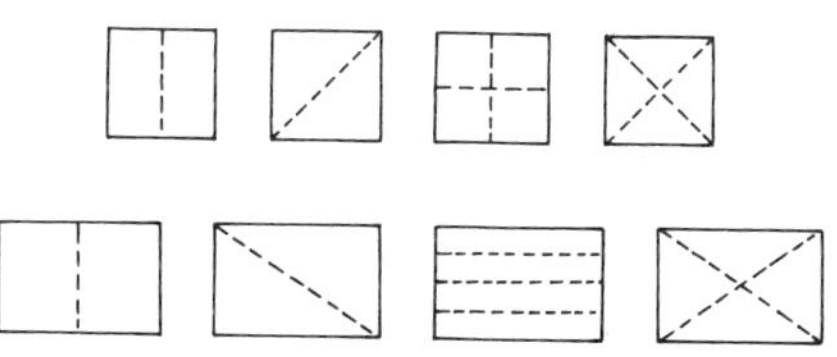

例如，老師先告訴幼兒，一種圖形可以把它分開變成另外兩個一

樣大的圖形，然後用一張正方形紙，上下邊對折成兩個長方形並剪開，讓幼兒清楚地看到一個正方形可以分成兩個一樣大的長方形，再讓幼兒看一下兩長方形拼並起來，是否還是原來的正方形，繼而可發給幼兒每人一張正方形紙，請他們用折疊的方法分成兩個部分，鼓勵他們探索和老師不同的新方法來分割圖形（對角折成兩個一樣大的三角形），最後討論操作結果，確定兩種不同的分割方法，都可使正方形變成兩個一樣大的不同的圖形，並用拼合的方法驗證結論的正確性。上述的教學過程，也可改爲先由幼兒操作探索，但老師要明確地提出要求：用折疊的方法把一個正方形分成兩個一樣大的圖形，引導並鼓勵幼兒思考。

此後可讓幼兒自己探索長方形、圓形等的 2 等分、 4 等分。還可以分給幼兒每人 4 塊同樣大的直角三角形，請他們拼出正方形、長方形和梯形等。

各種等分分割宜在中班進行，大班可進行不等分分割的學習（如一個長方形可以分成一個梯形和兩個三角形或一個正方形和四個三角形）。不論何種分割和合拼圖形，教學過程均應以認識圖形間關係爲目的。因此，不但要重視幼兒的操作和探索活動，更重要的應討論圖形分合的結果，理解圖形之間的關係和整體與部分的關係。

(四)加強對平面圖形認識的方法

在幼兒初步認識了各種圖形及其特徵後，需要藉由各種方法予以複習。以下列舉幾種方法：

1.圖形分類

按不同圖形分別歸類，能加強對圖形的認識。圖形分類的內容及要求，應視不同年齡以及幼兒已有的起點行爲有所區別，並逐步增加難度，提高要求。例如：最初對相同顏色的不同圖形分類；繼而對相同顏色，不同大小的圖形分類，即同類圖形中有大的和小的；然後再加入顏色的條件，即同類圖形都有大小和顏色的不同；最後讓幼兒對不同顏色、大小的不同圖形自定分類標準自由分類，並說出分類的理由（如下圖）。在大班還可要求幼兒按兩種特徵對圖形分類。

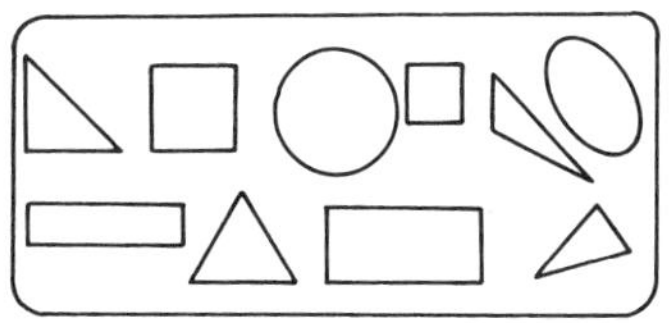

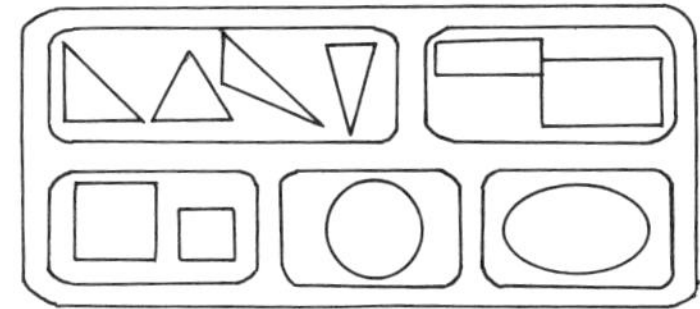

2.尋找圖形以及與圖形相似的物體

(1)尋找圖形。即根據老師說出的圖形名稱或特徵，找出相應的圖形。進行的方法與上述圖形分類相同。

此外，還可以提供幼兒由各種圖形組成的圖樣，讓幼兒從中找出某些圖形的個數。圖樣的簡繁程度，應以幼兒已經認識的圖形及數爲範圍。舉例如下：

由哪些圖形組成？每種圖形有幾個？

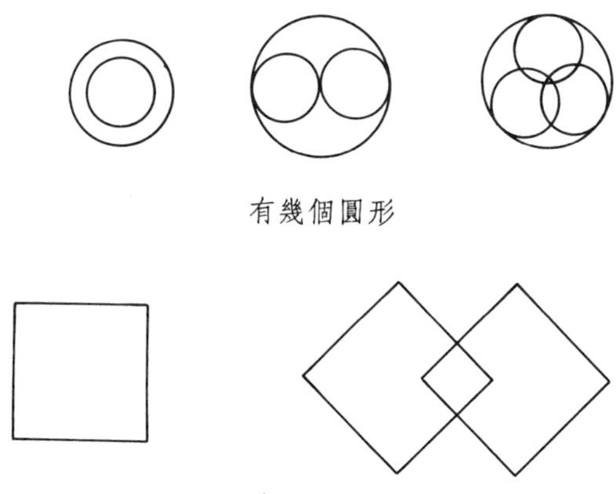

有幾個圓形

有幾個正方形

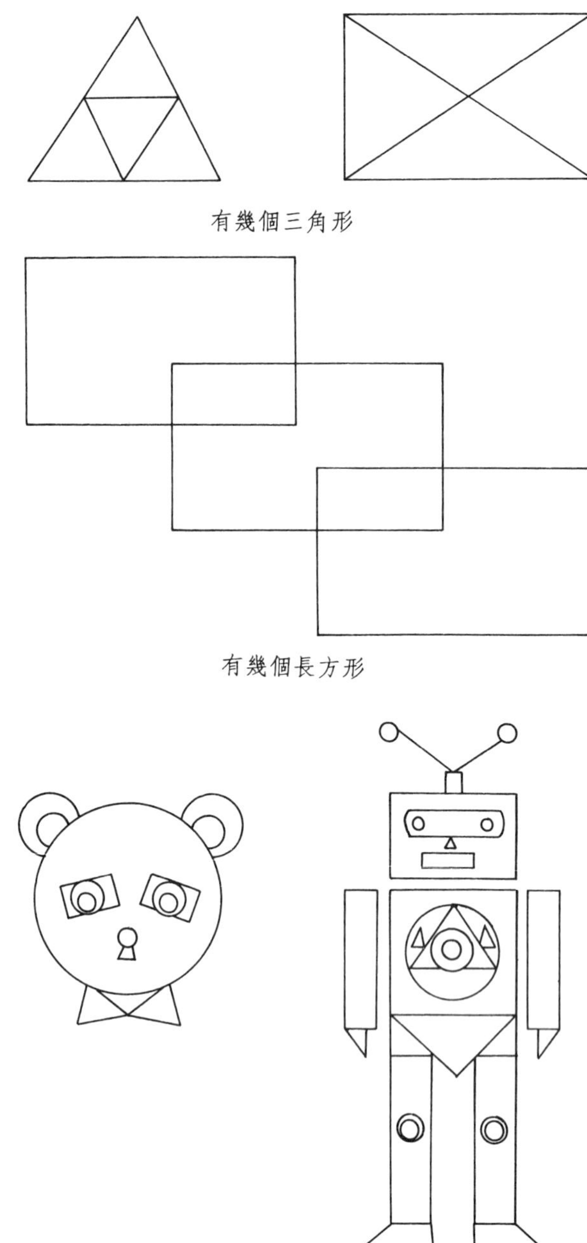

有幾個三角形

有幾個長方形

由那些圖形組成？　每種圖形有幾個？

⑵尋找與圖形相似的物體。引導幼兒在周圍環境中，運用已經獲得的幾何圖形知識，尋找與幾何圖形相似的物體或物體的某一部分。如此可使幼兒對幾何圖形的認識從抽象概括的圖形又回到具體的物體，擴大幼兒的視野，豐富幼兒對幾何圖形的認識，發展幼兒的觀察力和空間想像力。

可以讓幼兒在教室內尋找，看看哪些東西像什麼形狀（可以事先設置一些物品，也可以不做準備），如像圓形的物品有「飛盤」、「茶盤」、「圓盒的底（口）」等。類似正方形的物品有「窗上的玻璃」、「手帕」等，和三角形相似的物品有「三角尺」、「三角形的旗子」、「三角衣架」等。也可以按老師說出的圖形名稱找出相似的物品。

在室內尋找後，可以把幼兒引向更大的空間，如整個幼稚園、家裡或其他地方，讓幼兒憑記憶，想一想「什麼東西像什麼形狀」。這種尋找較爲困難，老師不要急著讓幼兒回答，可事先向幼兒交待觀察的任務，如「請小朋友回家找找看，家裡有哪些東西像正方形，明天告訴老師和小朋友」等等，使幼兒能有目的地尋找。

3.在遊戲和操作活動中加強對圖形的認識

以下介紹各種可加強幼兒對圖形認識的遊戲和操作活動，例如：

⑴運用玩具進行的圖形遊戲。有的玩具是以幾何圖形爲內容設計的，幼兒在使用玩具遊戲的過程中，自然能對幾何圖形加以複習。例如：

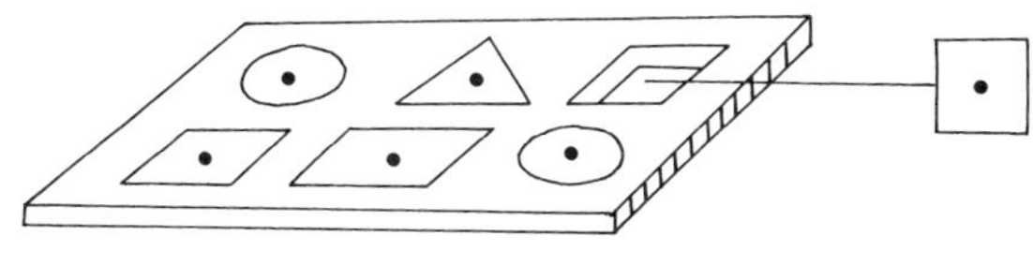

鑲嵌板

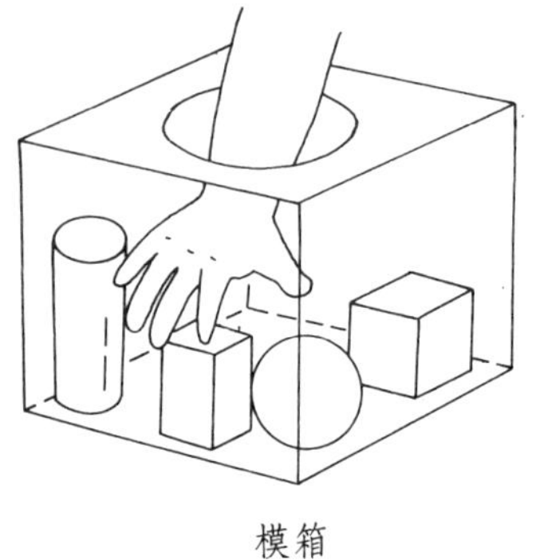

模箱

⑵塗色活動。按老師口頭要求或範例，將不同圖形塗上各種顏色。

⑶拼圖活動。提供幼兒各種圖形，讓幼兒按照範圖，用幾何圖形進行拼圖的活動。幼兒自由拼圖，是一項十分有益的活動，它不僅加強幼兒對圖形的認識，理解圖形之間關係的作用，也是有助於發展幼兒的想像力。

⑷折疊活動。發給每位幼兒一些簡單的幾何圖形紙（如正方形、長方形、三角形等），讓幼兒折疊分割成各種幾何圖形。以加強對圖形之間關係的理解。

4.在繪畫、勞作等活動中加強對圖形的認識

繪畫是幼兒喜愛的活動，在繪畫中幼兒運用圖形的知識，創造性地表達出對周圍事物的認識。同時，繪畫中需正確掌握人物及物體的比例結構、對稱關係及空間位置等，這些均有益於發展幼兒的空間想像力。

折紙、粘貼畫和紡織物品等勞作活動，在圖形組合、轉換的過程中，更具有加強幼兒對圖形之間關係理解的作用。

第三節
認識立方體的教學

教學目的

(一)能認識球體、圓柱體、正方體和長方體，並正確說出名稱和基本特徵（如球體，不管從什麼方向看都是圓的，把它放在平面上，可以向任何方向滾動），且能從周圍環境中找出相似的物體。

(二)能區分平面圖形和立方體，知道平面圖形只有長短、寬窄；立方體有長短、寬窄和高低（厚薄）。

教學方法

(一)讓幼兒觀察、觸摸立方體物件以認識幾何體的特徵

大班幼兒也是藉由各種感官的綜合感知來認識立方體的。所以應讓幼兒充分地觀察比較、觸摸感知立方體，並在這個過程中使幼兒認識立方體的特徵。例如：認識球體，先發給幼兒每人一個球體物，如皮球、乒乓球、玻璃球等，請他們自由地觀察、觸摸和擺放，並思考它的樣子是什麼？摸上去有什麼感覺？再放在桌子上看看它會怎樣？它叫什麼名字？等問題，然後讓幼兒共同討論，使幼兒認識到，球體無論從哪一個方向看都是圓的，放在平面上能向任何方向滾動。

(二)比較平面圖形和立方體以及立方體之間的不同

立方體與平面圖形的區別，在於立方體有長短、寬窄和高低，平

面圖形只有長短和寬窄。將平面圖形與相應的立方體做比較，既加深對平面圖形的認識又有助於瞭解立方體的特徵，亦可幫助幼兒克服將平面圖形與立方體混淆的現象。因此，認識立方體應與相對應的平面圖形進行比較。例如：教幼兒認識正方體，可以用一塊正方體積木和一張與正方體的面等大的紙作比較。讓幼兒先複習一下正方形紙的特徵，再比較它與正方體的不同，向幼兒指出正方形是一面，它有長和寬；而正方體有 6 個一樣大的面，正方體除了長和寬外還有高，並讓幼兒用食指沿著正方形的長和寬以及正方體長、寬、高的 3 條稜滑動比劃，使幼兒清楚長、寬、高具體指的是什麼，學會以此辨別平面和立體，更可用多種物體讓幼兒指出不同立方體的長、寬、高，並反覆進行練習，以使幼兒能眞正理解和掌握。

將立方體與立方體作比較，也是認識立方體的一種有效方法。它能顯示出不同立方體的異同，使幼兒在原有立方體知識基礎上獲得新的知識。例如：認識長方體，可以運用已經認識的正方體與長方體（兩個對稱的側面與正方體的面一樣大）作比較，使幼兒認識到長方體和正方體都有 6 個面，都有長、寬、高，但是正方體的 6 個面都是一樣大的正方形，長方體有 4 個面是長方形，還有兩個面可以是長方形，也可以是正方形。

老師還可用不同的長方體（見下圖一）讓幼兒辨認，問幼兒它們是什麼形體？爲什麼？進而使幼兒掌握長方體的特徵。還可以用相似的，但又不同本質的立方體或物體，讓幼兒判斷它是不是同一種立方體。如認識球體時，讓幼兒辨別扁圓柱體是不是球體？爲什麼？（見下圖二）有的小朋友說它是球體，因爲它可以滾，且滾得很遠。有的說它不是球體，因爲它不是哪邊都能滾，放平了就不能滾，也不是每邊看都是圓的，所以它不是球體。從這樣的討論中，幼兒不僅加強了對圓柱體基本特徵的知識，而且也學會了判斷和推理，用言語說明自己的觀點，反駁對方的意見，均有助於思維和語言的發展。同樣，認識圓柱體時，可讓幼兒辨別粉筆、燈罩、花瓶等是不是圓柱體？爲什麼？

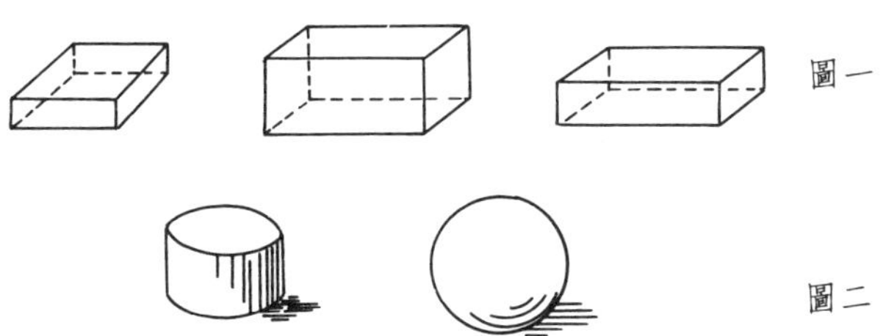

圖一

圖二

用表示立方體特徵的圖片（見下圖），讓幼兒判斷正確和錯誤，說明爲什麼？以及怎麼放是正確的等，這也是能引起幼兒運用立方體知識和訓練思維的有趣方法。

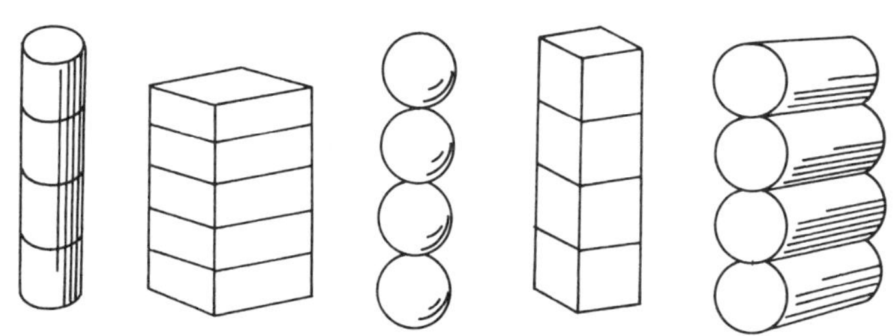

㈢操作探索立方體的特徵

讓幼兒親製自製作一些立方體，使他們在操作活動中具體地探索立方體的特點，再用語言概括地表達出來，可使幼兒獲得深刻的知識。如認識圓柱體，老師爲每位幼兒準備兩個一樣大的硬圓片紙，一張長方形的顏色紙。先讓幼兒觀察自己手上有些什麼形狀的紙片，比比兩個圓的大小等，然後教幼兒將它們黏成圓柱體，黏好後再讓幼兒分析、討論圓柱體有什麼特點。這樣幼兒能較容易地說出，圓柱體的兩頭皆有一樣大的圓，上下一樣粗的特徵。

又如認識正方體，可先發給幼兒每人一張塗了 6 種顏色的十字形硬紙片（如下圖），老師出示用同樣紙片做成的正方體，告訴幼兒它叫「正方體」，並將它拆開，讓幼兒看到它有 6 個一樣大的正方形的面，再用它黏成一個正方體，這樣幼兒對正方體就有比較具體的認識。然後讓幼兒觀察自己手中的紙片，再把它做成正方體。藉由這種操作，孩子能具體地知道正方體有 6 個面，且 6 個面是一樣大的正方形。

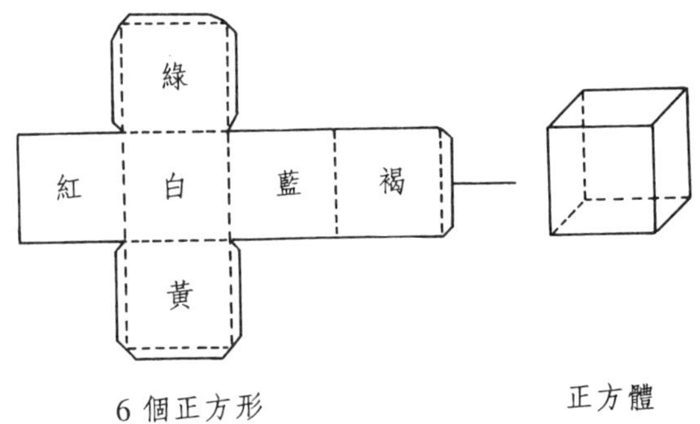

6 個正方形　　　　正方體

㈣藉由紙黏土、勞作和蓋房子遊戲等活動加強幼兒對立方體的認識

紙黏土塑造的是立體的物體，在紙黏土活動中幼兒運用立體圖形的知識塑造各種物體，不僅能清晰地感知物體的形狀，而且能更深刻體驗到各種立方體的特徵。例如：大班孩子認識球體後，要求幼兒用紙黏土捏出球體狀的東西，結果他們創造出了啞鈴、葫蘆、太陽、茶壺、蘋果、枇杷、不倒翁等等極富創造性的球狀物體，加深了對球體的認識。

在勞作活動中，藉由紙張的剪裁、黏貼，使幼兒具體地感受到立體的東西是由面來構成的。例如：黏貼長方體或正方體的紙盒等。

幼兒蓋房子遊戲使用的各種大小積木都是各種典型的立方體，幼兒用積木建築各種建築物的過程中，按照自己構思的需要，反覆地比較各種立方體積木的特徵，選擇最適宜表現出建築物某個部分的積木，按它的特徵正確放置和拼搭。例如：幼兒選擇圓柱體積木作門柱，把它豎立在兩旁，既高又好看，娃娃的牀應選用長方體或正方體積木才能平放等。整個遊戲過程就是對立方體及其特徵不斷加深認識的過程，而且還能具體而清晰地認識到立方體與日常生活中各種物體的關係。

思考與練習

1.簡述幼兒對平面圖形的感知與語言聯繫的發展過程及認識幾何圖形的年齡特點。

2.舉例說明指導幼兒認識平面圖形的方法。如何引導幼兒理解平面圖形之間的簡單關係。

3.試述幼兒認識立方體的教學方法並設計一次認識長方體或其他形體的教學活動。

CHAPTER ____ 9

幼兒對空間方位認識的發展及教學

教幼兒辨別空間方位，主要是教幼兒辨別物體的上下、前後和左右的位置，使幼兒獲得一些基本的空間知識，發展幼兒的空間知覺和空間想像力，以便更能適應日常生活。

第一節 關於空間方位的幾個基本概念

空間方位和對空間方位的辨別

(一)什麼是空間方位

任何客觀物體在空間中均占有一定的位置，而且同周圍的物體存在著空間上的相互位置關係，這就是物體的空間方位，也可稱之為物體的空間位置。空間方位以上下、前後、左右等詞彙表示。

(二)空間方位的辨別

空間方位的辨別，是指對客觀物體在空間中所處位置關係的判斷。在心理學上屬於狹義的空間定向，即位置的定向（廣義的空間定向還包括大小和形狀等概念）。空間方位的判別是空間感覺問題，它是經由視覺、聽覺、觸覺甚至嗅覺等幾種感覺來判別的。對幼兒來說，視覺感官和觸覺感官，對空間方位的判別較為重要。

確定物體方位需要有一個參照點

參照點即是用來確定客體空間位置的依據。沒有參照點就無法辨別客體的空間方位，無法說清楚客體的上下或左右。如一位小朋友站在桌子與椅子的中間，如果以桌子爲準，小朋友就在桌子的後面，如以椅子爲準，小朋友就在椅子的前面，由於參照點不同，小朋友的方位就截然相反。所以幼兒認識空間方位時，向幼兒說明並使之掌握判別客體的參照點，是很重要的。

物體的空間位置關係是相對的，可變的和連續的

上下、前後、左右是相對的概念。上是對下而言，左是對右而言。兩個物體之間的位置關係也是相對的，甲在乙的右邊，乙就在甲的左邊。

判斷物體的方位要有參照點，如果這個參照點的方向發生了變化，那麼物體的方位也隨之變換。上述例子中，小朋友與桌子、椅子的前後關係，如果小朋友轉身 180 度，那麼他的前面就是椅子，後面就是桌子了。

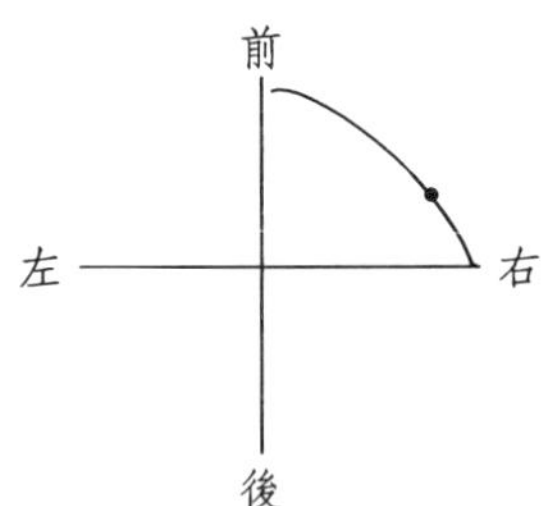

空間方位的區域是連續的。以前後和左右空間方位爲例，前與左、前與右；後與左、後與右的區域是連續的，不能截然分隔的（見上圖）。

圖中所示前到右的區域是相連的，其中黑點處可稱之爲前面偏右，也可以叫右邊靠前，以此類推。

第二節

幼兒空間方位認識的發展

幼兒辨別空間方位的難易順序

幼兒只掌握基本的空間方位及其詞彙，即上下、前後、左右，它們表示著以某物爲依據的三個軸（橫向的、豎立方向的和縱向的）的三對相對應的基本方向。豎立的相對方向是上下，縱向的相對方向是前後、橫向的相對方向是左右。另外，還有水平方向的方位：東、南、西、北，幼兒對此難以理解，不宜列爲幼兒數學教學的內容。

一般而言，幼兒認識空間基本方位的順序是先上下，再前後，最後是左右。出現這種情況的原因，主要是由方位本身的複雜程度決定的。上下的方位一般是以「天地」爲標準確定，「天爲上，地爲下」是永恆不變的。由此確定的人體「頭在上，腳在下」也不會改變。上下方位區別明顯，而且不因方向的改變而改變，幼兒容易辨別。前後和左右的方位是有方向性的，其隨定向者自身位置的改變而發生變化，幼兒辨別比較困難。尤其是辨別左右要比辨別前後更爲困難。

一般而言，三歲幼兒能辨別上下，四歲時便能辨別前後，五歲以後則是左右概念的發展期。

幼兒辨別空間方位的過程

幼兒辨別空間方位開始先以自己爲中心來判別方向，逐步發展爲以客體（其他的人或物）爲中心來判別。

(一)以自己爲中心的方向判別

幼兒辨別空間方位，首先是從自已開始並以自己爲中心點來辨別周圍客體的方位。離開了自己這個中心點，幼兒將難以辨別方位。幼兒首先學會的是辨別自己身體部位的方位，將不同方位與自己身體的一定部位相聯繫。如上面是頭，下面是腳，前面是臉，後面是背。接著，幼兒再以自己爲中心，確定相對於自己的客體所處的方位。例如，「我的上面有屋頂（電燈），下面有地」。「我的前面是桌子，後面是椅子」。「我的右邊站著××，左邊站著××」。這裡幼兒判別的是客體的方位，但它是以幼兒自己爲出發點，確定自己與客體的位置關係。因此，這種判別相對於自己的客體的方位，仍屬於以自己爲中心的位置定向。

(二)以客體爲中心的定向

以客體爲中心的定向，是從客體出發，確定與其他客體之間的相互位置關係。例如，「樹的上面有小鳥，樹的下面有小草」，「娃娃的前面有小汽車，娃娃的後面有積木」。

幼兒辨別以客體爲中心的上下和前後比較容易，但辨別以客體爲中心的左右，情況則不同了。如有小熊和大象兩隻玩具動物，當它們與幼兒同一方向（即面朝同一方向）並排站著的時候，幼兒比較容易判斷哪隻動物在左邊，哪隻在右邊，因爲幼兒自己的左右也就是動物位置的左右，只要幼兒掌握了自身的左右方向，對同一方向的客體之間左右關係就不難辨別。但是，如果這兩隻動物玩具是面朝幼兒，即它們與幼兒面對面站著，這時要辨別兩隻動物的左右就不容易。因爲，這需要幼兒想像自己站在對面客體的位置上，才能確定其他客體的左和右。幼兒要達成正確的判斷，是從本身出發，經過「轉向」的過程才能進行的，所以認識對面客體的左右方位比較困難。

幼兒辨別空間方位，必須經過以上兩個連續發展的階段，而且這兩個階段不能互相替代。因爲以自己爲中心的定向，尤其是辨別自己身體部位的方位是一切定向的基礎和前提。

幼兒辨別空間方位區域的擴展

幼兒辨別空間方位的區域是隨著他們年齡的增長而不斷擴展的。

三、四歲幼兒所理解的上下、前後和左右的區域十分有限，僅限於能直接感知到的範圍內。如自己身體的部位，靠近自己、離自己身體不太遠且正對著自己身體的物體。物體必須是處在正對著自己身體的上下、前後和左右的狹窄空間範圍之內，對於稍微偏離或傾斜的物體，幼兒就不能正確地辨別其方位了。例如，對於處在幼兒右前方30 度～45 度區域內的物體，幼兒說不出它的方位，既不認爲它是在右方，也不認爲是在前面，他們說「這不是在右邊，而是靠前邊一點」，或「這不是在前面，而是靠旁邊一點。」

五歲幼兒區分前後左右的區域範圍已經有所擴大，可以辨別離自己身體比較遠的和偏離上下、前後、左右方向物體的方位。這時他們辨別的空間方位，不僅是沿著某一方向的距離延長，而是某一方向區域的擴大，逐漸將方位理解爲一個連續的統一整體。

六歲幼兒已能將空間方位看成連續的整體，他們能把空間分成兩個區域，或者左和右，或者前和後。還能把其中的每一個區域分成兩個部分，例如：把前面這個區域分成前面的左邊和前面的右邊；把後面的這個區域分成後面的左邊和後面的右邊。如果分成左右兩個區域，則可分成左邊的前面和後面；右邊的前面和後面。對於處在右前方45度的物體，他們已能明確地說出「這是在前面偏右的地方」等。

第三節 認識空間方位的教學

教學目標

(一)小班

1.能區分並說出以自己為中心的上下方位：自己身體部位的上下位置和在自己的上面和下面物體的位置。

2.能認識並說出身邊物體的上下位置。

(二)中班

1.能區分並說出以自己為中心的前後方位：自己身體部位的前後位置和在自己的前面和後面物體的位置。

2.能區分並說出物體與物體之間的上下、前後位置關係。

3.學會按指定的方向移動，如向上、向下、向前、向後。

(三)大班

1.能區分並說出自己的左手和右手以及自己與物體的左右關係。

2.能辨別物體與物體之間的左右關係。

3.能向左或向右方向移動。

教學方法

㈠讓幼兒用感覺描述的方法，區分自己身體的上下、前後、左右部位，初步掌握有關方位的詞彙及涵義。

幼兒對空間方位的認識，是從對自己身體有關部位的認識開始。對自己身體有關部位的意識，直接的自我感覺是最有效的方法。在自我感覺的同時，配合語言的描述，使幼兒對空間方位的認識有了初步的理解。例如，指導小班幼兒認識上下時，先請幼兒想想自己身體的上面有什麼？下面有什麼？啓發幼兒搖搖頭、動動腳以取得對這些部位的感覺，然後再說出身體的上面有頭，下面有腳。將身體的部位與有關方位詞聯繫起來，使詞彙的獲得是經由直接感覺而來的，但其目的在於理解方位詞彙的涵義，而不是身體的部位，所以應著重「上面」和「下面」等詞彙的使用，還可改變問問題方式，反覆讓幼兒回答。如「頭在你身體的什麼地方？」「腳在你身體的什麼地方？」等問題。用同樣的方法，讓中班幼兒認識自己身體的前面是臉，後面是背；讓大班幼兒認識，拿碗的手是左手，拿筷子的手是右手等。

㈡讓幼兒用觀察、操作和遊戲等方法，認識自己和物體以及物體與物體之間的位置關係。

在幼兒認識了自己有關部位的方位之後，要進一步引導幼兒辨別自己與物體的方位關係，最後達到能正確判斷物體之間的方位關係。認識自己與物體以及物體與物體之間的方位關係，均可讓幼兒用觀察、操作以及遊戲等方法學習，必要時老師可作示範講解。

1.觀察法

可在活動室內讓幼兒觀察自己的上面有什麼？（天花板、燈）下面有什麼？（地板）前面有什麼？（如黑板等）後面有什麼？（如玩具架、牆壁等）你的左邊有什麼？（如窗戶等）右邊有什麼？（如門、櫃子等)。帶幼兒外出參觀或散步，要求幼兒觀察後，說出在自己的上面有天空、太陽、雲彩等，下面有地、小草、石子等，以及前後、左右、近處、遠處有什麼等等。還可以設置情境，讓幼兒觀察辨認，如請一位幼兒站到黑板和桌子之間，請小朋友說出他的前面和後面都有什麼，也可以用玩具前後排列起來，以辨別物體之間的前後方位。

2.**操作法**

幼兒運用操作法可以加強其空間方位的知識。例如：分給幼兒每人一件小玩具，在他們欣賞了自己的玩具之後，老師要求他們把玩具放在桌子上面、下面，放在椅子的上面、下面，每更換一次方位都要求部分幼兒輪流向大家說明「我把××(玩具)放在桌子的上面(下面)」等，以加強對方位的正確認識。又如在幼兒觀察了老師在桌子上面和下面擺放的各種玩具之後，請小朋友分別前來取一件自己喜愛的玩具，要幼兒說明是從桌子的上面還是下面拿的。也可以讓幼兒自己把玩具放在某個地方，並說明放置的方位。

3.**遊戲法**

運用遊戲練習對方位的認識，能引起幼兒很大的興趣。例如，「幫娃娃佈置房間」的遊戲，老師先擺好娃娃家的必要傢俱(牀、桌子、櫃子、椅子等)，然後問幼兒說：娃娃房間裡什麼也沒有，老師爲娃娃準備了許多東西，請大家幫助娃娃把東西放好，看應該放在什麼地方，再一邊出示玩具，一邊問幼兒「這是什麼？(被子)誰能告訴老師，被子應該放在什麼地方？(牀上面)」「這是什麼(鞋子)？應該放在什麼地方(牀下面)？」逐次地出現花瓶、茶杯等，也可以由老師先擺好玩具，讓幼兒說出應該放的方位。又如「捉迷藏」的遊戲，老師請部分幼兒先按音樂或琴聲自由走動拍手，音樂停止後每個人要找個地方躲起來，然後老師叫出幼兒名字，問他在哪裡，幼兒應說出他的方位，如「我在黑板後面，牆壁的前面」，「我在櫃子的右邊，門的後面」等等。還有一些口頭加動作的辨別方位遊戲，如「相反的遊戲」老師和幼兒或幼兒和幼兒之間說相反的方位詞和做出相反的動作，可加強幼兒對相對方位掌握的熟練程度。例如，老師說「上」，幼兒說「下」；老師說「前」，幼兒說「後」；老師說「左」，幼兒說「右」等等。開始只是口頭進行，繼而可配合手勢，加強幼兒詞彙與實際方向辨認的聯繫。類似的遊戲還有「摸耳朵」的遊戲，老師發出口令「用左手（右手）摸你的左（右）耳朵」，幼兒照此口令做動作，其中穿插著相反方向的命令「用你的右手（左手）摸你的左（右）耳朵」，這樣反覆交替進行，並逐漸加快速度，以訓練幼兒反應的敏捷性。

㈢用講解演示法，幫助幼兒理解空間方位中的困難問題。

在必要的時候，老師應向幼兒講解演示如何區分空間方位。幼兒在辨認對面客體的左右方位時，容易產生左右混淆的現象。對此，老師應做出必要的講解和演示，幫助幼兒正確地理解和辨認。老師應告訴幼兒，當小朋友們面對著老師的時候，左邊是窗戶，右邊是門，而轉個身背朝老師時，就變成左邊是門，右邊是窗戶了，左、右的位置和原先的相反了。老師應讓幼兒照此做一遍以體驗這個道理。更進一步地，在指導幼兒區分對面的物體與物體的左右方位時，老師可以面對幼兒依次排列著大象、娃娃和小熊三件玩具，然後問「大象在娃娃的左邊，還是右邊？」這個問題往往使幼兒難以解答，多數幼兒會從自身的左、右方向出發，作出錯誤的判斷，認爲大象在娃娃的左邊（如站在對面娃娃的立場，大象應在右邊）。對此，老師可進行講解演示，向幼兒說明如何判斷站在自己對面物體的左右方向。老師可先請一位小朋友（或老師自己）用左（右）手拿著大象，讓幼兒注意到這時小朋友是和大象同一方向，所以大象在左邊，然後讓示範的幼兒舉著大象轉身180度，面朝大家（即和娃娃同一方向），再請小朋友從自己的方向看看現在大象在哪一邊（右邊），如此，可說幼兒瞭解到，當小朋友站在到對面的方向時，左邊就成了右邊，右邊就成了左邊，進而理解到對面物體的左右方位，應和自己的左右方位相反的原則。

㈣配合幼兒日常生活及各種活動所進行的空間方位教學

幼兒空間方位的教學除必要的上課外，可在日常生活各種活動中進行。因爲幼兒日常生活的各種活動，隨時都需要幼兒對方位作出辨別。因此，從幼兒入學的第一天起，就應該配合各種活動，讓幼兒學習辨別方位。如排隊或散步時誰在前面，誰在後面；做早操時，手往上舉，蹲下來；吃飯時，請小朋友用左手拿碗，右手拿湯匙等。在音樂和體育活動中，也離不開向上向下，向前向後，向左向右等動作。老師要善於利用各種機會，藉由幼兒自身的活動，學習辨別方位。

㈤老師在指導幼兒用正確的詞彙來表達空間方位時，要明確地提出辨別方位的參照點。

例如：在小班認識「上、下」的教學中，老師在桌子的上面和下面放了許多玩具，請小朋友輪流前來自由選取一件喜愛的玩具。一位小朋友從桌子的下面抱走了一輛玩具汽車，老師問他：「××你的汽車是從哪兒拿的？」幼兒轉身用手一指說：「那兒」，又問「在什麼地方？」答：「在地下」。兩次問問題均沒得到老師所要求的正確答案，問題便是出現在未能提供方位的參照點。如果老師改問：「是從桌子的什麼地方拿的？」這時幼兒才正確的說出「從桌子下面拿的」。因此，老師在提出問題時，應準確地提供判斷空間方位的中心點。

思考與練習

1.舉例說明幼兒辨別空間方位的過程。

2.設計一份教大班幼兒以客體爲中心認識左右的活動計畫。

CHAPTER 10

幼兒對時間認識的發展及教學

第一節 關於時間的幾個基本概念及特徵

時間的概念

時間是物質運動變化過程的持續性和順序性。任何客觀物質，都要經過一個持續發展的過程。例如：物體從空中落到地面，人們從出生到死亡，這些物質運動過程的持續性，都是物質的時間屬性。

時間是連續量，是數學的研究對象。在人類文明發展史上，時間是較早地能被人們定量描述的概念。像太陽的東升西落，月亮的望朔圓缺，提供了精確而又簡便的度量時間方法。因此，時間成了具有統一標準的可測物理量，從早上、白天、中午、下午、晚上，到一天、一星期、一月、一年，表現了連續量的延續性，所以時間是一種可測的連續量，也屬於數學的範圍。

幼兒認識時間是屬於時間知覺問題，是客觀事物運動和變化的延續性和順序性在意識中的反映。教幼兒認識時間，感覺時間的存在，可以發展幼兒的時間知覺。可幫助幼兒建立時間概念，養成良好的生活習慣。幼兒對時間順序性、週期性等的理解，可加深幼兒對次序關係、整體與部分關係的認識，提高思考的層次。幼兒認識時間的教學也是幼兒數學教學中不可忽視的內容。

時間的特徵

㈠時間具有流動性和不可逆性

時間是一分一秒地過去，川流不息，不以人的意志轉移。今天過去了便不會再回來，即使是過去一秒鐘，人們再也感知不到同一個一秒鐘，只能在時間的流動中一秒連著一秒，一分連著一分鐘地感覺。所以，時間具有流動性、不可逆性。

㈡時間具有週期性

時間雖然是流動的，卻又有週期性，時間雖是一分一秒地流逝，但它是一秒復一秒，一天復一天的交替更迭。今天有早晨、中午、晚上，明天又有早晨、中午、晚上；今年有春、夏、秋、冬四季，明年又有春、夏、秋、冬四季……。時間就是這樣日復一日，年復一年的交替著向前流動。所以，時間具有週期性。

㈢時間沒有具體形象

時間不具有具體現象，它既看不見摸不著，也聞不到聽不見。所以人們總是藉由某種媒介來認識時間。這種媒介可以是自然界的週期性現象，如太陽的升落、晝夜的交替、季節的變化等，也可以是機體內部的一些有節奏的生理活動，如餓了、心跳的節奏以及有節奏的呼吸等等，還可以是測量時間的工具，如鐘錶、日曆等。藉由這些媒介，使時間成為可被人們測量和認識的對象。

表示時間概念的詞彙

1.表示時間次序（順序）的

像「先」、「後」、「同時」、「以前」、「以後」、「再」等。

2.表示時間單位的

像秒、分、時；早上、上午、中午、下午、白天、晚上；昨天、今天、明天；日、星期、月、年等。

3.表示動作時態的

像「正在」、「已經」、「將要」等。

4.表示不確定時間階段的

如「有一天」、「從前」、「有時」、「小時候」等。

5.表示速度的

像「快」、「慢」；「快點」、「慢點」。

對幼兒認識時間的教學，主要是要幼兒掌握一些表示時間單位和速度的詞彙及概念。

第二節 幼兒認識時間的特徵

幼兒認識時間的一般特徵

(一)幼兒掌握時間概念十分困難。因爲，幼兒言語中表示時間的詞彙出現得既晚又少。

再者，幼兒一開始並不是使用表示確定時間單位的詞彙，大多數使用表示時間順序和表示不確定時間階段的詞彙。如「先」、「然後」、「後來」(時間順序)，「有一天」、「有時候」、「小時候」(不確定時間階段)等。

而當幼兒使用時間單位詞彙時，卻不能確切地理解它們的涵義。例如：一位 4 歲的幼兒在表達自己上學的願望時，常會說：「我明天要上小學了」；可知他們在使用單位時間的詞彙時，並未眞正理解它們的涵義。

㈡幼兒認識時間，往往與具有具體形式的熟悉或感興趣的事件聯繫在一起。例如，幼兒理解到的早上，就是天亮了，太陽升起來了，小朋友起牀、洗臉，爸爸、媽媽送小朋友上學的時候；晚上就是天黑了，吃晚飯後看電視的時候；夏天是小朋友穿裙子、短褲和游泳的時候；星期日是爸爸媽媽不上班，小朋友不用上學，大家休息的日子等等。

幼兒認識時間的年齡發展特徵

一般而言，三至四歲幼兒能掌握一些初步的時間概念，能認識一天中的主要組成部分。如早晨、晚上、白天、黑夜。但這些時間概念的獲得，必須和他們熟悉的生活事件聯繫在一起。例如，他們能懂得白天是天亮的時候，小朋友在幼稚園上課玩遊戲，爸爸媽媽在工作，黑夜是天黑的時候，是小朋友看完電視睡覺的時候等。另外，小班幼兒在他們日常生活中有時會出現「今天」、「昨天」、「明天」等時間詞彙，但無法理解它們的涵義。常聽到小班幼兒們說，今天就是明天，明天就是後天等等。這種將「今天」、「明天」、「後天」混爲一談的情況，說明幼兒還不能理解較長時間單位的眞正涵義。

四歲左右至五歲左右幼兒已較能理解和運用「早晨」、「晚上」、「白天」、「黑夜」的詞彙，並且知道早晨、白天、晚上、黑夜是一天的四個部分，每天都有這四個部分。另外，他們還能較正確地確定間隔不長的時間單位。例如，能正確區別「今天」、「昨天」、「明天」，知道昨天是剛剛過去的一天，明天還沒到，今天過去了就是明天。

五歲左右至六歲左右的幼兒，開始可理解較長間隔的時間單位。例如：能認識一星期有7天以及每天的名稱。同時，能初步建立起時間更替（週期性）的觀念。可以知道一個星期是連續不斷、周而復始的。另一方面，他們還發展著對時間分化的精確性，能區分較小的時間單位。例如，學習認識時鐘，能學會看整點和半點等。

第三節 認識時間的教學

教學目標

(一)小班

能初步理解早晨、白天、晚上和黑夜的涵義，並能正確運用這些時間詞彙。

(二)中班

能理解昨天、今天和明天的涵義及其交替。理解快、慢、快些、慢些等時間詞彙的涵義。學會正確運用以上的時間詞彙。

(三)大班

1.能認識鐘錶及其用途。知道時針和分針的名稱、用途和運轉規律，學會看整點和半點。

2.學會看日曆，知道一星期有7天，7天的名稱及順序，能確定當天是星期幾，昨天是星期幾，明天是星期幾。

教學方法

教幼兒認識時間，主要在日常生活、遊戲等活動中進行，必要時可採用上課的形式。

不論對哪個年齡階級的幼兒，不論採用什麼活動形式，讓幼兒理解表示時間階段（單位）的時間詞彙時，均應將時間詞彙與幼兒日常生活中的活動、具體事件以及他們的生活經驗聯繫起來，使幼兒對時間的認識，建立在日常生活的具體活動經驗上。

(一)在日常生活中進行認識時間教學

1.藉由日常交談幫助幼兒認識時間。

在幼稚園的日常生活中，有許多時候可以與幼兒進行交談，促使其對時間的認識。如晨間、午飯前或散步以及等待進行某種活動的間隙等等，均可向全體、部分或個別幼兒進行交談。

如和小班幼兒進行認識一天的組成部分（早晨、白天、晚上、黑夜）的交談，老師應將一天的各個部分與幼兒的具體活動結合起來。經由提出問題，使幼兒具體地理解一天的組成部分。如「天亮了，小朋友起牀是什麼時候？」「什麼時候小朋友在幼稚園上課、玩遊戲？」「什麼時候小朋友和爸爸、媽媽回家？」「什麼時候大家都睡覺？」還可讓幼兒講述在早晨、白天、晚上、黑夜的時候，自己都做了什麼事情？爸爸、媽媽、爺爺、奶奶做了什麼？

幼兒認識一天的組成部分，可重點式地分別進行。例如：先認識早晨和晚上，再認識白天和黑夜。然後，老師應引導幼兒將早上、白天、晚上、黑夜聯繫起來，幫助幼兒認識到一天的四個組成部分是連續的，不可分割的，正確地理解「一天」的時間概念。

在日常生活中認識時間的交談，還可以結合幼兒看圖書進行。經由圖書上表示時間活動的畫面，讓幼兒辨別圖畫上所說的事是在什麼時間發生的。也可以讓幼兒收集帶有一天各段時間內容的畫片，進行觀察，確定時刻，並按時間排序，製成「我們的一天」畫冊，再由幼兒看畫冊來描述一天的生活。

在中班教幼兒理解晝夜的交替，認識昨天、今天和明天，也應結合幼兒生活經驗，特別是他們感興趣的、對他們有吸引力、印象較深的事情（已經做的、正在做的、沒有做的），提出問題，進行交談。例如，「昨天我們都上了什麼課（玩了什麼遊戲）？」或「昨天我們做了什麼事情？」「老師哪天帶你們去郊遊（昨天）」「什麼時候上音樂課？（今天）」「我們哪天要表演節目？（明天）」最後，結合晝夜交替的概念，進一步理解昨天、今天和明天的時間概念。如，讓幼兒知道，昨天就是指今天以前的那一天，明天就是指今天以後的那一天。昨天、今天和明天都是由早晨、白天、晚上和夜裡四個部分組成的。

2.藉日常活動加強幼兒對時間的認識

例如：在中、大班，可以結合擔任值日生和做氣象記錄的活動，提醒幼兒哪天（今天或明天）誰做值日生或記錄？今天是星期幾？並讓幼兒相互瞭解，每個人是哪一天做值日生（昨天、今天或明天、星期幾），以此加強幼兒對昨天、今天和明天及星期幾的認識，理解天與天的交替。

又如，節日活動和慶祝小朋友的生日活動，也是進行時間教學的好機會。幼兒為等待這些時日的到來，興致勃勃地做各種準備工作，計算即將到來的節日的天數，用明天、今天、昨天等時間詞彙，表示即將到來、現在和過去的節日的時間等。

(二)在遊戲活動中進行認識時間的教學

遊戲活動也是幼兒認識時間的主要途徑之一。在遊戲活動中，幼兒從遊戲活動的內容、活動的形式、扮演的角色中不斷地感覺時間，理解時間。例如，藉由玩「娃娃家」的遊戲。加強幼兒對早晨、白天、晚上和黑夜的認識（早晨娃娃起牀、穿衣服、洗臉、吃飯，白天帶娃娃玩，晚上讓娃娃看電視，帶娃娃看月亮、看星星，夜裡哄娃娃睡覺）。在體育活動遊戲中，藉由具體項目的比賽感覺時間的「快」和「慢」。還可以讓幼兒安靜地休息一會（閉上眼睛或伏在桌上），體驗 1 分鐘、2 分鐘、5 分鐘時間的長短。這種帶有遊戲性質的實際活動，可以發展幼兒的「時間感」。另外一些口頭認識時間的遊戲，如老師說「我在（　　）的時候上幼稚園」，幼兒要說出「我在早上的時候上幼兒園」等），「說出相反的時間詞彙」（如「早上」——「晚上」，「白天」——「黑夜」，「快」——「慢」等），均可加強對時間的認識。

(三)在上課中進行認識時間的教學

1.當幼兒經由日常生活、遊戲等活動，對某個時間概念有了初步認識，有了一定的具體經驗之後，可藉由數學課幫助幼兒整理和複習對時間的認識。例如，在小班可用表示一天各組成部分中活動的圖片（見下頁圖），觀察和討論圖片中的內容及情節，幫助幼兒加強對一天各組成部分及其連續性的認識。

2.可用數學課進行一些需經由專門教學才能使全體幼兒有比較清楚認識的時間概念，例如，大班認識時鐘，學會看整點和半點的數學課。首先要用鐘或鐘的模型配合幼兒的實際生活，然後和幼兒討論「鐘錶有什麼用處」，使幼兒知道鐘錶是告訴人們時間的工具。大人上班、小朋友上幼稚園和從事各種活動以及飛機、火車、公共汽車等的運行，都要靠鐘錶來告訴人們時間，小朋友學會看鐘錶，就知道自己什麼時候該做什麼事情。

然後，讓幼兒認識鐘面結構，先認識整點，再認識半點。在此，老師可利用幼兒對鐘錶已有的知識和經驗，以討論、講解演示以及幼兒操作等方法進行教學。以認識整點爲例，大致步驟如下：

⑴討論和講解鐘面上的 12 個時數，它們的排列順序方向（自右向左），時針（短針）和分針（長針）以及它們的功用。

⑵討論和演示時針和分針的運轉原則，教幼兒看整點和半點。先將時針和分針都指向 12 ，說明這是 12 點整，因爲時針和分針都指向 12 的位置。然後邊講邊演示，將分針撥動一圈，經過 1、2、3

……又走回到 12 的位置。再將時針從 12 撥到 1，告訴幼兒分針走一圈，時針走 1 個數字，就是過了 1 小時，現在的鐘面上是 1 點鐘。認識 2 點鐘、3 點鐘時，可請幼兒說出長、短針的指向位置，老師撥動指針，或請幼兒撥動指針，繼續認識整點。

(3)幼兒操作練習。發給每個幼兒一隻小的鐘面模型，讓幼兒按老師或小朋友說出的幾點鐘，在自己的鐘面模型上，將時針和分針撥到正確的位置。還可以讓幼兒自由撥動，然後告訴大家他的鐘現在是幾點，爲什麼？

不論是在老師教學還是幼兒自己操作練習時，每練習一次，老師應不斷地問幼兒：「爲什麼現在鐘面上是×點鐘了？」「現在分針指著多少？時針指著多少？」「從 1 點到 2 點，分針是怎麼走的？時針是怎麼走的？」以便使幼兒對整點有確切的理解，認識半點亦可使用上述方法。

教幼兒認識時間，還可透過各科教學來加強。如在語言課看圖說話、朗誦詩、講故事中可以增加幼兒的時間詞彙，加深幼兒對時間概念的理解。常識課中的認識四季及其交替變化，可以使幼兒感受到時間的流動性和連續性等。

思考與練習

1.時間的特點是什麼？

2.如何在日常生活中向幼兒進行認識時間的教育？

3.如何教幼兒認識整點和半點？

CHAPTER 11

幼兒數學教學課程與活動設計

第一節 幼兒數學的課程設計

欲達到幼兒數學教學的目標與預期的理想，首先需要有一個完善的課程與活動設計。然而，我國中小學均有統一的教科書，唯獨幼兒階段的課程，均需由老師自行設計，安排合宜的情境，供幼兒探索學習。因此，本文先介紹在設計幼兒的數學課程時，所依據的幾項原則，然後依此原則編擬出一套可行的數學教學活動設計，供幼稚園老師參考。

幼兒數學課程設計的原則

在設計幼兒數學的課程時，應把握那些原則呢？以下歸納幾點說明之：

(一)課程的設計必須要符合幼兒的個別差異

有些數學活動只適合在大班進行，有些卻只適合於小班。老師在設計活動課程時，應注意配合幼兒的身心發展、年齡、興趣、需要和能力。如果所設計的活動超出了某年齡班的數學程度，便會使小朋友感到挫折；相反的，若低估了幼兒的程度，也會令他們厭煩的。

(二)課程內容方面應配合幼兒的實際日常生活

最好從幼兒日常生活中所接觸到的人、事、物取材，也配合時令、季節和特殊活動。所取材的教具也應儘量以實物來代替圖片、照片或模型，比較能使幼兒得到實際操作的經驗。此外，老師在進行數學活動時應能動、靜配合，相互交叉配合進行，以引起幼兒的學習動機，讓他們覺得有新鮮感，維持小朋友學習數學的興趣。

㈢適合採用單元或活動主體為課程設計的單位

「單元」是以一個生活上重要的問題為中心。通常是以性質相近、目標一致的材料、內容或經驗為單元範圍。由於幼兒時期的身心發展呈未分化的狀態，對於自我及外在世界尚未分化，他們對於事物的看法是整體性的。因此在從事幼兒教學時，並不適合用分科的學科教學，而適合採用單元或以活動為主體的課程設計。

通常單元有大小之分，年齡愈大、經驗愈豐富，理解統整能力愈佳者適合採用大單元教學，而中、小班的幼兒，由於經驗有限、理解能力較差，因此單元的選擇就不宜太廣泛，也不宜太精細。實施單元教學時，除依幼兒的能力、興趣、需要，也可配合社區活動、幼稚園裡的設備，及節令，來選擇合宜的單元活動。

㈣課程設計應以遊戲化的形式出現（游淑燕，民84）

幼兒除了睡眠之外，大部分時間都是在遊戲。遊戲可說是幼兒的生活，也是他們學習的方式。而我們又幾乎是生活在一個充滿數字的世界裡，數學可說是無所不在的。所以，幼兒在日常生活之中「玩」數學與體驗數學，是最自然不過的，也最能激起幼兒對數學的興趣。

因此，老師在設計數學課程時，除了應符合幼兒遊戲的本質—自由性、自發性、興趣性、探索性、創造性外，更須注意幼兒遊戲的形式，而幼兒遊戲的形式不外乎有下列數種：

1.故事的形式

幼兒都喜歡聽故事，老師可以將幼兒要學習的主題內容，編成故事，讓幼兒在聆聽故事的過程之中，學習數學。

2.角色、戲劇扮演的形式

戲劇扮演活動在幼兒數學教學上的價值，早已受到教育界人士的肯定。老師將數學教學活動設計成鮮活有趣的戲劇，一來不但豐富了老師的教學技巧，二來這種情感教育的體驗也將成為幼兒心靈的糧食，可以豐富幼兒的感官經驗。

3.歌唱、韻律的形式

幼兒天生好動，喜歡唱歌及有節奏性的活動。歌唱、韻律的遊戲可以培養幼兒利用大小肌肉與手眼、手腳的協調。最重要的是可以使數學教學更為生動，以激發幼兒遊戲及學習的動機。

㈤採用啓發式的課程設計（林朝鳳，民77）

我國過去傳統的教學，大部分是以團體活動為主，傾向注入式、灌輸式的教學法。此種教學法並無法使幼兒獲得親身的體驗和實際的經驗，久而久之便可能抹殺了幼兒潛能的發展。因此，老師不宜再以傳統的方式教學，應想辦法突破，採用啓發式的教學設計。所謂「啓發式」的課程設計，係以幼兒的經驗能力為基礎，啓發其興趣、思想和能力，以期產生積極的學習活動，而避免幼兒被動地消極接受老師的注入和傳授。

在電子計算機盛行的社會裡，只要輕按數鍵，再複雜的數字驗算立即有答案。訓練幼兒成為數學運算專家，實在無多大的意義。因此，這種啓發式的課程設計實有積極的必要性。以下即提出幾項啓發式的課程設計方式：

1.分級活動

分組教學是角落活動的一個跳板，能做好自由選組的活動設計，便很容易踏進另一開放的活動設計。這種活動設計可增進幼兒社會行為的發展，養成互助合作、分享、獨立自主的社會性，同時可助長同儕教學的效果，增進幼兒社會、智能和情緒的發展。

2.數學角的設計

老師可依幼兒的年齡、生活與經驗、興趣及需要，而在教室佈置一些好玩的角落，如積木角、娃娃角等，供幼兒自由選角，使幼兒在充滿趣味性的數學角中，增進幼兒的數學能力。老師則是從旁給予幼兒個別的指導，以引發幼兒在學習數學時，發現問題，並進而學習主動解決問題。

總之，課程必須以幼兒的直接經驗和實際生活爲基礎，配合幼兒的能力、興趣需要，以設計能適應幼兒身心發展需要的課程，謀求幼兒全人格的均衡發展。

幼兒數學教學課程計畫

一般幼稚園在開學之前，老師們大多會集合討論，把一學期的活動計畫擬出來。這個活動計畫可以說是學期的教學進度表，它可以幫助老師在一定的時間內，充分地掌握所要教授的數學教材內容。以下所列者，即是幼稚園裡各年齡班在一學期中，每周預定的數學教學計劃，一周以進行兩節數學活動爲原則：

附件一　各年齡班數學教學計畫實例

小班數學教學計畫

一、情況分析（略）

二、全年數學教學大綱內容。詳見第二章第二節的各年齡班數學教學內容簡表中的小班部分

三、第二學期周進度表

周	內容	周	內容
1	從一堆物體中根據範例和口頭教學分出一組物體	9	複習對應和比較兩組物體多、少、一樣多
2	比較大小並按大小分類	10	手口一致點數3以內物體並感知數的形成
3	區分並說出1和許多並理解它們的關系	11	區別上下方位
4	認識圓形、三角形能按名稱取物並說出名稱和分類	12	點數4以內物體和感知數的形成，並會按數取物
5	按物體的大小進行3個大小不同物體的正排序	13	認識正方形能按名稱取物並說出名稱，從環境中取出相似物體
6	比較長短、分類和3個不同長短物體的正排序	14	複習圖形，說出名稱、分類和從周圍環境中取出相似物體

周	內容	周	內容
7	學習對應和比較兩組物體多、少、一樣多	15	複習點數4以內物體
8	比較高矮、分類和3個高矮物體的排序	16	認識早晨、晚上、黑夜（一般結合日常生活認識，上課只是明確的加強概念）

註：小班上學期不進行數學課，老師應結合其他教學活動、日常生活、遊戲、散步等進行數學教學，將大綱內容融入其中。

（安桂香提供）

中班第一學期數學教學計畫

一、情況分析（略）

二、全年數學教學大綱內容。（詳見第二章第二節各年齡班數學教學內容簡表的中班部分）

三、第一學期大綱內容

1.按物體的某一特徵（長短、高矮、粗細、厚薄）分類。

2.按物體的數量分類。

3.正確點數 6 以內物體。

4.理解 6 以內相鄰兩數的多「1」和少「1」關係。

5.認讀 6 以內阿拉伯數字。

6.比較粗細、厚薄不同的兩個物體。

7.從幾個物體中找出等量的物體。

8.按物體量（長短、粗細或厚薄）的差異和數量的不同進行5以內正逆排序。

9.認識長方形。

10.以自身爲中心區分前後方位。

11.以客體爲中心區分前後方位。

12.能按平面圖形角和邊的數量正確辨認不同大小、顏色和擺放位置的圖形。

四、周進度表

周	內　　容	
	第一節	第二節
1	學習3以內數的形成並點數	複習3以內數的形成和點數
2	複習長短、高矮並分類	學習4的形成並點數4以內物體
3	區分自身前後及前面、後面	複習4的形成及點數4以內物體
4	以客體爲中心區分前、後	學習5的形成及點數5以內物體
5	認識圓形、三角形基本特徵並分類（邊、角數量）	複習5的形成及點數5以內的物體
6	認識正方形基本特徵及其與三角形的不同並分類	用5以內數學習添上1是一個新的數，去掉1還是原來的數（如1個添上1個是2個，2個去掉1個是1個）
7	比較粗細並分類	比較1、2兩數關係，認讀數字1和2
8	按小朋友高矮（5人一組）進行5以內正逆排序	比較2、3兩數關係，複習數字1和2，認讀數字3
9	按物體數量（5以內）進行正逆排序	比較3、4兩數關係，複習數字3，認讀4
10	比較厚薄並分類	比較4、5兩數關係，複習數字4，認讀5
11	按粗細、厚薄進行5以內正逆排序	複習5以內兩數關係，複習數字1～5
12	在與正方形比較的基礎上認識長方形和基本特徵並分類	學習6的形成並點數6以內物體，認讀數字6
13	複習長方形。排除顏色干擾按認識的圖形分類	複習6的形成、點數和認讀數字6

周	內容	
	第一節	第二節
14	圖形保留（圓形、三角形），排除大小、顏色和擺放位置的影響，按圖形基本特徵區分圖形	比較5、6兩數關係，複習數字5、6
15	複習長短、高矮、粗細、厚薄、分類及5以內正逆排序	複習6以內兩數關係，複習數字1～6
16	複習已認識的幾何圖形的名稱、基本特徵和保留	複習6以內點數、兩數關係和數字1～6

註：學期初一般都有1～2周的預備周以及固定假日等，不能正常進行教學活動，所以表中只列16周活動內容。標明的周次與實際教學周次可能不符，可依次順延。（以下周進度表類同）

（安桂香提供）

中班第二學期數學教學計畫

一、情況分析。（略）

二、第二學期大綱內容

1.按物體某一特徵分類。

2.正確點數 7～10 以內物體。

3.理解 10 以內相鄰兩數多 1 少 1 關係。

4.認識 10 以內序數。

5.認讀數字 7～10。

6.認識 10 以內數的保留。

7.比較寬窄、輕重不同的兩個物體。

8.認識橢圓形、梯形。

9.初步理解平面圖形間簡單關係。

10.認識昨天、今天、明天。

三、周進度表

	內容	
	第一節	第二節
1	複習已認識的幾何圖形並分類	複習點數6以內物體和複習6以內相鄰兩數關係和數字1～6
2	複習長短、高矮及5以內正逆排序	學習5以內數字保留
3	認識數目7，點數7以內物體	比較6、7兩數關係，認讀數字7
4	複習形保留	複習點數7以內物體，6、7兩數關係及數字7
5	認識數目8，點數8以內物體	比較7、8兩數關係，認讀數字8
6	認識圖形之間簡單關係（大正方形可分成2個長方形或三角形等）	複習點數8以內的物體，7、8兩數關係和數字8
7	認識橢圓形	學習6～8的數的保留
8	比較粗細、厚薄，進行5以內正逆排序	認識數目9，點數9以內物體
9	認識梯形	比較8、9兩數關係，認讀數字9
10	複習梯形及圖形拼搭	複習9以內數數，8、9兩數關係和數字9
11	認識數目10，點數10以內物體，認讀數字10	理解9、10兩數關係，複習數字10
12	比較輕重，並學習從幾個外形、大小相同重量不同的物體（如瓶內裝不等量的沙子）中排出等重的兩個物體	學習10的保留，複習9以內數的保留
13	複習輕重、粗細、厚薄	學習5以內序數
14	複習5以內序數，學習從不同方向數數5以內序數	學習10以內序數
15	認識昨天、今天、明天	複習10以內序數，複習從不同方向數數10以內序數
16	複習圖形和拼搭	複習10以內數數、兩數關係、數的保留和序數

（安桂香提供）

大班第一學期數學教學計畫

一、情況分析（略）

二、全年數學教學大綱內容。詳見第二章第二節的各年齡班數學教學內容簡表中的大班部分

三、第一學期大綱內容

1.按物體的兩個特徵分類和自由分類。

2.在分類過程中初步理解母類與子類、整體與部分的關係。

3.學習倒數、按數和按羣數數。

4.認識三個相鄰數的關係及10以內自然數列的等差關係。

5.正確書寫5以內阿拉伯數字。

6.學習解答和自編簡單的（求和、求剩餘）口述應用題。

7.學習5以內數的組成，理解總數與部分數的等量、互補和互換關係。

8.學習用數的組成知識進行5以內加減運算。

9.按規律排序和自由排序以及按物體量的差異和不同的數量進行10以內的正逆排序，並初步理解序列之間的傳遞性和雙重性關係。

10.進一步理解平面圖形之間的關係。

11.以自身爲中心辨別左右。

12.學會看日曆，知道一星期7天的名稱和順序。

三、周進度表

周	內容	
	第一節	第二節
1	按物體的兩個特徵分類	學習倒數、接數
2	學習按規律排序和自由排序	自由分類初步理解母類與分類的包含關係
3	認識寬、窄，初步理解量的相對性	認識3以內三個相鄰數的關係
4	認識5以內三個相鄰數的關係，學習書寫數字1	複習5以內三個相鄰數關係，正確書寫數字1
5	10根不同長度小棍子的正、逆排序，初步理解序列的傳遞性的雙重性關係	認識6～10的三個相鄰數的關係、書寫數字2
6	複習10以內相鄰三個數的關係及10以內自然數列等差關係，正確書寫數字2	學習按數羣（2和5）數數，學習書寫數字3
7	用8個三角形拼搭正方形、長方形及梯形，進一步理解平面圖形之間關係	學習2和3的自編描述性簡單加法口述應用題，正確書寫數字3
8	複習2和3的自編描述性簡單減法口述應用題	學習自編4以內模仿性加法口述應用題
9	學習圓形、正方形和長方形的二等分，理解整體與部分的關係	學習自編4以內模仿性減法口述應用題，書寫數字4
10	學習圓形、正方形及長方形的四等分，理解整體和部分關係	用4以內數學習加減涵義，認識加減符號及算式
11	學習2和3的組成和加減，初步學習總數與部分數的等量和互換關係	複習3的組成和加減；複習等量關係和互換關係，正確書寫4
12	圖形的分割和拼搭，理解圖形之間整體與部分關係	學習4的組成，初步理解總數與部分數的互補關係
13	學習4的加減，複習4的組成和互補關係，書寫數字5	複習4的組成和加減，理解等量、互補和互換關係，正確書寫5
14	以自身爲中心區分左右	按互補規律，推理學習5的組成
15	學習5的加減，複習推理5的組成	學習5的加減，複習5的組成
16	學會看一星期的日曆	複習5的組成和加減

註：在第 10 周開始學習 2 和 3 的組成和加減，以至以後 10 以內各數的

組成與加減相聯繫的學習中，均強調用解答和自編口述應用題和用應用題組成、加減聯繫及轉換的方法。因文字數量受表格的限制，表中未能予以說明。

（安桂香提供）

大班第二學期數學教學計畫

一、情況分析（略）

二、第二學期數學教學大綱內容

1.進一步在分類過程中理解母類與子類、整體與部分的關係。

2.繼續學習按數和按羣算數。

3.正確書寫 6～10 阿拉伯數字。

4.學習 6～10 數的組成，複習等量、互補和互換關係。

5.學習用數的組成知識進行 6～10 加減運算。

6.認識寬窄，初步理解量的相對性。

7.初步學習量的保留。

8.自然測量。

9.認識球體、正方體、圓柱體和長方體。

10.區分平面圖形和立體圖形的不同。

11.以客體爲中心區分左右。

12.認識時鐘，學會看整點、半點。

三、周進度表

周	內容	
	第一節	第二節
1	複習按數（正、倒）和按羣數數	兩個特徵分類，進一步理解類與子類關係
2	按規律排序（推理訓練）	複習5以內數的組成、書寫數字1～5
3	複習5以內數的組成和加減書寫數字6	學習6的組成正確、書寫數字6
4	學習6的組成和加減	複習6的組成和加減、書寫數字7
5	學習7的組成、正確書寫數字7	複習7的組成、學習7的加減
6	以客體爲中心區分左右、書寫數字8	複習7的組成和加減、正確書寫數字8
7	認識整點	學習8的組成、書寫數字9
8	認識半點	學習8的組成和加減
9	認識球體，初步區分平面圖形與立體圖形的不同	複習8的組成和加減、正確書寫數字9
10	認識圓柱體及複習平面圖形與立體圖形的不同	學習9的組成
11	認識正方體	學習9的組成和加減
12	認識長方體	複習9的組成和加減
13	學習長度保留	學習10的組成
14	學習長度的自然測量，初步理解測量工具的長短與測量結果（量數）的函數關係	學習10的組成和加減
15	學習體積、容積保留	複習10的組成和加減
16	複習10以內數的組成	複習10以內數的加減

（安桂香提供）

第二節

幼兒數學教學的活動設計

幼稚園裡的數學教學活動的方式，大致可分為下列幾種（盧素碧，民73年）：

團體活動

幼稚園裡的團體活動，包括全部或大多數幼兒的活動。用這種方式來進行數學教學可以培養幼兒團隊的精神、分工合作，並增進幼兒之間的人際關係。在進行這種團體活動之前或活動進行完之後，老師都應和幼兒們討論，並讓幼兒都有發表的機會。訓練幼兒在別人說話時，不可以插嘴，想報告之前要先舉手。如遇到老師不會的問題時，便要輔導幼兒共同去尋找答案，如「回家問爸爸媽媽」或「到圖書館去查書」之後，再來討論報告的結果。

老師在進行團體的數學教學活動時，老師的問話技巧十分重要。老師所問的問題要能引起幼兒的思考、想像、聯想等。

分組活動

倘若幼稚園裡的活動室空間太小，而幼兒人數過多時，在此種情況之下，老師可以以變通的方式，採取分組的活動方式。其優點可以是可以讓幼兒依自己的興趣自由選組，讓幼兒有實際操作、觀察的機會，豐富其生活經驗。對老師而言，也較能容易瞭解幼兒學習數學時的個別差異，以便於做個別輔導。

在進行活動的分組設計時，爲了避免許多不必要的紛亂，有幾項原則必須特別注意：

㈠在分組之前，老師必須先訓練幼兒一些基本常規，如玩具的使用方法、玩具的分類及收拾的方法。老師應在事先告知幼兒在遊戲時，必須遵守的事項，清楚說明完之後，再進行教學活動。

㈡如果一班只有一個老師時，設計分組活動的組數就要依照小朋友的數學能力及老師自己的能力來設計。老師在指導幼兒學習時，可用巡視的方式來進行，而將較多的時間停留在特別需要指導的組別上。

自由的活動

在幼稚園裡，自由活動是指老師安排正式活動以外的時間，由幼兒自由選擇自己喜愛的活動。通常幼兒的年齡愈小，自由活動的時間就要愈多，因爲他們的羣性發展，大部分仍然停留在獨自遊玩和自我中心的階段。因此，教學活動的設計較適合採用自由的型態。老師可以在活動室裡安排一些數學角，讓幼兒自由自在地在其中遊戲、學習。這種自由的活動，嚴格說來並非一種教學的活動，但是這種方式可以讓幼兒有機會去接觸他們自己喜愛的事物，滿足幼兒遊戲的慾望，並發洩他們的情緒，亦能培養幼兒遊戲的態度以及獨立自主的積極性格。因此，老師在從事課程、活動設計時仍然不可忽略。

值得注意的是，老師所提供的玩具和幼兒參與的人數要相互配合，才不會引起小朋友間吵架、打架的現象。另外，自由活動的先決條件是要有豐富且充滿挑戰性的學習活動，故非常重視學習環境的規劃、佈置。老師在這過程中，乃是一個觀察者、啓發者，必須時時注意幼兒的學習狀況，在適當的時機上，給予幼兒隨機或個別的指導。

個別教學

老師在教導幼兒學習某種特殊的數學概念或技巧時，也常會使用一對一的教學活動。這種教學活動的好處，是讓老師可以集中注意在幼兒的整體學習過程及情緒上。通常當老師經由觀察記錄資料時，發現幼兒有個別指導學習的必要時，就可以利用這種方式來教學。其方式可能是針對數學能力高者或學習遲緩者，這是經過計畫的個別教學活動。另一種隨機式的個別教學，則是發生在上述自由活動的情境之中，亦即當幼兒在日常生活之中碰到困難或任何疑難雜症時，老師就給予符合其需求的個別指導。

總之，上述的各種教學活動，老師均可依各數學單元課程的需要，選擇適當的方式加以運用，老師無須太拘泥其特別的形式。

第三節 幼兒數學教學活動設計示例

在設計每一位幼兒的活動課程時，老師在課前都必須要先做以下完善的準備（張翠娥，民70年）：

知識方面

老師應收集和教學內容有關的資訊。

技能方面

例如，老師應想好兒歌、韻律的旋律，或事先熟悉故事的內容以及遊戲如何進行。

步驟方面

老師事先應將整個的教學步驟詳加分析一次，以充分掌握實際的過程。

材料方面

教學活動中所需要的各種工具及材料，也都應在教學活動前做充分的準備。

有了完善的準備之後，老師就可以實際進行數學的教學活動了。以下提供數個實際教學活動的課程設計，讀者可以依照幼兒的年齡、特質與教室的特殊環境，將活動的實例加以適當的改編，以符合需要。

附件二　各年齡班數學課活動設計實例

以下列舉若干個較詳細的數學課活動設計，供制訂數學課計畫參考。

小　班

實例一

名稱

遊戲「我和娃娃在一起」

目的

學習用重疊對應的方法，比較兩種物體的多少、一樣多。

準備

1.玩具娃娃 4 個，椅子 4 把，娃娃用的帽子 3 頂，紅花 2 朵。

2.每人一個小盒，內裝紅圓片 5 個，綠圓片 3 個。

步驟

1.老師出示 4 個娃娃和 4 把椅子，請個別幼兒讓每個娃娃坐一把椅子，要求幼兒回答：娃娃和椅子比，是一樣多還是不一樣多？爲什麼？（幼兒能說出她們都有椅子坐等的意思就可以，不必要求說出都是 4 個的數目要求，因小班比物體多少的目的在於學習對應，感知數量，爲學習數數、認數做準備）。最後老師應強調：娃娃和椅子比是一樣多，因爲 1 個娃娃都有 1 把椅子坐。

2.老師又出示 3 頂帽子，請個別幼兒把帽子戴在娃娃上，回答：娃娃和帽子比不一樣多，還是一樣多？哪個多，哪個少？爲什麼？最後老師應強調：娃娃和帽子比它們不一樣多，娃娃多，帽子少，因爲還有娃娃沒有帽子載。

3.老師再出示 2 朵紅花，請幼兒回答：娃娃和紅花比不一樣多，還是一樣多？哪個多，哪個少？爲什麼？最後強調的問題同上。

4.讓全體幼兒各自從盒中先取出紅圓片從左至右擺成一排，再把綠圓片放在紅圓片上面，1 個紅圓片上面放 1 個綠圓片。然後回答：紅圓片和綠圓片比是不一樣多，還是一樣多？哪個多，哪個少？爲什麼？

（據南開大學幼兒園教材改編）

實例二

名稱

遊戲「你的上面有什麼？你的下面有什麼？」

目的

區別上、下

準備

幼兒用的帽子、蝴蝶結、髮夾、頭巾各若干，積木、磚頭、紙、塑膠布等各若干。

步驟

1.要求幼兒說出自己身體上面長著什麼？（頭、頭髮）身體下面長著什麼？（腿、腳）

2.請出幼兒若干名，分別戴上帽子，要求每人回答：你頭上有什麼東西？同樣方法再用戴蝴蝶、髮夾、頭巾。

3.請出若干名幼兒，分別站在積木上，要求幼兒說出自己腳下面有什麼東西？同樣方法再用磚頭、紙、塑膠布等物體進行。

4.讓幼兒分別坐在椅子上和躲在桌子下面，回答：你坐在椅子的什麼地方？你躲在桌子的什麼地方等問題。

活動延伸

1.在散步時，讓幼兒注意觀察上面和下面，能說出天上有雲彩、太陽，上面有樹枝、樹葉，下面有路、小草、野花、小石子等。

2.室內遊戲時，有意讓部分或個別幼兒觀察並說出玩具櫃等上面有什麼，娃娃家的桌子上、牀上或牀下有什麼。

（據南開幼兒園教材改編）

實例三

名稱

認識數目2

目的

1.學習手口一致點數 2 個物體，並感知 2 的形成。

2.培養幼兒思維的敏捷性。

準備

玩具小雞 2 隻，紅花 2 朵，娃娃 2 個；風車每人一個（紅、黃風車各半）。

步驟

1.老師學雞叫後提問題：小朋友你們聽到什麼在叫？（小雞）一邊出示 1 隻小雞，一邊提問：這裡有什麼？（小雞）幾隻小雞？（ 1 隻小雞）再拿出 1 隻並問：又來了什麼？（小雞）又來了幾隻小雞？（ 1 隻小雞）現在一共有幾隻小雞？（ 2 隻小雞）怎麼知道是 2 隻小雞？（原來有 1 隻，又來了 1 隻就是 2 隻小雞）然後帶領全體幼兒一起用右手食指點 1 、 2 ，一共是 2 隻小雞。再分別請幾位小朋友輪流進行點數後說出總數。

2.老師出示 1 朵紅花，問：花園裡的花開了，先開了幾朵花？再拿出 1 朵紅花，又說：後來又開了 1 朵紅花，現在一共開了幾朵花？

（2朵花）你們怎麼知道是2朵紅花呢？（原來開了1朵，後來又開1朵，一共開了2朵紅花）讓我們一起來數數看是不是2朵花。幼兒點數後，老師再問：你們數過了，那麼一共開了幾朵花呢？輪流請若干名幼兒分別點數後說出總數。

3.老師連續出示娃娃，提問：1位小朋友到草地上玩，又來了1位，我們來數數看一共有幾位小朋友在草地上玩？再發給每位娃娃1隻風車，問：他們每人拿著1隻風車，一共有幾隻風車？每一步驟都可請些幼兒作個別點數後說出一共有幾個娃娃和幾隻風車。

4.風車遊戲。發給幼兒每人1隻風車，到戶外遊戲。老師口令：「紅的風車轉」，「黃的風車轉」，「兩隻紅的風車一起轉」，「兩隻黃的風車一起轉」，「一隻紅的和一隻黃的風車一起轉」，幼兒根據口令找到同學成對地跑動。

（根據南京長江機器製造廠托兒所教案改編）

中　班

實例一

名稱

認識兩數相鄰關係

目的

1.加強正確數數方法，複習5的形成，學習5與4的兩數相鄰關係。

2.培養幼兒思維的靈活性。

準備

1.每位幼兒各有一盒子，裡面裝著兩種實物（如塑膠片和汽水瓶蓋各10個）。

2.絨布教具 5 隻小白兔，5 個蘿蔔。

步驟

1.**複習點數數目** 5

⑴老師貼出 5 隻小白兔絨布教具，問：這是什麼？（小白兔）一共有幾隻小白兔？（5 隻）讓我們一起數一數，看看是不是 5 隻小白兔？師生一起用點數，數到最後老師用手指圍著小白兔畫個圓圈，並說一共是 5 隻小白兔。

⑵在每隻小白兔下面貼著 1 個蘿蔔，問：這是什麼？有幾個蘿蔔？是小白兔多還是蘿蔔多？（一樣多）爲什麼是一樣多？（它們都是 5 個）請一兩位小朋友上前數數看小白兔和蘿蔔是不是一樣多？

⑶讓幼兒伸出拿湯匙的 1 隻手，讓他們各自數一下這隻手有幾個手指頭，再數另隻手有幾個手指，比一比兩隻手指一樣多還是不一樣多，每隻手都有幾個手指。請幾位小朋友輪流回答：這隻手有 5 個手指，另外一隻手也有 5 個手指，它們都有 5 個，是一樣多。

2.**比較** 4 **和** 5

⑴單排物體比較 4 和 5

①先要求幼兒各自擺出 4 個瓶蓋，點數後說出總數。

②讓幼兒再添上 1 個瓶蓋，點數後說出總數。再要求幼兒回答：4 個瓶蓋加上 1 個是幾個？（4 個加上 1 個是 5 個）5 個比 4 個多幾個？（5 個比 4 個多 1 個）集體和個別作答。

③讓幼兒用右手掌扣在 1 個瓶蓋上，回答：5 個瓶蓋扣掉 1 個剩幾個？（5 個扣掉 1 個是 4 個）4 個比 5 個少幾個？（4 個比 5 個少 1 個）集體和個別作答。

④讓幼兒自己再練習兩遍加上 1 個和扣掉 1 個的操作和回答。

⑵兩排物體比較 4 和 5

①觀察比較。老師在絨布板上貼出 4 個紅圓片，問：這是幾個紅圓

片？再在下面一排貼出 5 個綠圓片（與紅圓片 1 個對 1 個），問：有幾個綠圓片？再讓幼兒比較兩排物體哪個多，多幾個？哪個少，少幾個？並要求幼兒連續地說出：4 個塑膠片，5 個瓶蓋，5 個多，4 個少，5 個比 4 個多 1 個，4 個比 5 個少 1 個。

②操作比較。請幼兒先從盒裡取出 4 個塑膠片排成橫排，再取出 5 個瓶蓋擺在第二排，和塑膠片 1 個對 1 個地放好，讓幼兒比較兩排物體並回答問題同上。

⑶口頭變換提問比較 4 和 5

如幾添上 1 是 5 ？ 1 添上幾是 5 ？ 5 是怎麼來的？ 5 比 4 多幾？比 4 多 1 的是幾？ 4 比 5 是多還是少？ 4 比 5 少多少？比 5 少 1 的是幾？培養幼兒思維的靈活性和敏捷性。

實例二

名稱

圖形保留

目的

複習三角形名稱及特徵（三條邊和三個角），知道不論大小、顏色有什麼不同，只要有三條邊和三個角都是三角形（形保留）。能從周圍的環境中找出與三角形相似的物品，培養靈活運用知識的能力。

準備

1.幾何圖形學具（內裝不同顏色、大小的三角形和圓形各若干）和彩色鉛筆每人各 1 盒，練習紙每人 1 張。

2.老師用三角形圖 1 張（參見圖一）。

3.老師盡可能在環境中佈置著三角形物品，如三角錦旗、彩旗、三角形的畫等。彩色粉筆若干，黑板一塊。

步驟

1.**複習三角形**

⑴操作感知。老師在黑板上畫1個三角形。問：這是什麼圖形？如果幼兒答不出，老師先不要告知三角形名稱，應讓幼兒透過以下操作感覺自己得出經驗。如果有人能說出三角形名稱，老師應再問：爲什麼叫它三角形呢？接著讓幼兒從自己的學具盒中取出1個和黑板上一樣的圖形，請他們仔細看看，並用手指撫摸它的面和四周邊緣，想想它是什麼樣。

⑵討論。請幾位幼兒分別描述自己看和摸後的感受。根據幼兒的回答，老師視情況提出以下問題：（老師手指沿1條邊描畫）這是什麼？（必要時老師可告之這叫邊），再指1個角問：這是什麼？（三角形）有幾條邊？幾個角？請幾位小朋友分別指出並數給大家聽。

⑶小結。幼兒充分發表意見後老師說：「這叫三角形，爲什麼叫它三角形呢？因爲它有三條邊、三個角。」

2.**它們都是三角形**。

⑴挑出三角形

①操作。請幼兒從自己的小盒裡把三角形都找出來。

②討論。這些圖形都叫什麼名字？爲什麼它們的顏色、大小、樣子都不一樣，都叫三角形？（可提示幼兒，看看它們的角，再看看它們的邊是不是一樣多）是不是三角形和顏色有沒有關係？和大小有沒有關係？和三角形的擺放方法有沒有關係？

③小結。經討論讓幼兒認識到是不是三角形和顏色、大小和怎麼擺都沒有關係，只要有三條邊、三個角都叫三角形。

⑵看看它們都是什麼圖形

①老師出示三角形圖或在黑板上用彩色粉筆畫出各種不同顏色和形狀的三角形（參見圖一）。

②提問題。老師說：我在黑板上畫了許多圖形，你們說一說它是什麼

形狀？（三角形）爲什麼叫三角形？這些圖形的顏色、大小和樣子都不一樣，爲什麼都叫三角形呢？

③小結，同上。

3.**複習**

㈠尋找。讓幼兒找一找活動室內哪些東西像三角形，再說一說家裡什麼東西像三角形，建議回家後尋找。

㈡畫三角形。

讓幼兒在紙上畫出各種大小的三角形，最好再用彩色筆塗上各種顏色，然後輪流請幾位小朋友上前，讓他向大家展示自己的作品，並說明：畫的是什麼圖形？三角形有幾隻角、幾條邊？一共畫了幾個？爲什麼不一樣大小、不一樣顏色的都叫三角形？

建議

自由活動時間可使用小幾何圖形卡片作自由拼圖遊戲。

實例三

名稱

複習10以內數

目的

通過不同角度的分類，強調對10以內數實際意義的理解，並在靈活動用知識過程中激發幼兒思考的積極性和從各種角度思考問題的初步能力。

準備

圖畫一張（見下圖）。

步驟

1.**分類與數**

(1)引導觀察。老師出示圖畫讓幼兒仔細觀察，要求思考：圖上畫得是什麼？一共有多少朵花？它們一不一樣？什麼地方一樣？什麼地方不一樣？

(2)討論。按上述問題逐個討論，儘量讓幼兒發表意見，鼓勵動腦筋找出不同的地方。必要時可啓發：它們的顏色一樣嗎？大小一樣嗎？花瓣一樣嗎？有沒有葉子？最後應明確：一共有 10 朵花，有紅的和黃的，有大的和小的，有 5 瓣花和 8 瓣花，還有的花有葉子有的花沒有葉子。

⑶分類與數數

①提問題。請小朋友想一想把 10 朵花分成兩組有幾種分類？

②討論。你是怎麼分的？分成幾朵和幾朵？請那些想出和別人不同分法的小朋友發表意見。

答案：10 朵花按顏色分可以分成 3 朵和 7 朵，按大小分可以分成 5 朵和 5 朵，按有沒有葉子分可以分成 4 朵和 6 朵，按花瓣分，8 個花瓣的是 2 朵，5 個花瓣的有 8 朵。

2.**遊戲（複習 10 以內的數）**

⑴聽數拍手。老師說個數，幼兒拍幾下手。

⑵倒數和倒接數

①老師從 1 開始順數到某數，幼兒從某數起倒數到 1。

②老師報個數，幼兒從該數起倒數。

3.**複習《10字謠》**

我是 1，1，1，1，蹦蹦跳跳眞歡喜。

我是 2，2，2，2，1 個添 1 就是 2。

我是 3，3，3，3，排在 1 和 2 的最後邊。

我是 4，4，4，4，3 個添 1 就成 4。

我是 5，5，5，5，數完，1，2，3，4 就數 5。

我是 6，6，6，6，5 個添 1 就成 6。

我是 7，7，7，7，我和 1，2，3，4，5，6 做遊戲。

我是 8，8，8，8，7 個添 1 就成 8。

我是 9，9，9，9，我和 1，2，3，4，5，6，7，8 是好朋友。

我是 10，10，10，10，10 個好朋友挨著次序排隊走。

4.**自由活動時間在戶外玩開火車遊戲**（見附件三遊戲四）

大　班

實例一

名稱

給小朋友分組

目的

學習對同組小朋友用不同的標準進行分類，培養思維的靈活性。

準備

活動前 1 天，請幾個胖瘦、高矮、男女服裝等有差別的幼兒（可依據本班幼兒分類確定人數），如：4 個幼兒，其中 1 胖 3 瘦 1 高 3 矮，兩男兩女，兩穿背帶褲，兩沒穿背帶褲、兩個穿紅色上衣，兩個穿白色上衣等，第二天按要求穿戴來上學。

過程

1.**觀察比較**

請 4 位幼兒站在前面。「請小朋友們看一看，比一比，這 4 位小朋友有什麼地方不一樣？誰和誰有的地方又一樣？」

2.**討論**

先請幼兒說出他們什麼地方不一樣，「高矮不一樣」，「男女不一樣」，「胖瘦不一樣」「穿的衣服不一樣」等等。再請幼兒說出誰和誰有一樣的地方，如「小麗和小華是女孩」，「小明和小鋼是男孩」，「小麗、小華、小明都是矮個子」。

3.**幼兒遊戲**

(1)老師介紹遊戲的名稱和玩法。「咱們一起玩一個遊戲，遊戲的名字叫『給小朋友分組』，請 1 個小朋友到前面給他們 4 個人分組，分完以後要告訴大家你是怎樣分的組，把什麼樣的小朋友分在一起。」

⑵組織幼兒遊戲。請一個小朋友給前面小朋友分組，如他把3個矮個分在一起，1個高個分在一邊，分完後他告訴大家「我是按高矮給他們4個人分的組，小麗、小華、小明是矮個子，小鋼是高個子。」分對了，4個人重新站在一起。遊戲再重新開始。

4.**分析討論**

經過多次分組練習後引導幼兒分析討論。

⑴前面有幾個小朋友，人數變化了嗎？

⑵我們都按什麼標準給他們分的組（都是怎樣給他們分的組？）

⑶ 4位小朋友我們可以按不同的標準分成不同的組，那換一組別的東西是不是也可以用這樣的方法分組呢，讓幼兒在遊戲活動中自己去找一找，分一分。

說明

1.幼兒對自己同伴的觀察感興趣，往往能看出老師沒有注意到的細微差別，只要他們說得有道理，就要給予肯定，如：有的幼兒說：「我是按他們臉上有沒有痣分的組，小麗臉上有痣，長在兩條眉毛中間很好看，另外3個小朋友臉上都沒長痣」。

2.爲了將包含關係融入其中，幼兒學會分組後可以引導幼兒討論「小朋友多，還是女孩多？」「高個小朋友多，還是小朋友多？」……

（安桂香提供）

實例二

名稱

常用物品分類

目的

學習以各種角度分類、發展靈活運用知識的能力。

準備

幼兒生活中常見的物品，如樹葉、瓶蓋、包裝盒等，可以分成若干組，每組一種物品如：

第一組

包裝盒，有球體、圓柱體、長方體、正方體，有紙製品，有塑膠製的各若干物品。

第二組

玩具，包括動物、娃娃、車、船等，有鐵製的，有塑膠製的各若干物品。

第三組

瓶蓋，至少有兩種大小，兩種不同的製作材料，如金屬的和塑膠的物品各若干。

第四組

樹葉，至少有兩種顏色、兩種不同樹的葉子，如：紅色的楓葉、柿樹葉、黃色的銀杏樹葉和楊樹葉各若干。

過程

1.**把物品分成兩組**

(1)觀察比較：「請小朋友們看一看自己這一組都是些什麼東西？」幼兒確定物品名稱後「請小朋友們比一比自己組的這些東西一不一樣？什麼地方不一樣？什麼地方一樣？」

(2)幼兒操作：請小朋友們把自己組的東西分成兩組，要把一樣的東西分在一起。幼兒完成一組分法後，鼓勵幼兒想出新的方法把自己組的東西再分成兩組，要求每一次分組，都要把給的東西都分完（如包裝盒、玩具、瓶蓋都可以按材料分，樹葉按顏色分成兩組，也可以按東西的大小或其他明顯特徵把物品分成兩組）。

(3)討論：請各組出一位代表說出「自己組的東西是怎樣分的爲什麼這

樣分？」其他幼兒也可以補充說明，著重說明分類的理由「爲什麼這樣分？」

2.**把物品分成多組**

(1)幼兒操作：「剛才我們是把發給你們的東西分成兩組，小朋友們都會分了，還是這些東西，要把一樣的東西分在一起，分成幾組都行，可以怎麼分？」「分的時候要仔細看一看，認眞想一想，爲什麼要這樣分，要能說淸楚理由。」

幼兒操作時，老師邊巡視，邊提問：「你們是怎樣分的？爲什麼這樣分？」啓發幼兒想出更多的分類方法。

(2)討論：各組幼兒先在小組內商量著說一說分類的方法和理由，互相補充，然後請 1 位小朋友作代表發言「自己這組東西是怎麼分的？」「爲什麼要這樣分」也可以誰先想出分類方法誰發言，其他小朋友隨時都可以補充說明。

3.**互相交換材料再次練習**

說明：同一組物品，幼兒可以依據不同的標準分類，如，包裝盒可以按形體分，也可以按材料分等，但每次分類應從始至終堅持一個標準。

此類活動可以在日常生活和遊戲中隨時進行，在幼兒有了一定感官經驗後，再有計畫地進行這樣的集體活動。

（安桂香提供）

實例三

名稱

吸管排隊

目的

學習對 10 以內物體按長短差異進行正逆排序，體會序列中量的遞增、遞減關係和等差關係，將可逆的觀念融在其中，培養獨立完成任務的能力。

準備

在手工活動中讓幼兒每人用 10 根吸管剪成各根之間相差爲 1 公分的 10 根小吸管序列，最短爲 6 公分，最長爲 15 公分，或者用自製第三套學具中的10根紅白相間不等長的紙條卡片。

步驟

1.**學習 10 的排序**

⑴觀察比較。說明今天要用小朋友自己做的吸管（紙條）做遊戲，問：每人有幾根吸管（紙條）？它們是不是一樣長？怎麼不一樣長？（1 根比 1 根長或 1 根比 1 根短）

⑵正排序。讓幼兒給吸管（紙條）排隊，可從上到下把短的排在上面，長的排在下面，把 10 根吸管（紙條）都排好，注意吸管（紙條）左邊一端要對齊。巡視幼兒操作情況，提醒出錯誤的幼兒檢查一下是不是都排對了。儘量讓幼兒自己發現問題、解決問題，不要急於直接指出哪根排錯了。全體幼兒都做對後，讓他們將吸管打亂。

⑶逆排序。再讓幼兒從上到下把長的排在上面，短的排在下面，將 10 根吸管（紙條）排好，指導同上。

⑷遊戲「看誰排得快」，鄰座的兩三個幼兒各自用 10 根吸管比賽「看誰排得快」，要求幼兒探索排得又快又對的方法。

⑸討論。讓幾位幼兒說自己用什麼辦法給吸管排隊，比較誰的辦法好，肯定並獎勵想出好辦法的幼兒。如將 10 根吸管握在手中，一端垂直在桌面上對齊，依次取出最短（長）的一根。

2.**探索序列的等差關係**

⑴操作比較：讓幼兒把吸管從長到短排好，按老師要求指出第幾根（如第 5 根），再回答：這根吸管和排在它前面的吸管比是長還是短，和排在它後面的吸管比是短還是長？列舉 3～4 根吸管重複進行。

(2)小結：按長短次序排好的 10 根吸管，隨便哪一根都比前面一根長（短），比後面一根短（長）（等差關係）。

3.**遊戲「少了哪一根吸管」**

(1)請一位小朋友前來，給他 9 根吸管，等他排好後，討論：少了哪 1 根吸管？怎麼知道的？分析序列的等差關係。

(2)再請另一位幼兒，給他缺少的 1 根吸管，要求將它插入序列中，並說出應該排在什麼地方？排在別的地方為什麼不合適以複習序列的等差關係。

實例四

名稱

哪根棍子最長

目的

初步理解序列的傳遞性（∵A<B，B<C，∴A<C），發展初步的推理能力。

準備

老師用的 3 根染色的棍子，黃色（ 8 公分）、紅色（9 公分）和綠色（10 公分），或紙條捲成的紙棍子，圖畫一張（見下圖）。

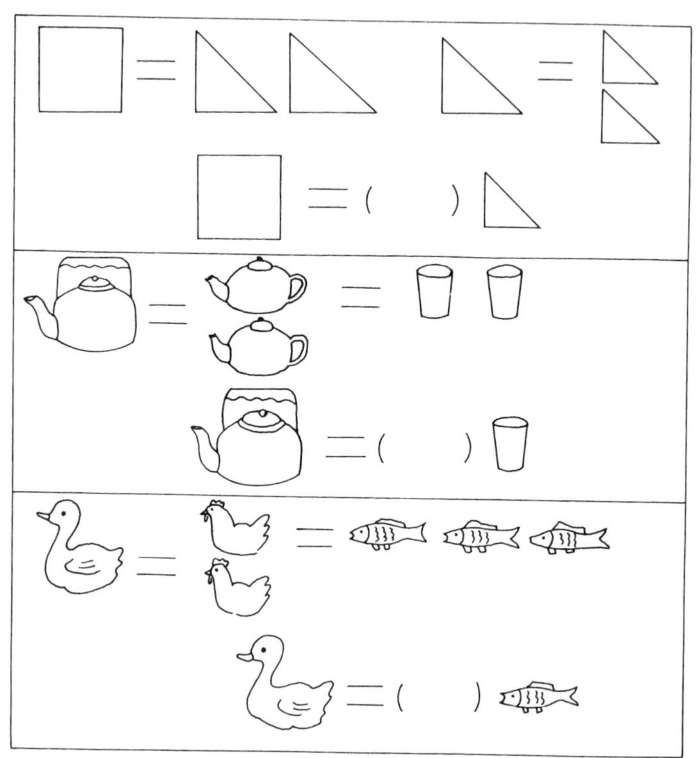

過程

1.**初步學習序列的傳遞性**

⑴觀察比較

①老師出示 2 根不同長度的黃、紅棍子，讓幼兒觀察比較，說出它們誰長誰短？

②收起黃棍子（最短），出示綠棍子，讓幼兒比較紅棍子和綠棍子誰長誰短。

⑵推理探索

①在不出示黃棍子的前提下，問：這根綠棍子（最長）和剛才的黃棍

子（最短）比誰長誰短？爲什麼？幼兒會憑藉已獲得的具體比較的印象，正確回答出綠棍子比黃棍子長，但往往解釋不清理由，而說出爲什麼綠棍子比黃棍子長的理由，正是幼兒是否具有初步推理能力的表現，因此應多請幾位幼兒說一說自己的理由，比較他們誰說得最好。

②小結。因爲紅棍子比黃棍子長，綠棍子又比紅棍子長，所以綠棍子比黃棍子長。

2.**遊戲「誰最高」**

請出 2 位小朋友 A、B，比高矮後，請矮的 A 回到座位，再請一位比 B 高的 C，和 B 比高矮，讓幼兒回答：××（C）和××（A）比誰高誰矮？爲什麼？

3.**推理練習**

⑴啓發探索。出示圖畫，讓幼兒觀察最上方的幾何圖形，啓發探索問題：①這張圖畫上畫的是什麼？②左上面的正方形和兩個三角形是什麼意思？③右邊一個大三角形和兩個小三角形又是什麼意思？④下面一個大正方形和一個小三角形是什麼意思？⑤這個括弧做什麼用？逐一問題進行集體共同探索，個別回答，最後在括弧內塡 4。

⑵獨立探索。讓幼兒觀察第 2 張畫。說：「這張畫著水壺、茶壺和杯子的畫，請小朋友自己好好想想是什麼意思，怎樣回答。」請幾位小朋友輪流回答思考的結果，括弧裡該塡幾？爲什麼？

同樣方法進行最後 1 張畫的獨立探索。在括號裡添上數字。

實例五

名稱

學習 5 以內相鄰數

目的

學習 5 以內相鄰三個數之間的數量關係，如 2 的相鄰數：2 比 1 多

1，2 比 3 少 1，2 的好朋友是 1 和 3。

準備

1.每人 15 個杏核（或其他小實物）。1～6 數字卡片一套。

2.老師用數字卡片 1～5 各 1 張。

過程

1.複習 10字謠

我是 1，1，1，1，蹦蹦跳跳眞歡喜。

我是 2，2，2，2，1 個添 1 就是 2。

我是 3，3，3，3，排在 1 和 2 的最後面。

我是 4，4，4，4，3 個添 1 就成 4。

我是 5，5，5，5，數完，1，2，3，4 就數 5。

我是 6，6，6，6，5 個添 1 就成 6。

我是 7，7，7，7，我和 1，2，3，4，5，6 做遊戲

我是 8，8，8，8，7 個添 1 就成 8。

我是 9，9，9，9，我和 1，2，3，4，5，6，7，8 是好朋友。

我是 10，10，10，10，10 個好朋友挨著次序排隊走。

2.學習 2 的相鄰數

(1)讓幼兒拿出 2 個杏核，從左到右排成橫排。

(2)問：比 2 少 1 的數是幾？集體或個別回答後，請幼兒在 2 個杏核上面擺出 1 個杏核並一對一對齊。

(3)再問：比 2 多 1 的數是幾？幼兒回答後，請幼兒在 2 個杏核下面擺出一排 3 個杏核，並一對一對齊。

(4)兩個數之間比較。

①先進行第一和第二排杏核比較，問：第一排杏核和第二排杏核比哪

個多？哪個少？ 2 個比 1 個多幾個？ 1 個比 2 個少幾個？

②再進行第二排和第三排杏核比較。問：第二排和第三排比哪個多？哪個少？ 3 個比 2 個多幾個？ 2 個比 3 個少幾個？

(5)三個數之間的連續比較。向幼兒說明三個數比較時要從中間一個數開始，先和比它小的數比，再和比它大的數比，比這個數少 1 的和多 1 的兩個數就是這個數的好朋友。如要求幼兒說出 2 個比 1 個多 1 個， 2 個比 3 個少 1 個， 2 個的好朋友是 1 個和 3 個。

(6)數字比較。讓幼兒在三排杏核右邊擺出相應的數字卡片 1 、 2 、 3 ，再用數字進行 3 個相鄰數的比較，要求幼兒說出 2 比 1 多 1 ， 2 比 3 少 1 ， 2 的好朋友是 1 和 3 。

3.學習 3 的相鄰數

(1)讓幼兒拿走每一排的 1 個杏核和數字 1 ，進行 3 個杏核和 2 個杏核的比較，提問題如上述。

(2)再請幼兒在第三排擺出 4 個杏核，進行 3 個和 4 個的比較。

(3)進行 2 、 3 、 4 個杏核的連續比較，要求幼兒說出： 3 個比 2 個多 1 個， 3 個比 4 個少 1 個， 3 個的好朋友是 2 個和 4 個。

(4)擺出相應數字，最後用抽象的數字連續說出： 3 比 2 多 1 ， 3 比 4 少 1 ， 3 的好朋友是 2 和 4 。

4.學習 4 和 5 的相鄰數

在幼兒掌握 2 和 3 相鄰數的基礎上，讓幼兒嘗試用推理的方法，自己擺出和說出 4 和 5 的好朋友（相鄰數），可先請幼兒擺出 4 的相鄰數的三排杏核，並予以說明，再用數字進行複習，如果幼兒有困難，可以再由老師帶領著進行。過程同學習 2 和 3 的相鄰數。

最後鼓勵幼兒獨立運用初步掌握的比較相鄰數的方法，去獲得 5 的相鄰數知識。

5.**口頭「找朋友」遊戲**

老師邊拍手邊說：小朋友，小朋友，我問問你，4 的好朋友是幾和幾？幼兒拍手並回答：×老師，×老師，我告訴你，4 的好朋友是 3 和 5。這種遊戲可面向全體或個別幼兒進行。

戶外活動玩開火車遊戲（見附件三遊戲 4）

實例六

名稱

火柴棍棒拼圖形

目的

加強對正方形、長方形和三角形的認識及圖形之間關係的理解，發展空間知覺和想像力。

準備

幼兒每人自備 1 盒火柴，圖片 1 張（見下圖）

步驟

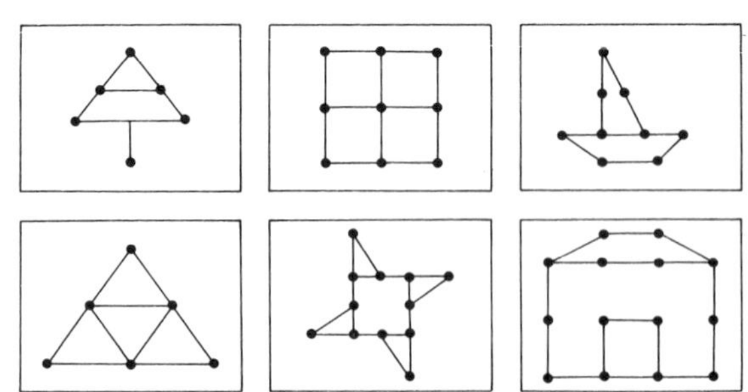

1.**學習拼圖形**

(1)拼小樹

①觀察分析。請幼兒看圖片中的圖 1 。問：這是什麼？（樹）它用什麼東西拼成的？（火柴）這棵樹是用幾個什麼樣的形狀拼起來的？（ 1 個三角形和 1 個梯形）仔細找一找這棵樹有幾個三角形？（ 2 個， 1 個大、 1 個小）

②小結。這棵用火柴棒拼成的小樹是由 1 個三角形和 1 個梯形拼成的，但是拼起來看還可以找出另外 1 個大三角形。

③幼兒操作。請幼兒用火柴拼成 1 棵同樣的小樹。

⑵拼窗戶：同上過程和方法進行圖 2（窗戶）的觀察分析、討論和操作。正確答案：圖 2 窗戶是由 4 個正方形拼成的，可以找出 5 個正方形和 4 個長方形（上下 2 個和左右 2 個）；

⑶拼帆船，過程同上；

⑷拼三角形，過程同上；

⑸拼風車，過程同上；

⑹拼房子，過程同上。

2.**自由拼搭**

⑴讓幼兒用火柴棒自由拼搭

⑵討論：你拼出了什麼？它由幾個什麼樣的圖形組成？幼兒講述後老師將幼兒拼出的圖樣畫在黑板上，以利幼兒相互交流，注意請搭出有創意的幼兒回答問題。

實例七

名稱

開水果店

目的

學習描述3以內加法應用題、豐富感性認識，為學習加法做準備。

準備

蘋果、梨子、紅果子等水果若干個，佈置成水果店的場景。

過程

1.**老師介紹遊戲的名稱及玩法**

「小朋友，這幾天老師和小朋友都從家裡帶來一些水果，我們來看看有些什麼？（蘋果、梨、紅果子……）我們用這些水果玩個開水果店的遊戲，好不好？」「怎麼玩呢？請 1 位小朋友和老師一起當售貨員，小朋友們當顧客，每位顧客可以買兩樣水果，或者是同樣的水果買兩次，買完以後要告訴大家，你都買了幾個什麼樣的水果？一共有幾個水果？」（告訴小朋友因為水果店的水果不多，每個幼兒兩次最多買 3 個）。誰願先試一試？（遊戲開始）小明：「我買了 2 個梨子、1 個雪花梨，一共買了 3 個梨。」小紅「我買了 2 個蘋果、1 個梨子，一共有 3 個水果。」小莉「我先買了 1 個蘋果，後來又買了 1 個蘋果，一共買了 2 個蘋果。」

2.**幼兒遊戲**

幼兒依次買水果，老師讓幼兒說出兩種或兩次水果數並說出一共是幾個水果。買完的幼兒之間，互相再說一說，也可以根據別人買的水果數說題目。

建議

用類似的方法「開筆店」每人買兩種顏色的筆，算出一共有幾支筆等。「開紙店」每人買兩種顏色的紙，說出一共買了幾張紙。「開書店」每人買兩次書，說出一共買了幾本書。掌握方法後，結合區域活動，可以同時開幾個「店」。規則同前。

（安桂香提供）

實例八

名稱

學習描述 3 以內的減法應用題

目的

學習描述 3 以內的減法應用題，豐富感官經驗，為學習減法做準備。

準備

幼兒基本學會描述 3 以內的加法應用題後，利用學習加法時使用的學具，如：水果、筆、紙、書等。

過程

1.將水果展示在桌上

2.老師介紹活動的方法

「小朋友從水果店買了這麼多吃的，我們送給弟弟、妹妹幾個，算算自己還剩幾個？誰願意說一說自己要怎樣做。」小明：「我有 3 個水果，送給弟弟 1 個，我還剩 2 個。」小紅：「我有 3 個梨子，送給妹妹 2 個，我還剩 1 個。」「一會我們去小班，把自己的水果送一些給弟弟、妹妹，還要說清楚，自己一共有幾個水果，送給弟弟、妹妹幾個？還剩幾個？」

3.給弟弟妹妹送水果，可以帶領幼兒直接送給弟弟妹妹。由老師和部分幼兒為代表，送一些水果給小班幼兒，送完弟弟妹妹提題目問幼兒：「你們剩的水果比原來多還是少，為什麼？」初步瞭解減法的涵義。

建議

用類似的方法，還可以給弟弟妹妹送筆、送紙、送書等。

實例九

名稱

模仿編 4 以內加法應用題

目的

在描述應用題的基礎上，學習模仿編 4 以內的加法應用題，初步感知加減應用題，爲學習加減運算做準備。

準備

紅、黃氣球各 2 個，玩具汽車 4 輛（其中 3 輛卡車、1 輛卧車，2 輛紅色的、2 輛黑色的，3 輛小的、1 輛大的。）小圖片（4 以內的實物）每人 1 張。

過程

1.**學習模仿編 4 以內的加法應用題**

⑴出示 1 個紅氣球、2 個黃氣球，老師出加法應用題。「老師拿來了 1 個紅氣球、2 個黃氣球，一共有幾個氣球？」（一共有 3 個氣球）

⑵再出示 1 個紅氣球問幼兒：「現在有幾個紅氣球？幾個黃氣球？一共有幾個氣球？」（幼兒答有 2 個紅氣球、2 個黃氣球，一共有 4 個氣球）「小朋友能不能把這道題編得更有意思。比如說，誰有氣球，或者說誰買的氣球，誰送的氣球等等，看誰想的好，編得有意思。如幼兒編，我有 2 個紅氣球，媽媽又給我買了 2 個綠氣球，我一共有 4 個氣球。幾個幼兒編題後，老師肯定小朋友們編得好同時提出新的要求。」「這次你們再編的時候，不要自己算出得數，把最後一句話一共有 4 個氣球，變成一個問題，問問大家，考考別的小朋友會不會算」分別請幾位小朋友說出自己編的題目，如幼兒編題目「媽媽給我 2 個紅氣球，爸爸給我 2 個黃氣球，我一共有幾個氣球？」

⑶出示 4 輛玩具汽車，問幼兒：「這是什麼？（汽車）這些汽車有什

麼地方不一樣？誰會用這些玩具汽車編加法應用題？請幼兒回答，如有的說：停車場停了 3 輛卡車，1 輛轎車，停車場上一共有幾輛車？」（按不同種類編）再鼓勵別的幼兒再用這 4 輛汽車，編出和別人不一樣的應用題。如，有小朋友編出：小明有 2 輛紅汽車，有 2 輛黑汽車，小明有幾輛汽車？（按顏色編）還可引導幼兒按大小編題。

如果幼兒又直接說出總數，提醒他把最後一句變成一個問題來問問大家。

2.**獨立自編口述應用題**

每人 1 張小圖片，讓幼兒根據圖片上的內容編應用題。「你們每人都有 1 張小圖片，請你們看一看圖片上畫的有什麼？都是多少？想想可以提出什麼問題，自己編一道加法題，說給旁邊的小朋友聽。」

老師巡視傾聽，檢查幼兒是否學會編簡單的加法應用題。

3.**討論**

輪流請幼兒向大家出示自己的圖片並述說自己編的口述應用題。集體討論，鼓勵編對的小朋友，幫助編不對的糾正錯誤。討論中應強調題目的重點最後要提出一個問題。

（安桂香提供）

實例十

名稱

應用題怎麼編

目的

在學會編描述和模仿口述應用題的基礎上，理解並掌握應用題的結構，加深對加法涵義的理解。

準備

1～6 的數字卡片及「＋」「－」符號兩套；實物：蘋果 2 盤共 5 個。幼兒每人 1 張小圖片。

過程

1.**複習加法應用題**

老師口頭出應用題：「我出一道題，請小朋友們算，樹上有 3 隻小鳥，又飛來 1 隻，一共有幾隻小鳥？」（幼兒：一共有 4 隻小鳥）。「你們用什麼方法算的？（幼兒：加法）」用哪個數加哪個數算出來的？（幼兒：用樹上原來的小鳥數加上又飛來的小鳥數，3 ＋ 1 ＝ 4 ）老師出示算式 3 ＋ 1 ＝ 4 ，再問：「 3 ＋ 1 ＝ 4 表示什麼意思？」讓幼兒根據算式複述應用題，使幼兒對抽象式題的理解與具體形象的情景相聯繫。

2.**分析應用題結構**

⑴老師出一道正確的應用題進行分析。

「小白兔拔了 2 顆蘿蔔，小灰兔拔了 3 顆蘿蔔，它們一共拔了幾顆蘿蔔？出題後告訴幼兒你們先別忙著算，我先問問你們。」

①這道題目裡說的是一件什麼事？（幼兒：小兔拔蘿蔔的事）。

②我先告訴你們什麼？（幼兒：先告訴我們小白兔拔了 2 顆蘿蔔）老師根據幼兒的回答出示數字 2 。

③後來又告訴你們什麼？（幼兒：後來告訴我們，小灰兔拔了 3 顆蘿

蔔）老師出示數字 3 。

④這道題目裡告訴你們幾個數？（幼兒容易把幾個數和數是幾弄混，可以結合出示的數字向幼兒說明，強調是兩個數）

⑤提出了什麼問題？（幼兒：它們一共拔了幾顆蘿蔔？）

⑥這道題能不能算？怎樣算？幼兒回答後列出算式：2＋3＝5

⑵老師出幾道條件不完全的題目讓幼兒分析判斷並補充條件編出完整的加法應用題。

①出缺 1 個已知數的題。「媽媽給小紅買了 2 支鉛筆，爸爸也給小紅買了鉛筆，小紅一共有幾支鉛筆？」

討論：這道題目能不能算？爲什麼？（幼兒：不能算，因爲這道題目裡只告訴我們 1 個數。）老師：「這道題說的是一件什麼事？」（買鉛筆的事？）「提出了什麼問題？」（小紅一共有幾支鉛筆？）「告訴了我們幾個數？」（1 個數）「這道題裡缺了什麼？」（另外一個數）所以不能算。「誰能把缺的數補上，編一道完整的加法應用題」請個別幼兒編題，其他人說出答案。老師列出算式再讓全班幼兒說出算式的涵義，證明題目改對了。

②出缺少問題的題目。「媽媽給小紅買了 2 支鉛筆，爸爸給小紅買了 4 支鉛筆，小紅可高興了！」

討論：這道題能不能算？（幼兒：不能算，因爲沒有問題。幼兒容易根據前一題的問題算成加法題，說能算，一共有 6 支鉛筆。老師可以反問：「我問你一共有幾支鉛筆了嗎？如果我這樣問：爸爸比媽媽多買了幾支鉛筆行不行？強調一道題裡必須提出一個問題。）」明白後，請個別幼兒把問題補上編一道完整的應用題。幼兒可以按自己的意願編出加法或減法應用題。老師列出算式，讓幼兒分別說出表示算式中的數字表示的意思，使幼兒透過比較分析發現，最後提出的問題不一樣，算的方法和結果也不一樣，從而更清楚這一道題目裡一定要有問題來發問。

③出一道不同類物體或事件的題目。「院子裡有 2 輛汽車，3 棵樹，一共有多少？」

討論：這道題能不能算？爲什麼？（幼兒：不能算，因爲不是一樣的東西）強調一道題出現的應該是一樣的東西，或一樣的事情。其他過程同上。

④討論：「從這幾道錯誤的題中，你們發現編好一道應用題應該說淸什麼？（要想好一件事告訴別人兩個數，兩個數的東西要一樣，最後還要提出一個問題）」

3.**幼兒自編應用題**

⑴實物編題。出示兩盤蘋果，一盤 2 個，一盤 3 個，讓幼兒編一道加法應用題。

⑵看圖編題。每人 1 張小圖片，請幼兒看一看自己的圖片上畫的是什麼？用圖片上的事編一道加法應用題，說給同桌的小朋友聽，老師巡視指導，看幼兒是否掌握編應用題的條件。

⑶自由編題。提出編題要求：要想好一件事，說出兩個數，最後還要提出問題問問大家，鼓勵幼兒編出不同情節、不同數目的題，輪流請數名幼兒陳述自己編的題目，如發現問題引導幼兒分析討論錯的原因，老師不要急於告訴正確的答案。

（安桂香提供）

實例十一

名稱

翻瓶蓋

目的

學習 5 的組成，學習總數和部分數及部分數之間的互補關係。

材料

汽水瓶蓋每人 5 個，及記錄紙每人各 1 張。

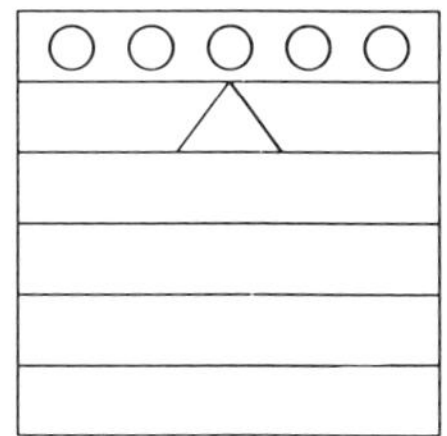

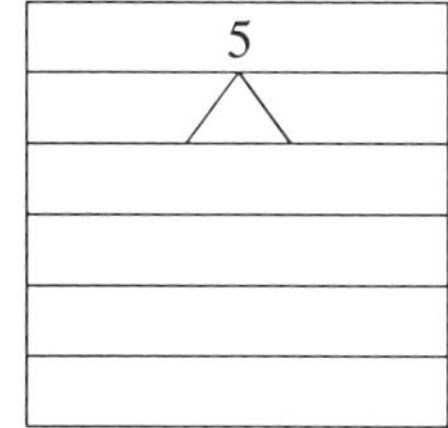

過程

1.**學習 5 的組成**

⑴讓每位幼兒取出 5 個瓶蓋，全部正面朝上，再讓幼兒數一數，確定總數「一共有幾個瓶蓋」

⑵讓幼兒從左邊起把 1 個瓶蓋翻成反面朝上，提問幼兒「5 個瓶蓋裡有幾個反面朝上的，幾個正面朝上的？」「5 個瓶蓋分成了幾個正（4 個），幾個反（1 個）」並讓幼兒取1張記錄紙用圓點記錄正面數與反面數。

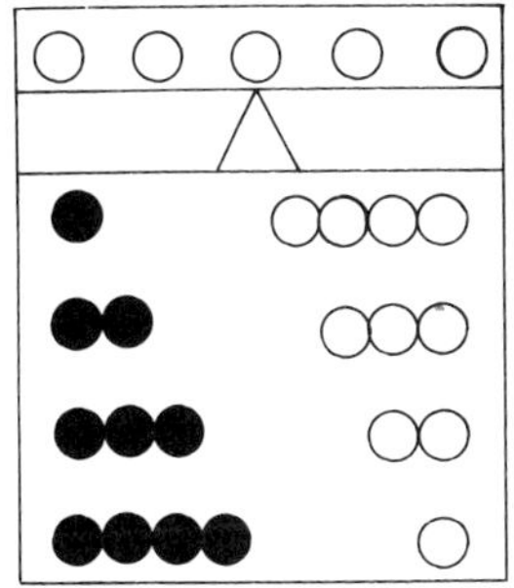

接著讓幼兒再翻 1 個瓶蓋，並說出「把 5 個瓶蓋分成了幾個正的，

幾個反的。」「怎樣用圓點記下來。」依次翻到「只剩最後 1 個正確朝上，每翻一次讓幼兒按此圖樣用筆畫在紙上，第一次記錄老師可作出示範。」

(3)讓幾位幼兒說一說 5 能分成幾和幾，幾和幾合起來是 5。

2.**探索互補關係**

(1)引導幼兒觀察，5 個瓶蓋分出來的兩部分數，從上往下看，左右兩邊的數有什麼變化啓發幼兒發現，左邊（反面朝上）的瓶蓋從上到下是由少到多排列，數目是一個一個地增加，右邊（正面朝上）的瓶蓋從上到下是由多到少，數量是一個一個減少。

(2)再引導幼兒討論「為什麼反面朝上瓶蓋增加 1 個，正面的瓶蓋就減少一個？」啓發幼兒發現並說出正反兩面瓶蓋的數量無論怎樣變化，合起來都應該是 5 個，並引導幼兒把每排左右兩邊（正面和反面）瓶蓋數合起來，以驗證總數不變的道理。

(3)讓幼兒討論：「 5 個分成兩部分數時，用一邊的數多 1 ，另一邊的數少 1 個的辦法，有順序的分，有什麼好處。」啓發幼兒發現這樣分，又快又準，不容易漏掉，也不容易重複。

3.**複習 5 的組成**

讓全體幼兒還是用這 5 個瓶蓋，改為反面朝上擺成一排，再取 1 張記錄紙，自己練習一次翻瓶蓋遊戲，每翻一次用數字記錄一次，每次只許翻1個瓶蓋，一直翻到右邊只剩下1個反面朝上瓶蓋為止，完成後小朋友之間互相說一說操作的結果。

（安桂香提供）

實例十二

名稱

學習 5 的加減

目的

複習 5 的組成，學習 5 的第二組加減（3+2，2+3，5－3，5－2），複習 5 的加減。

準備

1.每人 2、3、5 數字卡及「 + 」、「 − 」、「 = 」符號卡各 2 張。

2.絨布教具：3、2、5 數字，+ 、 − 、 = 符號及絨布板， 5 朵紅紙花。

3. 5 的加減試題卡片一套，「 鞭炮 」（ 5的加減試題紙卷 ）若干，筆筒一個。

步驟

1.**複習 5 以內數的組成**

碰球遊戲。師生事先約定碰數目多少。如碰數目 5 ，老師邊拍手邊有節奏地說：嘿、嘿，我的 3 球碰幾球？幼兒答：嘿、嘿，你的 3 球碰 2 球。可集體或請個別兒童反覆進行。

2.**學習 5 的加減**

⑴解口述應用題。

①老師述題：快過年了，老師做燈籠佈置教室，先做了 3 盞燈籠，後來又做了 2 盞，老師一共做了幾盞燈籠？幼兒答出得數後，再問：你們用什麼方法算的？爲什麼用加法？並要求幼兒說了橫式，老師在絨板上記錄。接著要求幼兒用組成知識證明運算結果的正確性。如老師問：怎麼知道 3 + 2 等於 5 ？（ 幼兒答：因爲 5 可以分成 3 和 2 ，所以 3 加 2 等於 5 ）以上各問題均可請幾位小朋友個別輪流回答，最後讓幼兒各自用卡片擺出這道題目的橫式。

②老師述題： 5 隻燈籠做好了，先掛起 3 隻，還有幾隻沒掛起來？提問及幼兒操作過程同上。

⑵幼兒模仿自編口述應用題

①老師請出兩位小朋友，各拿 2 朵花和 3 朵花，讓幼兒按此情景編加法應用題，請一人編題目，他人列式並說明用什麼方法及爲什麼一共是 5 朵花。可反覆進行兩三遍讓更多的幼兒得到練習。

②老師手拿 5 朵花，分給一位小朋友 2 朵，讓幼兒據此活動編減法應用題。過程同上。

(3)用組成學加減

①老師在絨布板上貼出 5 的分合式

```
  5
 / \
3   2
```

，先請小朋友各自用數字卡列加法橫式兩道。如需要可請個別幼兒先口述一道試題，老師用絨布教具貼出作爲示範，幼兒完成後輪流請幼兒說明自己的列式結果，共同討論、更正。

②再讓幼兒根據上述分合試用數字卡列出減法試題兩道，過程同上。

3.複習 5 的加減

(1)放鞭炮遊戲。老師將若干張 5 的加減試題卡片捲成紙卷放在筆筒內，置於老師桌上，幼兒集體說：新年到，放鞭炮，你一炮，我一炮，老師：請出×××（幼兒名），你來放一炮。叫到名字的幼兒上前從筆筒裡取出一個紙捲，打開後算出卡片上試題得數，再向全體報告試題及得數，算對了，全體幼兒一起說：啪！啪！成功。遊戲反覆進行。

附件三　日常生活中數學教學活動實例

小　班

一、比較 1 和許多

1.拾落葉，每人拾 1 片，放在 1 個筐裡是許多片。

2.玩風車，老師有許多個，發給每人 1 個，老師沒有了。遊戲結束，每人放回 1 個，老師又有許多個。

二、對應、排序

按大、中、小給娃娃排隊、分衣服和分鞋，再按順序給娃娃穿上。

三、認識4以內數

1.找找自己身上各部位各有幾個，如 1 個頭、1 張嘴、2 隻耳朵、2 隻眼睛、2 隻手……。

2.午點時從許多食品中拿出指定的數目，如拿出 2 塊糖，或 3 塊餅乾，或若干粒棗等。

四、幾何圖形

找一找班上什麼東西像學過的圖形，如圓形、三角形、正方形。

五、比大小

1.比一比娃娃家的娃娃、牀、餐具等物品哪個大哪個小。

2.老師的椅子和小朋友的椅子比大小。

3.看看院子裡有幾棵大樹？幾棵小樹。

六、時間

認識早晨、晚上，有意識地讓幼兒說一說自己是什麼時間來幼稚園的，「早晨，媽媽送我上幼稚園；早晨，我自己穿衣服等等」。

「晚上爸爸接我回家」「晚上我看卡通……」

「白天，天亮了，我上幼稚園。」

「黑夜，天黑了，我和媽媽在家睡覺」

七、空間

玩躲貓貓，把小動物玩具藏在桌子下面，椅子下面，或藏在玩具櫃上、鋼琴上……

（安桂香提供）

中　班

一、對應

值日生發餐具練習一一對應發放。

二、排序

1.散步排隊練習按個子大小的順序排。

按 1 男 1 女的順序排。

也可以先讓男女孩找性別相同的朋友，然後按 2 男 2 女排。

2.穿珠、按簡單的規律穿。

三、認數、兩數關係

1.找一找身體各部位哪和哪一樣多。

比一比，哪兒比哪兒多幾或少幾，如 2 隻耳朵比 1 個鼻子多 1 ，1 個鼻子比 2 隻眼睛少 1 ……。

比一比小朋友的手指，是否一樣多，說出爲什麼一樣多，其他部位也可以，體會數的保留，還可以用扣子和扣子口比多少，腳和鞋、襪比多少等。

2.吃午餐時讓每人取指定數目的花生米或紅棗、或餅乾等食品，吃時再邊吃邊練習倒數（如不會倒數可以吃 1 個數數剩的是幾個，體會逐一遞減的數目變化。）

3.接龍，用圓點或數字接龍，練習接一樣多的數。或每次都接比前面大1的數，或每次都接比前面小 1 的數。

4.數數園裡的運動器具各是多少。

四、序數

1.數數院子裡有幾棵樹，每棵樹都排在第幾的位置。

2.說一說自己坐在第幾排、第幾個，前面是誰後面是誰，他們的前面或後面又是誰。

五、量的比較

1.找一找班上什麼東西可以比長短，並進行比較，如繩子可以比長短，紅繩子長，黑繩子短。……

2.小朋友之間比高矮；桌子和椅子比高矮等。

3.比粗細、高矮、厚薄，都讓幼兒先找出班上可以進行比較的東西，再進行比較。

4.結合小商店等角色遊戲，比較兩樣物件的輕重。

六、幾何圖形

1.找一找班上什麼東西像什麼圖形。如找梯形、橢圓形和長方形的物體等。

2.拼擺圖形。幼兒可以在拼擺中體驗圖形間的簡單關係。如：沒有正方形了，可以用幾個三角形或幾個長方形拼合代替。

七、時間

在日常生活中，有意識地經常讓幼兒回憶一下昨天印象深刻的活動，並用語言表述，如：「昨天我捉到一隻蟲子」；爲明日設計一項有意義的活動，如：「明天我帶一本新書給大家看」；還可講講今天的事情。

（安桂香提供）

大　班

一、分類、排序

1.收放積木時練習按形狀、大小、顏色分類擺放，並讓幼兒有意識地感覺和說出分類的標準。

2.準備 10 根排序棍子，讓幼兒按長短進行正、逆排序。

二、10 以內數、相鄰數和組成、加減

1.接龍

①圓點或數字接龍，練習按自然數的順序接大1或小1的數。

②接得數相同的數接加減試題卡片。

2.撲克牌遊戲

①按顏色、花型，是否是數字牌、數字等因素分類。

②按自然數列的順序排序：1～10 的正逆排序或從中間某1個數開始向兩邊排。或按一定規律排，如：1紅桃1黑桃，或A是紅桃，2是黑桃，3是紅桃，4是黑桃……。

③比較數的大小。

④練習組成、加減。

3.擲骰子

①比多少。

②做加減運算。

4.找找院子裡有些什麼樹，每種樹是幾棵，誰最多，誰最少，給它們按數目排序，並比較誰比誰多幾？誰比誰少幾？

5.上下樓時數數台階，觀察下樓時先後經過哪些地方，上樓時呢，順序正好相反。

6.數一數自己會拍幾下球，會跳幾下繩。

7.在角色遊戲中，學習貨幣交換，練習加減運算，還可以編加減應用題。

如商店的東西都標上價，幼兒按價格支付貨幣（用硬幣1分、2分、5分）1位幼兒用2分錢買了1個「柿子」，3分錢買了3個「蘋果」可以按貨幣值編題目一共花了5分錢，也可以編出一共買了4個水果的加法題，還可以用這件事編出其他類型的題目。

三、認識量、測量

1.玩沙、玩水，準備粗細、大小、形狀不同的瓶或碗裝沙子或水，體驗容積保留。

2.在班上設一標尺（皮尺），讓幼兒隨時量一量自己長高了多少，使之對測量感興趣。

3.準備一些小棍子、尺子、繩子等，讓幼兒遊戲時測量物體的長度。

四、幾何圖形

1.找一找班裡院子裡、家裡和街上，哪些東西像學過的形體。

2.準備各種形體的紙盒。讓幼兒拆開、數數、看看都有幾個什麼形狀，然後再恢復原狀體驗形體之間的關係。

五、時間

1.每天早餐前讓幼兒說出當天的日期和星期幾記在黑板上，隨活動的開展隨時讓幼兒看時鐘（班上有時鐘）。

2.結合值日生工作排一周值日生表和記天氣日記，知道一周有幾天，及排列順序。

六、空間

跳田字格，體驗上下左右的空間位置關係。

（安桂香提供）

附件四　自由活動時間的數學遊戲實例

說明：這些自由活動時間的數學遊戲是按大班的要求選編的。其他年齡班使用時可作參考或改編。

一、石子分類

目的

學習分類、算數，比較顏色、大小、輕重、長短和數的多少。

準備

撿一些小石子洗乾淨。

玩法

1.將小石子全擺出，讓幼兒按大小、顏色分類。

2.將分好的石子，一堆堆放好，讓幼兒數，數完後，做計算遊戲。如：哪一堆最多？哪一堆最少？多的比少的多幾個？多的和少的加起來是多少？等等。

3.讓幼兒說出石子有幾種顏色？哪一種顏色的最重？哪一種顏色的最輕？

4.讓幼兒找出哪一塊石子最大？哪一塊最小？哪一塊最長？哪一塊最短？

二、傳石子

目的

複習 10 以內數的實際意義。

材料

每人 5 個扣子（石子等）。

方法

發給遊戲者每人 5 個扣子，幼兒圍圈坐（站），老師說開始，各人將手中石子傳給旁邊的小朋友；隨時給幾個，接受者不可拒絕。老師叫「停」並報出一個 1～10 之間的數，手持與這個數相同的扣子的孩子，立即站起並出示扣子證明，誰站得快為勝者。

變換

可由幼兒自己主持

三、活動數字

目的

練習 10 以內算數、數序、倒數及動作的敏捷性。

材料

10 張卡片畫有 1～10 個圓。

內容

孩子們每人分 1 張小卡片（掛或別在胸前），選 1 個主持人，集體在室內或室外自由走動，當主持人發出：「數字們，按順序列隊報數」的指令，幼兒排橫隊，報數（1、2、3、……），主持人檢查是否人人站對位置。再交換卡片，遊戲繼續進行。

變換

1.按倒數順序從 10 到 1 排列。

2.從某數開始到 10 正（反）排列。如從 4 開始到 10 正排列或從 8 開始倒排列。

四、開火車

目的

複習數序。

準備

10 以內數字卡片若干張。

玩法

每位幼兒胸前掛 1 個數字卡，圍成一圈。請 1 位幼兒進圓圈內作開火車者，開火車的幼兒邊走邊拍手說：「嘿嘿，我的火車馬上馬上就要開。」衆幼兒拍手問：「誰來開」開火車的幼兒答：「××開」，同時站到被點名字幼兒的前面，要求點出的幼兒胸前的卡片數字要比自己的數大 1（或小 1）。點對了，由被點的幼兒接著開。點錯了，衆幼兒發出嗚……的響聲，火車停。大家幫他改正，再重新開始。

五、開飛機

目的

複習相鄰數。

準備

每人 1 張數字卡（或圓點卡）戴在胸前。

玩法

幼兒圍成一圈，請 1 位（或幾個一樣數字）幼兒在圈內邊飛邊說兒歌。例如：「我是 3 號小飛機，要送小朋友旅遊去，來、來、來，來、來、來，3 的好朋友站圓圈裡。」念完後，3 的好朋友 2 和 4 趕快站在圈裡，如站對了，其他小朋友一起說：「對、對、對，3 的朋友是 2 和 4」，遊戲重新開始，如有的小朋友站錯了，則罰他唱歌或作任意的表演。

六、你旁邊的數字是幾

目的

複習相鄰數和數的組成，發展思維的敏捷性。

準備

1個皮球。

玩法

1.**複習相鄰數**

幼兒圍成一圓圈，由老師或請 1 位能力強的幼兒站在中間，把球拋給任意 1 位幼兒，並同時說出 1 個數字，接球者迅速說出該數的前後兩個數（或事先規定好只說前 1 個數或只說後 1 個數）。說對了則進入圓圈內做拋球者。

2.**複習數的組成**

玩法同上，只是需先約定 1 個總數，拋球者說出的數和接球者說出的數合起來和總數相等。

遊戲反覆進行並逐漸要求提高對答速度。

七、撲克牌遊戲

目的

學習分類、比 10 以內數大小、組成和加減。爲學習加減應用題做準備。

準備

每組（2~6 人）一副撲克牌，取出 J、Q、K 等牌。

玩法

1.**分類**

⑴先按顏色不同分成兩組，再按花形不同分成四組；⑵按相同的數分組；⑶幼兒自定標準分組。

2.**比大小**

⑴每次每人同時翻 1 張牌，誰出的牌大把牌收走，牌多者勝；⑵每次兩人同時翻 1 張牌，要求說出 2 張牌誰比誰多幾或少幾；先說出者把牌收走，牌多者爲勝。

3.**找對**

開始每人抓 5 張牌，以後每人輪流各抓 1 張牌，將同樣數字的 2 張牌挑出，先出完者爲勝。

4.**湊數**

商量好湊幾，方法同找對。

5.**加減**

兩人輪流出牌，先出牌的同時說出牌上的數字，後出牌的人說出兩張牌相加或相減的結果（也可同時出牌，先說出得數者爲勝）。

八、接龍

目的

學習數序排列。

準備

每組一副撲克牌，每組人數 4~6 人爲宜。

玩法

先約定玩哪種排序遊戲後再分牌，分牌後各人挑出 J、Q、K 不用。

1.同色、同花正接龍，持有紅桃 A（代表 1 ）的小朋友先出牌，然後輪流出牌但必須依次接上紅桃 2、3、4……，如輪到該出牌時沒有合適的連接牌可出另個花色的A，沒有A則輪空。以後出牌的小朋友可任意接上哪一組的數序。最後可分成四組 A—10 的序列，誰的牌先出完爲第一名，依次爲第二……。

2.同色同花逆接龍。玩法同正排序，只是持有紅桃 10 的小朋友第 1 個出牌，最後可分成四組從 10 到 A 的逆數序。

3.同色異花正（逆）接龍。玩法同上。如紅桃 A→紅方塊 2 →紅桃 3 →紅方塊 4 ……和紅方塊 A→紅桃 2 →紅方塊 3 →紅桃 4 ……

4.異色正（遞）接龍。玩法同上。此排序不計花形只要求顏色相間。如 10（紅）→9（黑）→8（紅）→7（黑）……。

5.按一定規律排序。如 1 張紅牌→2 張黑牌→1 張紅牌→2 張黑牌……，再反過來 1 張黑牌→2 張紅牌→1 張黑牌→2 張紅牌……。（此玩法不計花形只計顏色）。還可由幼兒自定規則排序。

九、翻牌

目的

複習 1～10 數目的實際意義，數字及相鄰數，發展記憶力。

材料

從一副撲克牌中選出 1～10 各 2 張共 20 張牌，或者自製1～10 圓點卡片各兩張。

玩法

小組進行，4～6 人爲宜。

1.找對兒。把牌散開扣放（背面朝上）。幼兒輪流翻牌，每人每次翻 2 張牌，如翻到一樣數目的 2 張牌就收爲己有，不一樣數目的則原位扣放好，別人翻過的牌可以再翻，此遊戲除要求幼兒認識 10 以內數以外，還要記住別人翻過的牌是幾，放在什麼地方以便需要時時重翻找到對的。凡找到對的，再繼續翻 2 次牌，直到翻 2 次後均未找到對爲止。再輪流他人翻牌，最後所有牌都被拿走爲遊戲結束，誰得牌多爲勝者。

2.找朋友，玩法同上，但每人每次可翻 3 張牌，翻出牌的圓點數必須相鄰才能把 3 張牌拿走，如 1、2、3 或 6、7、8 等。

十、骰子遊戲

目的

練習 10 以內數的組成和加減。

材料

自制膠泥骰子若干個，每個骰子的 6 個面寫數字 0、1、2、3、4、5。

玩法

1.組成

兩人一組，取 1 個骰子，商定湊什麼數以後，一個人擲骰子，另一個人說出 1 個數要與骰子朝上一面的數合起來是商定的數。如湊 7 ，骰子面爲 4 ，另一人則立即說出 3 。說對了改爲擲骰者，說錯了仍爲湊數者。

2.加減

幼兒兩人一組，取 2 個骰子，說好玩加法還是減法。一人先擲骰子，另一人將骰子面朝上的兩個數加（減）起來算出得數，算對了，就改爲擲骰子者，讓另一位小朋友（原擲骰者）算，如算錯了則仍作運算者。

十一、樹葉湊數

目的

複習 10 以內加減。

準備

有落葉（石子、樹枝）的自然場地。

玩法

1.老師隨意舉起兩片葉子，請小朋友再去撿幾片葉子，撿來的葉子和老師的加在一起正好是8片葉子。（也可換其他數字）撿得快，得數又正確者爲優勝，優勝者可替代老師。

2.老師可以先出提出一個要求如：每人撿5片樹葉來，要用兩隻手拿。當幼兒舉起給老師看時，老師問：你一共撿了幾片葉子，右手幾片？左手幾片？共有幾片？

3.每兩個幼兒爲一組，要求按指定數撿葉子（或石子、草棍等）。撿來的葉子，必須兩人各拿一部分。老師問，小紅手中有幾片葉子，小蘭手中有幾片葉子，你們兩個共有幾片葉子，請其他幼兒驗證是否正確。

十二、算得快

目的

複習10以內的加減運算

準備

小朋友圍坐一圈或在戶外站成一圈，每人胸前掛1張寫有1個數字的大卡片，卡片上數字分別爲0、1、2、3、……10。小朋友要記住自己的數字。

方法

組織者（老師或指定的幼兒）唸一道算術題（如「3＋2」）然後問「等於幾？」手持這道題得數的人要迅速站起來並大聲回答等於多少。答對了，大家爲他們鼓掌，答錯時，手持正確得數的人要站起來，在場內追逐答錯的人，追上後兩人交換卡片，記住自己新換的數字，坐回原位，如跑一圈未追上，也各回原位。遊戲重新開始。

注意

⑴追逐者和逃者都不得越出圈外。

⑵得數和自己無關的小朋友不能暗示或提醒有關的人。

十三、找圖形

目的

複習認識圖形，培養思維的靈活性與敏捷性。

準備

用粉筆在地面上畫出各種圖形，可以有顏色大小的不同。

玩法

請小朋友在所有圖形外圍成 1 個大圈，邊走邊按口令做動作「站起來」、「蹲下去」、「走」、「跑」、「跳」等動作。突然老師一聲口令「走進大圓圈」，幼兒立刻走到圓形圈內。

變換玩法

「跳進黃色的三角形」、「跑進紅色的圓形」、「單腳跳進四個角的圖形」、「走進沒有角的圖形」等等。

十四、圖形賽跑

目的

複習對幾何圖形的認識，培養思維的靈活性和敏捷性。

材料

不同顏色大小和形狀的幾何圖形每人 1 個，掛在胸前。

玩法

幼兒在戶外圍成圓圈，集體說歌謠：「圖形王國眞熱鬧，各種圖形來賽跑，請×老師當裁判，看看現在讓誰跑」。唸畢，老師說：請紅顏色的圖形跑。凡佩有紅色各種圖形的幼兒立即繞著人圈外面跑，跑一圈後站回原位。遊戲重複進行。

替代詞

請沒有角的圖形跑；有 3 隻角（ 4 隻角）的圖形跑； 4 條邊一樣長的

圖形跑；藍色 4 條邊的圖形跑……等。

變換

可請幼兒主持。

十五、高矮

目的

複習對高矮的認識。

玩法

幼兒圍成圈。請幼兒入內邊說歌謠邊走動，「一、二、三，三、二、一，我和×××（隨意站到一位幼兒前面）站一起，誰高誰矮比一比。」個別或集體回答誰高誰矮。遊戲重新開始。被請的幼兒說歌謠，繼續做遊戲。

十六、找樹

目的

學習高矮、粗細及反應的靈活性。

玩法

集體說歌謠：「眼睛看看看看，請到樹下站站，快找快找快快跑」，老師接著說：「請你跑到樹幹最粗的樹下」。遊戲繼續進行，老師口令可改為樹葉最大的樹下，長得最高的樹下，樹幹最細的樹下，樹葉最圓的樹下……。

變換

可由幼兒主持。

十七、誰跳得遠

目的

區別遠近（適合 5～6 幼兒）。

區別遠近（適合 5～6 幼兒）。

材料

參加遊戲的幼兒分別戴上青蛙、小兔、螳螂、蟋蟀等頭飾，或不戴頭飾。

玩法

遊戲者站在起跑線上，老師說：「預備，起」，他們邊數，邊向前跳，數到 10 時，即停下，然後請觀念評判誰最遠，誰最近，並排列名次，可集體進行或部分兒童進行。

十八、跳小溝

目的

體驗寬窄及其順序排列，培養跳躍能力及動作的靈活性。

材料

選擇一塊活動場地。

玩法

老師在地上畫從窄到寬的 5～6 條小溝，並按寬窄順序編上號碼，然後要求幼兒輪流跳過每一條小溝，並說說跳不同寬度小溝時的感受。

CHAPTER 12

幼兒數學的教學評量

第一節 教學評量的意義

一般人常把評量和測驗混為一談，其實兩者有所不同。測驗重在數量的測定，因而較具客觀性。此外，測驗重在客觀事實的獲得，測驗的結果重在考核、獎懲，其對象是人；而教學評量除了重視數量之外，亦重視事實的解釋、診斷與價值的判斷。評量的方法兼有主客觀的方法，其結果旨在經由事實的瞭解，進而求其缺點之改進。

老師在教學的活動過程之中，要能不斷地評量，不斷地調整原先的教學計畫，以幫助老師進行更適宜的教學活動，然後再次地觀察、評量。因此老師在進行整個教學活動的歷程中，活動、評量、研討、計畫四者是循環不已的。如圖12－1所示：

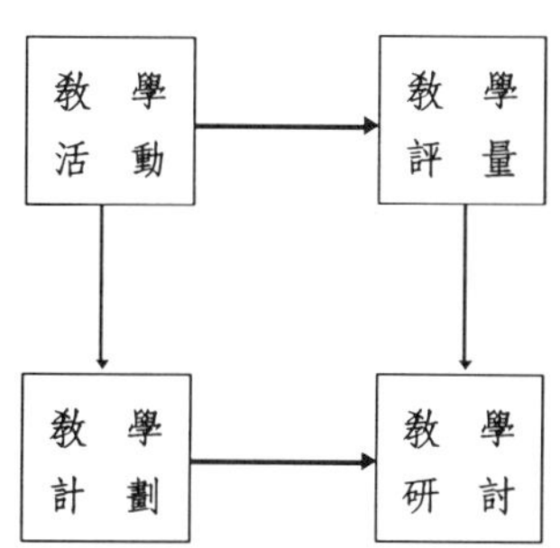

圖12－1　教學活動歷程（資料來源：盧素碧，民73年）

第二節
數學評量的重要性

幼兒在幼稚園裡就讀，經過一段時間之後，究竟學了些什麼？學得如何？這些問題是老師及爲人父母親所想要知道的。老師可以累積幼兒平日學習數學的詳細資料，作爲評量幼兒數學能力的依據。並採用正確的觀察方法與記錄，將幼兒學習數學的情形，做較爲描述性的說明，如此一來，家長便可以有較具體的瞭解。總體來說，數學的教學評量具有下列幾項重要性

㈠幫助老師及家長瞭解幼兒的數學學習情形；

㈡幫助老師瞭解幼兒是否達成數學的教學目標；

㈢幫助老師改進自己的數學教學方式；

㈣幫助老師調整數學課程的內容與過程步驟，以適合幼兒的能力、興趣及實際的需要。

第三節
幼兒數學評量的原則

老師在從事數學教學過程時，是經由訂定教學目標→教學過程→評量。在整個過程中，三者的關係是循環不已的。所以評量與目標及教學過程是一樣重要，不可忽略。然而，幼兒的評量絕不是給幼兒打成績、比好壞，甚至冠上標籤，給幼兒不良的失敗經驗，這是幼教老師要謹記在心的。以下即針對老師在進行數學教學評量時，所應注意的幾項原則，提出幾點建議（林朝鳳，民77年）：

㈠教學評量時，基本上應符合幼兒的認知發展能力：由於幼稚園無統一、標準的數學課程，因此在評量幼兒的數學學習成果時，究竟要以什麼內容爲依據，似無定論。不過，基本上應符合幼兒的認知發展能力。由於幼兒在各方面的發展極爲迅速，每增一歲，其各方面的能力就會有明顯的不同。因此在評量幼兒的數學進步情形時，一定得參考其所屬年齡班各方面的發展，如此得來的評量結果，才比較準確可信。

㈡教學評量必須是多方面的：在幼稚園裡，數學的教學評量不僅僅是對幼兒數學的知識評量而已。廣義而言，數學評量應同時兼顧認知、情意及技能三方面。換言之，當幼兒在學習數學時，老師也應重視小朋友的情感態度，包括人際關係、學習方法、習慣和興趣等等。

㈢老師在從事數學教學評量時，不應只是使用格式化的評語：老師應該注意將幼兒的優點、缺點或必須改正的地方清楚地用文字描述出來，而予以適切的指導，並儘量給予積極的鼓勵。

㈣老師應將對幼兒數學教學評量的結果，如幼兒的作品或學習記錄，以系統、有組織的方式建立檔案，以瞭解幼兒在數學學習方面的進步情形，更有利於對家長的說明，而不是只以簿表或電話方式籠統地將結果告知家長而已。

㈤老師必須具備正確的幼教理念及觀察記錄的能力。更重要的是，他應能依據不同的數學學習單元，採用適當的、多元化的評量方法，必要時應自行編制適用的評量表，而非全部使用現成的評量表。

第四節 數學評量的類型

在複雜的教學評量過程之中，爲達客觀、合理的要求，評量工作必須因地制宜，採取多種評量方法，以適合不同情況，始能發揮評量的功效。以下即根據不同的目的與時機，提出三種評量數學的種類：

前評量及後評量

老師在正式實施數學教學之前所作的評量，爲「前評量」。這種評量將有助於瞭解幼兒在開始學習新的經驗前所具備的能力。「後評量」則是在教學活動之後所作的評量，若將其與前評量相互比較，就可以瞭解幼兒學習數學的整個狀況及幼兒的數學能力是否有提升。

過程評量

在教學活動過程之中，對目標、內容、方法實施評量，並不斷地改進、調整老師原來的課程與活動設計，使教學評量成爲最合宜的活動。

追蹤評量

這種評量的適用時機，是在教學活動實施一段時間之後再予以評量。藉此瞭解幼兒所獲得的學習效果是否仍舊有效？幼兒是否眞正瞭解？還是一時的記憶？

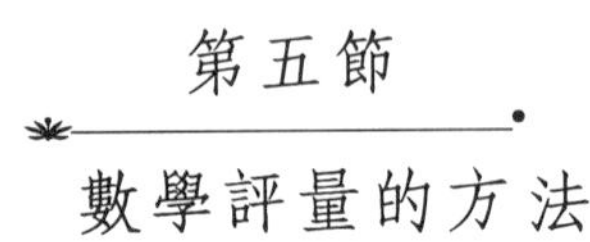

第五節 數學評量的方法

一般而言，幼兒數學的評量，就像是學期成績單一樣，老師會在簡單的評量表上，以○來表示會、×則表示不會，但是這種評量方法有可能因爲老師對幼兒存在的刻板印象或模糊的記憶，而失之客觀。另一方面也因此種評量項目過於粗略，而無法確實知道幼兒實際的數學學習情況。

近幾年來，一些幼稚園採用「家庭聯絡簿」或「愛兒手冊」，將幼兒平時在園內的數學表現情形摘要記載下來，提供家長參考。這種類似形成性評量的方式，比起成績單還要具有參考的價值。以下即介紹幾種幼兒數學的教學評量方式，以供老師參考：

觀察記錄

由於幼兒各方面的發展尚在起步的階段，例如他無法使用語言來完整地表達自己，也無法完完全全地依照老師的指示來活動。因此，一般測驗式的評量，就不適合幼稚園的幼兒，此時，自然觀察就是最好的方法。「自然觀察」是在儘量不干擾到幼兒的自然情境之中，觀察幼兒的學習情形。老師所要具備的能力，是敏銳的觀察力，和客觀描述記錄的技術。透過這自然的觀察，老師會比較清楚幼兒是如何玩拼圖的，而不單單是會或不會，也才能瞭解幼兒在學習數學概念過程之中的抽象思考方式。

口頭評量

老師可採用問答的方式，來瞭解幼兒學習數學時所得到的學習經驗。老師在從事數學教學活動前、活動進行中以及活動過後，提出一些問題來問問小朋友，讓幼兒回答。亦可由老師說出答案，然後再問問小朋友：「老師所說的答案正確嗎？」由小朋友舉手，老師可趁機算人數，以作爲評量的依據。

舉例來說，當老師在進行完幼兒對幾何形體的認識之後，要評量幼兒的學習情形。首先，老師先發給小朋友每人一袋裝有圓形、三角形、正方形、長方形的圖片卡。然後，老師問幼兒：「正方形是那一張？請拿出來。」老師可以觀看他們的操作結果，並記錄下來。做錯的小朋友，老師可以當場或事後給予個別的指導。

成品評量

成品評量是老師觀察幼兒實際操作的過程，根據其動作、方法、習慣、態度及所作的成品以評量之的一種評量方式。舉例而言，老師在進行幼兒的幾何圖形認識的教學之後，要幼兒依據圖形的大、中、小做分類及排列，老師再藉著觀看幼兒以積木堆成的作品等，以瞭解幼兒創造思考的能力及其學習成果。

評量圖表

偶爾老師也可以用評量表的方式，來評量幼兒的數學學習情形。老師可以依據不同的數學單元，而自己設計出適當的評量表。以下介紹數例說明之：

㈠老師展示具體的實物，並讓幼兒觀察、比較其大小、長短、高矮的分類、配對之後，再評量之。如下圖一：

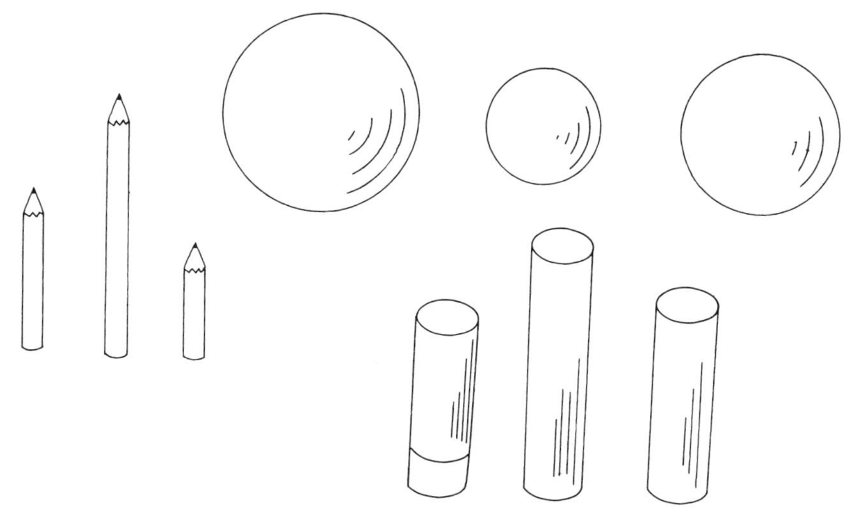

圖一 圈出比較小、比較短、比較矮者

㈡在進行瓶子與數字的操作遊戲之後，老師設計下列的評量表，以評量幼兒是否已有1至8的概念。如下圖二：

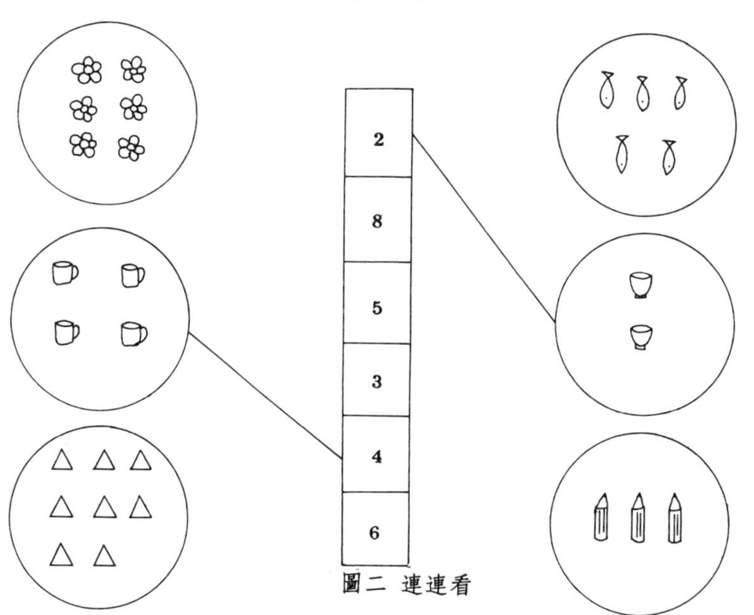

圖二 連連看

㈢下表是當老師在進行數學課程教學時，爲了要能隨時評量幼兒的學習活動，將他們個別的學習情形記錄下來時所使用的評量表格。老師可以依據這些評量表的記錄，來修正調整自己的教學方法及課程設計。若大部分的幼兒均可達成教學活動的目標，則表示該項活動適合該年齡組的幼兒；若只有少數幼兒可以達到教學目標，則表示該項數學教學活動值得商榷。老師就該反省：是否教材太艱深？或老師所採取的教學方法不適當等等。總之，這種評量表可以提供老師一個改進的參考資料。

幼兒學習數學之評量記錄表

大單元名稱			單元名稱					第 週
年月日	活動順序	活 動 目 標		評 置 結 果				備註
				全部會	大部分會	少部分會	全不會	

附註：1.本評量可與教學日誌同時塡寫。

2.備註欄供文字敍寫用。

3.本評量表可規定每週一張，用活頁來固定。

㈣下表則是幼兒在數學角的學習記錄表。老師可以利用此一表格，將幼兒自由選擇各式各樣的數學角情形作一長期觀察，然後加以記錄下來，以瞭解幼兒對學習數學的興趣與持續情形。此外，老師也可觀察幼兒選擇數學教材教具的情形，以瞭解其數學的進步情形。

幼兒數學角活動情形記錄表

幼兒姓名							第　週		單元名稱			
年月日	活動順序	學習角名稱	專心程度			興趣狀況			進步情形			備　註
			專心	不太專心	不專心	很有興趣	不大有興趣	沒興趣	進步	稍進步	沒進步	

附註：1.本記錄表以一週或兩週爲一張（各園視實況自訂），每位幼兒一分，分別建立資料。

2.除「✓」符號外，餘均可刻木章蓋，以省人力。

3.備註欄供文字敘寫用。

第六節 幼兒數學評量的工具

數學測試題

一、目的

㈠瞭解入學前幼兒在數學方面的準備情況以及初入一年級學生的數學知識和能力的水準，從而判斷是否存在幼兒銜接方面不適應的問題。

㈡分析研究存在問題的原因，並提出改進入學準備教學的建議。

二、對象

幼稚園大班或學前班的幼兒；一年級初入學的學生。

三、方法

個別測試

四、要求

㈠測試人員需經過培訓合格者。

㈡嚴格按照測驗題的順序、指導語及規定的操作要求進行，不得任意更改。

㈢經過培訓的測試人員，在未正式對被試進行測試之前，應反覆熟悉測試內容、指導語和操作程序，以保證實驗的順利進行。可選擇若干名非被試者進行測試前的練習。

㈣實驗環境要保持安靜，室內無分散幼兒注意的因素，非實驗人員不得入內。

五、測試注意事項

㈠主試說完指導語後，如果幼兒不能立即作答，等10秒鐘後即可轉入下道題目，如會作答只是動作或回答得慢些應讓其做完。

㈡各題指導語可視需要在開始時連續說兩遍，兩遍之間稍事停頓，以引起注意，中途不再重複。重複的應是指導語的實質部分，一些情況說明的語句可不重複，以節省測試時間。

㈢幼兒作出的回答不論是正確還是錯誤，一律不做肯定與否定式的表態。

㈣全部題目滿分為 98 分。

㈤指導語以國語為準，最好不用方言。如必須用方言，應正確無誤地體現指導語的原意。

六、測試項目和方法

㈠分類（共12分）

1.**圖形分組：**

（出示卡片 A_1—A_8，可任意擺放）

指導語：

①這裡有許多圖形，（主試手指兩個圓形）有圓形，（指兩個三角形）有三角形，（指兩個黑色圖形）有黑顏色的，（指兩個白色圖形）有白色的，（指兩個大的圖形）有大的，（指兩個小的圖形）還有小的，現在請你按老師的要求把它們分開，要把這幾張圖形都分完，先把一樣顏色的放在一起，請注意，先把一樣顏色的放在一起。（幼兒每次完成任務

後，均要將圖片打亂，再提出以下問題。）

②再把一樣形狀的放在一起。（重複一遍）

③下面的任務要比剛才的難，請注意聽老師的要求，現在把一樣顏色又是一樣形狀的放在一起。（最後一句重複一遍）

④再請你把一樣形狀又是一樣大的分在一起。（重複一遍）

評分：

⑴做對①②題中的每一種評 0.5 分。2 題共 2 分。

⑵做對③④題中的每一種評 0.5 分。2 題共 4 分。

⑶全對共 6 分。

2.**包含判別：**

（出示卡片 A_1～A_4）

指導語：這些都是圓形，請告訴老師是圓形多還是黑的圓形多？如果幼兒回答錯誤則不再往下問，如果能正確回答出圓形多，主試再問爲什麼圓形的多？

評分：

⑴回答圓形多的評 2 分；其他回答爲錯誤，評 0 分。

⑵正確回答爲什麼（因爲圓形裡還有白的圓形等）評 4 分。不能回答爲錯誤，評 0 分。

⑶全部正確共 6 分。

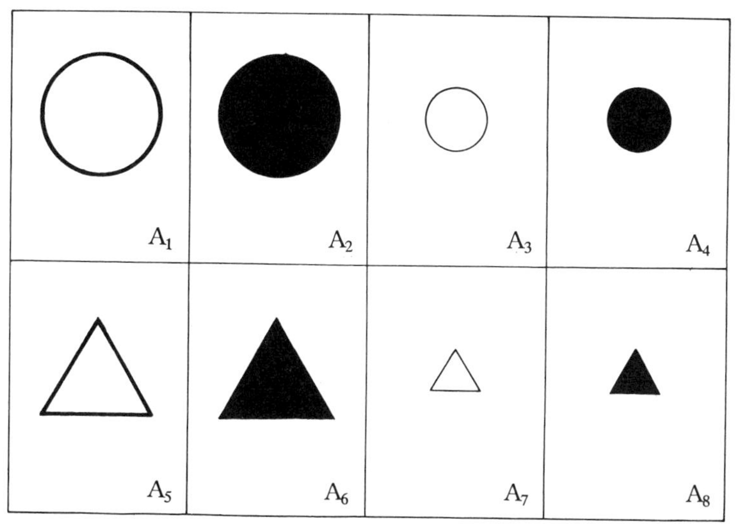

分成割成 A_1-A_8　8 張小圖片

㈡排序（共 6 分）

3.**選圖：**

（出示卡片 B，主試用紙先蓋住第二排圖形）

指導語：這是一排帶點的橢圓形，（手指空位處）這裡缺了一個，（移開紙出示第二排圖形）你看從下面這一排圖形中應該選哪一張放在這裡（手指空位處）？

評分：選對評 2 分，選錯評 0 分

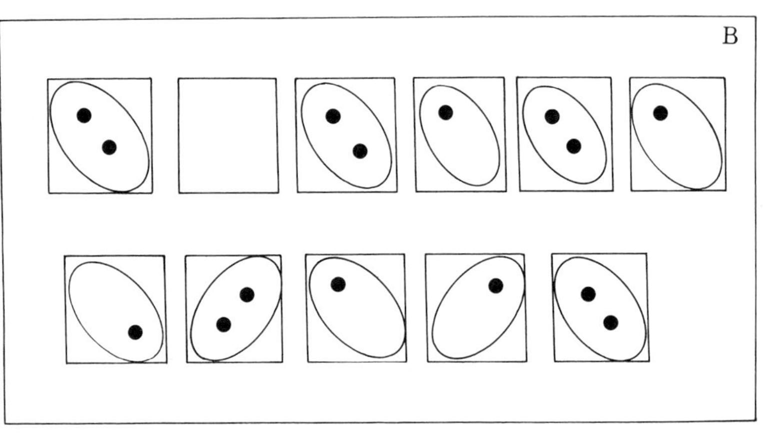

4.**傳遞判別：**

（出示卡片 C_1～C_2橫向擺放，短的放在上面，長的放在下面，2張卡片左端要對齊。）

指導語：這兩支鉛筆哪支長哪支短？（幼兒作出正確回答後，主試再拿走卡片 C_1，出示卡片 C_3與 C_2比）這兩支鉛筆哪支長哪支短？（幼兒作出正確回答後，主試用手指 C_3）這支鉛筆和剛才拿走的那支鉛筆比哪支長哪支短？你怎麼知道它最長？

評分：

(1)正確判斷 C_2比 C_1長，C_3比 C_2長不給分。

(2)正確判斷 C_3比 C_1長評 2 分，錯誤評 0 分。

(3)正確說明理由（能說出因爲 C_2比 C_1長，C_3又比 C_2長，所以 C_3比 C_1長意思的）評 2 分，錯誤或不分評 0 分。

(4)全對共 4 分。

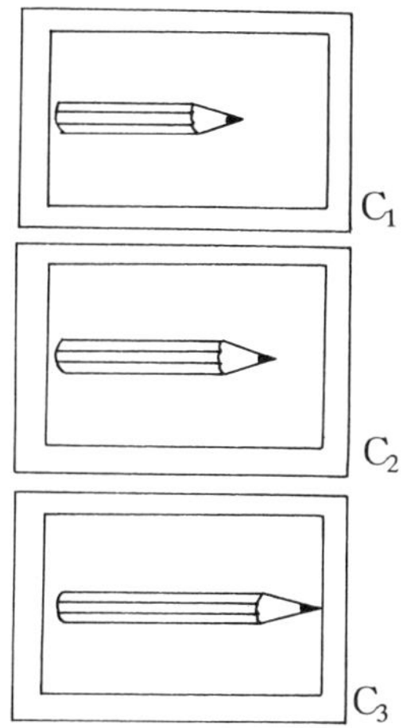

㈢基數與序數（共 6 分）

5.**數花、圈花**

（出示卡片 D，並給兒童一支鉛筆）

指導語：這張卡片上一共有幾朵花？請你用筆圈出 6 朵花來。

評分：

⑴正確回答每問評 1 分，錯誤評 0 分

⑵全對共 2 分。

6.**指花：**

（仍用 D 卡）請你指出右邊的第 4 朵花是哪一朵，左邊的第 9 朵是哪一朵？（如分不清幼兒是從哪一邊開始，可再問一句「你是從哪邊開始的？」）

評分：

⑴正確回答每問評 2 分，分不清左右或第幾的扣 1 分，錯誤評 0 分。

⑵全對共 4 分。

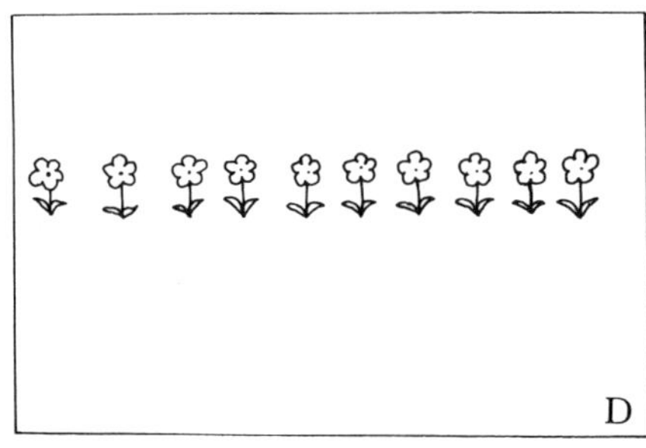

㈣認寫阿拉伯數字（共 10 分）

7.**辨認：**

（出示卡片 E）

指導語：（主試手指數字 6 ）這是數字幾？（再指數字 9 ）這是數字幾？（要求幼兒回答）

評分：

⑴每認對 1 個數字評 1 分，錯誤評 0 分。

⑵全對共 2 分。

8.**書寫：**

（仍用卡片 E）

指導語：請你照著上面的數字，在下面空格裡寫出和上面一模一樣的數字。

評分：

⑴佈局：正確佈局每字評 1 分，不正確每字評 0 分。

⑵筆順：正確筆順每字評 1 分，不正確每字評 0 分。

⑶全對共 8 分。

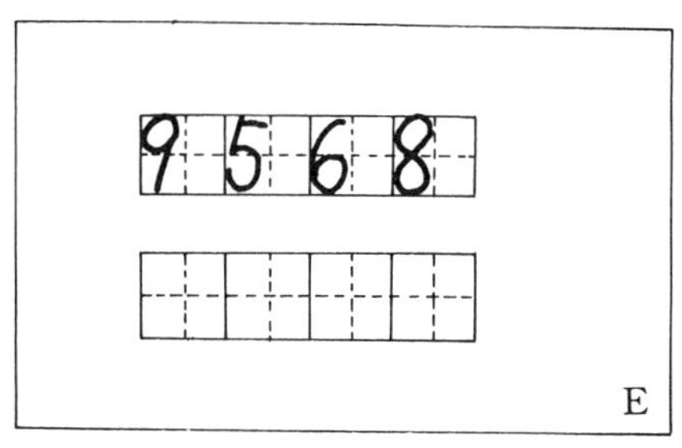

㈤數的組成（共9分）

9.**口頭說數：**（出示卡片F）

指導語：（主試手指

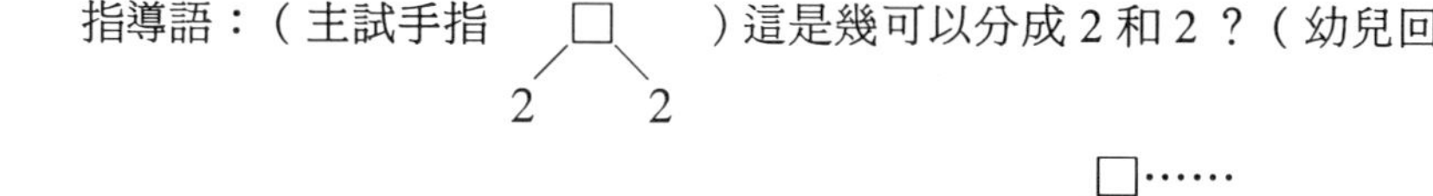

）這是幾可以分成2和2？（幼兒回答後）（指

）這是6可以分成4和幾，（指8的第一行上下格）這裡8可以分成幾和幾？請你把它寫出來（幼兒寫好以後主試再指下一行上下格說）還可以分成幾和幾，也請你寫出來，要分得和剛才的不一樣，（幼兒寫好以後再說）下面自己把8可以分成幾和幾全都寫出來，寫過的不要再寫了。

評分：

⑴每說對一組評1分，全錯評0分。

⑵全對共9分。

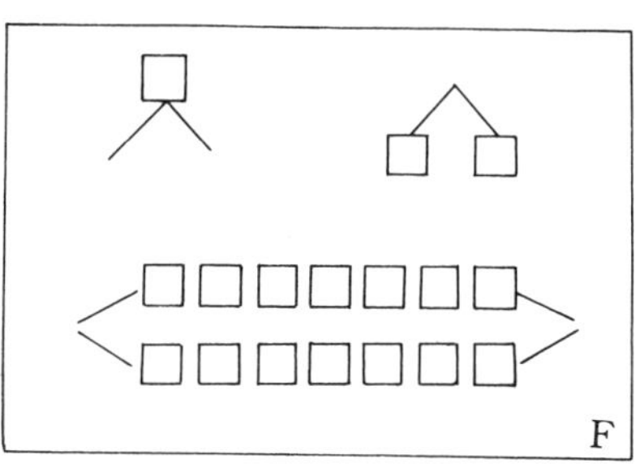

㈥加減（共 16 分）

10.**寫題目：**

指導語：現在請你與題目，要做得又對又快，我說停的時候你就不要做了，（出示卡片 G）現在開始。（ 1分鐘後收卷）

評分：

⑴每做對 1 題評 1 分。

⑵全對共 8 分。

（如出現用手指幫助運算的現象，請在記錄表備注欄內說明）

6＋2＝	5＋4＝
8－5＝	8－2＝
2＋3＝	7＋3＝
10－6＝	6－4＝

G

11.**編題：**（出示卡片 H）

指導語：（邊說邊用手指畫大圈和線）這大圈裡一共有 7 面旗子，這條線的左邊是 5 面，這條線的右邊是 2 面，請你用7、5、2這三個數寫出兩道加法題和兩道減法題。

評分：

⑴每做對 1 道評 2 分。

⑵全對共 8 分。

㈦**應用題：**（回答）（共12分）

12.廣場上有 5 輛汽車，開走了 2 輛，還剩幾輛？你用什麼方法算的？

13.小華買鉛筆花了 6 元錢，買橡皮花了 3 元錢，問他買東西一共用了多少錢？你用什麼方法算的？

14.小明有 3 個蘋果，小紅比小明多 2 個蘋果，問小紅有幾個蘋果？你用什麼方法算的？

15.哥哥有 7 支鉛筆，弟弟有 5 支鉛筆，問哥哥比弟弟多幾支鉛筆？你用什麼方法算的？

16.河裡有一羣鴨子，游走了 2 隻，還剩 3 隻，問原來河裡有幾隻鴨子？你用什麼方法算的？

17.樹上有小鳥，又飛來了 3 隻，現在樹上一共有 6 隻小鳥，問原來樹上有幾隻小鳥？你是用什麼方法算？

評分：

⑴13—14 題每題得數正確評 0.5 分，方法回答正確評 0.5 分，3 題全對共 3 分。

⑵15—17 題每題得數正確評 1.5 分，方法回答正確評 1.5 分，3 題全對共 9 分。

㈧等分（共 9 分）

18.口頭回答和操作

指導語：我有 8 塊糖，請你分給小朋友，隨便分給幾個人，但是每個人發到的糖要一樣多，可以分給幾個人？每人幾塊？（幼兒說出答案後再問）還有別的分法嗎？（幼兒說出第二種答案後再問）還有別的分法嗎？

答案：① 8 個人，每人一塊。② 4 個人，每人 2 塊。③ 2 個人，每人 4 塊。

算分：每答對一種評 3 分，全對共 9 分。

（如果幼兒對上述提問不能回答或個別問題不能回答，改為下面有關的問題。）

指導語：我有 8 塊糖，分給 8 位小朋友，每位小朋友能得到幾塊？ 8 塊糖分給 4 位朋友，每人能得幾塊？ 8 塊糖分給 2 位小朋友，每人能得幾塊？

評分：

每答對一種評 2 分，全對共 6 分。

（如果上述問題還不能回答或個別問題不能回答，再出示卡片Ⅰ 8 張，讓幼兒透過操作回答問題。）

指導語：這是 8 塊糖，請你分給 8 位小朋友，他們每人能得幾塊？（幼兒回答後將卡片打亂，再問）現在分給 4 位小朋友，他們每人得幾塊？（分後打亂卡片，再問）分給 2 位小朋友，每人能得幾塊？

評分：

每答對一種評 1 分，全對評 3 分。

㈨幾何圖形（共 14 分）

19.**圖形辨認**（出示卡片 J）

指導語：這張卡片上都有什麼圖形？（共 6 種圖形）。

評分：

每答對 1 種評 0.5 分，全對共 3 分。

20.**圖形保留**（仍用卡片 J）

指導語：這裡三角形有幾個？它們大小和樣子都不一樣，爲什麼都叫三角形？評定標準。

正確答案：因爲它們有三條邊，三隻角。

評分：

1.答對三角形有 4 個評 1 分，錯誤評 0 分。

2.答對有三條邊和三隻角評 2 分，只對一種評 1 分。

3.全對共 3 分。

21.**圖形變換**：（給幼兒一張正方形的紙）

指導語：這是一張正方形的紙，請你把它折一次，分成 2 個另外樣子的圖形，但是兩個圖形要一樣大。（幼兒做對後，主試將紙折平，再問）還有別的折法嗎？

評分：

每折對一種評 2 分，全對共 4 分。

22.**立體圖形**：（出示卡片 K）

指導語：（主試手指正方體）這是什麼形體？（再指圓柱體）這是什麼形體？

評分：

每答對一問題評 2 分，全對共 4 分。

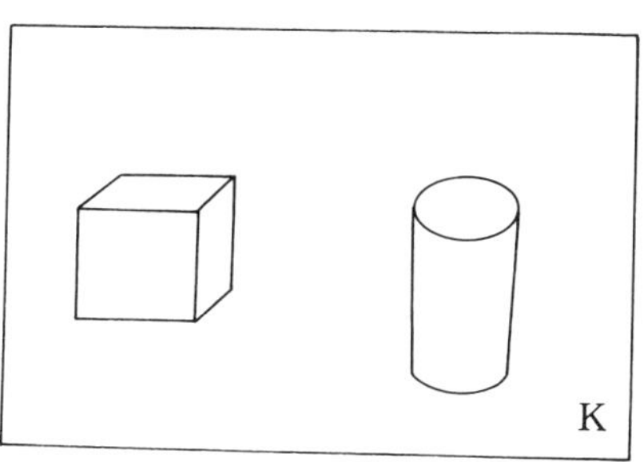

(十)時間（出示卡片 L）（共 4 分）

23.**指導語：**

（主試手指卡片 L 的左圖）這是幾點鐘？（指卡片 L 的右圖）這是幾點鐘？

評分：

每答對一問題評 2 分，全對共 4 分。

數學測試題個案記錄表

兒童編號______姓名______測試所用語言：普通話____方言____

主試姓名______記錄者______測試日期______

類別	題號	項目	內容					反應	評分	備注
分類	1	分組	按顏色	●▲ ●▲		○△ ○△				
			按形狀	●○ ●○		△▲ △▲				
			按顏色、形狀	●●	○○	▲▲	△			
			按形狀、大小	○●	○●	△▲	▲△			
	2	包含	圓形多							
			爲什麼							
	評分合計									☆
排序	3	選圖						⊙		
	4	傳遞	C_3比C_1長							
			爲什麼							
			評分合計							☆
基數與序數	5	數圈花	共有10朵花							
			圈出6朵花							
	6	指花	右邊第4朵花							
			左邊第9朵花							
	評分合計									

<table>
<tr><th>類別</th><th>題號</th><th>項目</th><th colspan="2">內容</th><th>反應</th><th>評分</th><th>備注</th></tr>
<tr><td rowspan="11">認寫阿拉伯數字</td><td rowspan="2">7</td><td rowspan="2">辨認數字</td><td colspan="2">讀數字6</td><td></td><td></td><td></td></tr>
<tr><td colspan="2">讀數字9</td><td></td><td></td><td></td></tr>
<tr><td rowspan="8">8</td><td rowspan="8">書寫數字</td><td rowspan="2">9</td><td>布局</td><td></td><td></td><td></td></tr>
<tr><td>筆順</td><td></td><td></td><td></td></tr>
<tr><td rowspan="2">5</td><td>布局</td><td></td><td></td><td></td></tr>
<tr><td>筆順</td><td></td><td></td><td></td></tr>
<tr><td rowspan="2">6</td><td>布局</td><td></td><td></td><td></td></tr>
<tr><td>筆順</td><td></td><td></td><td></td></tr>
<tr><td rowspan="2">8</td><td>布局</td><td></td><td></td><td></td></tr>
<tr><td>筆順</td><td></td><td></td><td></td></tr>
<tr><td colspan="4">評分合計</td><td></td><td></td><td>☆</td></tr>
<tr><td rowspan="4">數的組成</td><td rowspan="3">9</td><td rowspan="3">口頭說數</td><td colspan="2">4的組成</td><td></td><td></td><td></td></tr>
<tr><td colspan="2">6的組成</td><td></td><td></td><td></td></tr>
<tr><td colspan="2">8的組成（記錄做出幾組）</td><td></td><td></td><td></td></tr>
<tr><td colspan="4">評分合計</td><td></td><td></td><td>☆</td></tr>
<tr><td rowspan="2">加減</td><td>10</td><td colspan="3">做對題數</td><td></td><td></td><td>辨手指</td></tr>
<tr><td>11</td><td colspan="3">編對題數</td><td></td><td></td><td></td></tr>
<tr><td></td><td colspan="4">評分合計</td><td></td><td></td><td></td></tr>
<tr><td rowspan="6">應用題</td><td>12</td><td colspan="3">3輛汽車</td><td></td><td></td><td></td></tr>
<tr><td>13</td><td colspan="3">9分錢</td><td></td><td></td><td></td></tr>
<tr><td>14</td><td colspan="3">5個蘋果</td><td></td><td></td><td></td></tr>
<tr><td>15</td><td colspan="3">2支鉛筆</td><td></td><td></td><td></td></tr>
<tr><td>16</td><td colspan="3">5隻鴨子</td><td></td><td></td><td></td></tr>
<tr><td>17</td><td colspan="3">3隻小鳥</td><td></td><td></td><td></td></tr>
<tr><td></td><td colspan="4">評分合計</td><td></td><td></td><td>☆</td></tr>
</table>

類別	題號	項目		內容	反應	評分	備注
等分	18	口頭	1	8 個人每人 1 塊			
				4 個人每人 2 塊			
				2 個人每人 4 塊			
			2	8 個人每人 1 塊			
				4 個人每人 2 塊			
				2 個人每人 4 塊			
		操作		8 個每人 1 塊			
				4 個每人 2 塊			
				2 個每人 4 塊			
	評分合計						☆
幾何圖形	19	辨認圖形的數量					
	20	保留		4 個三角形			
				爲什麼都叫三角形			
	21	變換		2 個長方形			
				2 個三角形			
	22	立體圖形		正方體			
				圓柱體			
	評分合計						☆
時間	23	8 點					
		3 點半					
	評分合計						☆
得分總計							

註：1.回答正確在反應欄內用√表示。回答錯誤用×表示。

2.備注一欄可記載幼兒的表情、動作及其他值得注意的情況等。

3.第二頁備注欄內掰手指一項，指被試做第10題加減時，是否有用手指幫助運算的情況。如有這種情況，用√表示，沒有用×表示。

4.備注欄內☆記號爲評分合計的符號，以便引起注意便於統計。

類別		幾何圖形											時間			得分總計 N=		加減辨手指人數
題號		19	20			21			22			合計	23		合計			
項目		認圖	保留			長方	三角	小計	正方體	圓柱體	小計		8點	3點半				
校名	人數		4個	理由	小計											總分	平均分	
總計																		
平均分																		

數學測試結果匯總表

________省________市________區（縣）________園（校）________班級　統計者________統計日期______

類別		分類							排序					基數與序數							認寫數字												
題號		1			2				3	4				5			6				7			8									
項目		第①②題	第③④題	小計	圓多	理由	小計	合計	⊙	C_3長	理由	小計	合計	10朵	6朵	小計	第4	第9	小計	合計	讀6	讀9	小計	9		5		6		8		小計	合計
園校名	人數																							布	順	布	順	布	順	布	順		
總計																																	
平均分																																	

類別		數的組成					加減			應用題									等分												合計
題號		9				合計	10	11	合計	12	13	14	小計	15	16	17	小計	合計	18												
項目		4	6	8	小計		做	編		車	錢	蘋果		筆	鴨	鳥			口答(1)				口答(2)				操作				
園校名	人數																		8人	4人	2人	小計	8人	4人	2人	小計	8人	4人	2人	小計	
總計																															
平均分																															

附錄　關於數學的一些基礎知識

有關集合、對應的基礎知識

一、集合

(一)集合的概念

把一組對象看成一個整體就形成一個集合。其中的每個對象叫做這個集合的元素。例如：

小班的所有幼兒組成一個集合，其中每個幼兒是這個集合的元素。

小芳所有的玩具組成一個集合，其中每件玩具是這個集合的元素。

關於集合的概念，必須明確以下三點：

1.一個集合中的元素必須是確定的，就是說，給定一個集合，我們就可以判斷任何一個對象是不是這個集合的元素。例如，由小於 5 的所有自然數組成的集合，我們可以判斷 4 是這個集合的元素，而 7 不是這個集合的元素。

2.一個集合中的元素必須是互異的，相同的對象歸入一個集合時，只能算作這個集合的一個元素。

3.一個集合中的元素順序無論怎樣變動，仍表示同一個集合。

根據集合中元素的個數情況，集合分為有限集合和無限集合。由有限個元素組成的集合叫做有限集合，由無限個元素組成的集合叫做無限集合。上面選的幾個集合的例子，都是有限集合。

(二)集合的表示法

1.**列舉法**

把一個集合中的所有元素一一列舉出來，寫在「｛｝」裡。例如：

小於 7 的自然數集合 A 表示爲 $A = \{1,2,3,4,5,6\}$

由小紅、小衛、小明三個小朋友組成的集合 B 表示爲 $B =$ ｛小紅，小衛，小明｝

2.**描述法**

把集合中元素的公共屬性描述出來，寫在「｛｝」裡。例如：

由 1、2、3、4、5、6、7、8、9 組成的集合表示爲｛小於 10 的自然數｝

由 3 的相鄰數 2 和 4 組成的集合表示爲｛3 的相鄰數｝

3.**文氏圖表示法**

把集合中的全部元素用一條封閉的曲線圈起來。例如：

小於 7 的自然數集合　　　3 隻小雞集合

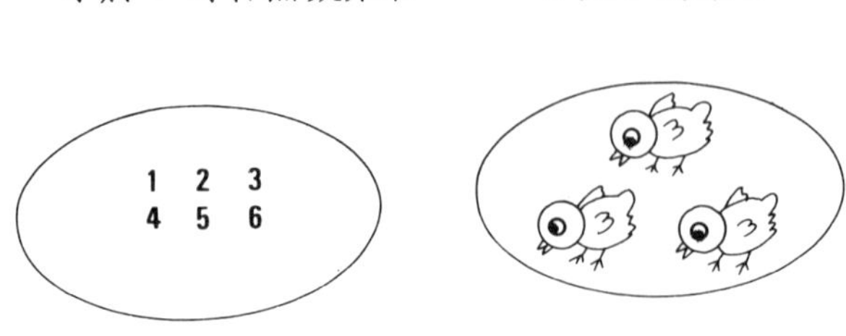

㈢子集

對於兩個集合 A 和 B，如果集合 A 中任何一個元素都是集合 B 的元素，那麼集合 A 叫做集合 B 的子集。例如：

A=｛小一班的全體男孩｝　　B=｛小一班的全體幼兒｝

A 就是 B 的子集。

用文氏圖表示如下：

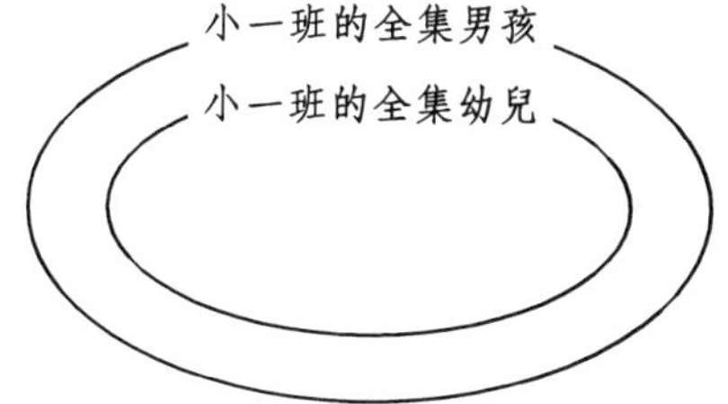

㈣空集

不含任何元素的集合叫做空集。記作 ø。例如：

｛小於 1 的自然數｝＝ø

空集是任何一個集合的子集。

二、一一對應

我們在教學課本中學過對應和映射。

設 A 與 B 是兩個集合，如果按照某種對應法則，使集合 A 中的任何一個元素，在集合 B 中都有唯一的元素和它對應，這樣的對應叫做單值對應（如圖一）。

如果集合 A 中有一個元素在集合 B 中不只有一個元素和它對應，這樣的對應就不是單值對應。

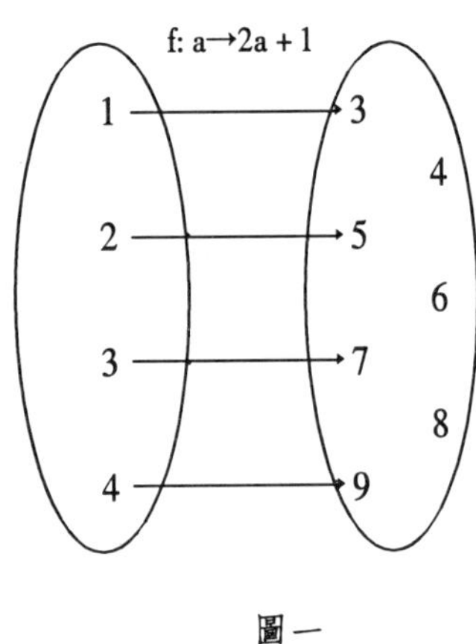

圖一

單值對應也叫做映射。在單值對應下，集合 A 中的元素 a 所對應的集合 B 中的元素 b 叫做 a 的象。a 叫做 b 的原象。如在上例中，3 叫做 1 的象，1 叫作 3 的原象。

設 A 與 B 是兩個集合，如果有一個單值對應，使集合 A 的不同元素在集合 B 中有不同的象，反過來集合 B 中的每一個元素在集合 A 中都有原象，這個單值對應就叫做從 A 到 B 的一一對應（圖二）。

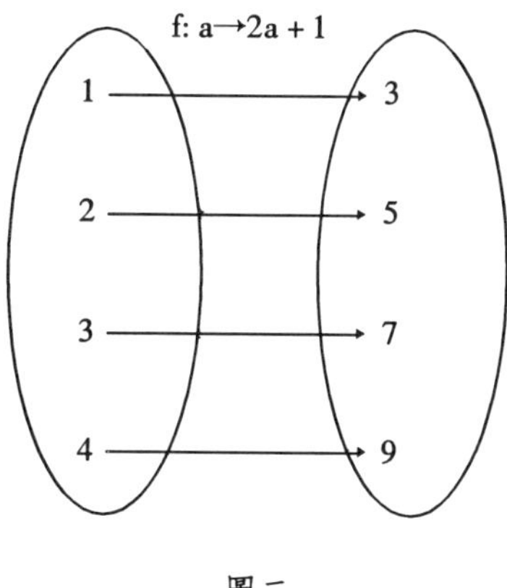

圖二

兩個集合 A 與 B，如果存在從 A 到 B 的一一對應，我們就說集合 A 與 B 是對等（等價）集合。例如上面圖二的兩個集合就是對等集合。我們也可以這樣來表示它們的元素間的對應關係。

$$\begin{array}{c} \{1, 2, 3, 4\} \\ \updownarrow\ \updownarrow\ \updownarrow\ \updownarrow \\ \{3, 5, 7, 9\} \end{array}$$

在幼兒數數和比較數量多少時，都帶有一一對應思想。例如：

有關自然數的一些基礎知識

一、自然數的產生

「數」（這裡指正整數，即自然數），這個我們現在已經很熟悉的概念，它的形成經過了很長的歷史發展過程。

最初人類並沒有數的概念。隨著生產的發展，人們逐漸感到需要判斷物體的多少。例如，集居生活以後，把一堆武器分給一羣獵人去狩獵時，就需要解決武器夠不夠分的問題。這個問題對我們來說，是很容易解決。只要把武器和獵人分別數一數，把得知兩邊數比較一下大小，就可以作出正確的判斷。但是，當時人們還沒有數的概念，不會這樣做。他們只能使用一種最原始的方法，把武器同獵人一一搭配起來，然後判斷武器是多是少，或者是和獵人同樣多。這種比較方法，實質上採用了把兩個集合裡的元素一一對應的方法。

人們經過了無數次這樣的實踐，才逐漸形成了「多」和「少」的概念，並意識到這是物體集合的重要特徵。這樣，數的概念也就開始萌發了，當時人們還不能把「數」從具體事物中抽象出來，但他們已能夠把這種特徵形象地表示出來。例如：一個人的眼睛和他的耳朵、手、腳這些集合可以一一對應，是同樣多，於是把這些元素同樣多的物體集合歸爲一類，即等價集合類，並開始從同一類等價集合中選出一個大家最熟悉、最方便、又不易變化（有固定的元素）的集合作爲代表，來表示這類集合的共同特徵。例如，看到兩隻鹿，就用兩隻眼睛來表示，看到5匹馬就用5個手指來表示。這種被選作代表的集合，我們現在叫做標準集合。剛開始時，標準集合只是用作具體地表示數目多少的一種方法，還沒有從物體集合中把數抽象出來。

隨著生產和交換的不斷增多以及語言的發展，人們從反覆應用標準集合來表示物體多少的過程中，漸漸把數從具體物體的集合中抽象出來，有些數的名稱就採用了標準集合的名稱。到現在，有的原始部落仍然保留這種方式。例如：表示5個，就說「一隻手」；表示 10 個，就說「兩隻手」。

漸漸，隨著文字的發展，逐漸創造了符號來表示這些抽象的數。例如，用「|」、「‖」等符號表示「一」、「二」等。現在的阿拉伯數字符號 0、1、2、3、4、5、6、7、8、9 和滿十進一的位值原則記數法的廣泛採用，只是距今五、六百年前的事。

從數的產生過程可以知道：每一個自然數是一類等價的非空有限集合的標記。它表示非空有限集合中的元素的個數。

二、自然數列及其性質

如果從自然數「1」起，逐次添上一個單位，就得到一列數：1、2、3、……。

由這個依次排列著的全體自然數組成的集合叫做自然數列。自然數列有下面的性質：

1.**有始**

自然數列最前面的一個自然數是「1」

2.**有序**

在自然數列裡，每一個自然數後面都有一個而且只有一個後繼數，並且，除「1」以外，每一個自然數都有一個而且只有一個先行的數（即緊挨在其前面的一個數）。

3.**無限**

自然數列裡沒有最後的一個自然數。

因此，自然數列是一個無限集合。

三、數數

有了自然數列，我們就可以很方便地「計算」物體的個數。

我們要知道一個集合元素的個數，就要數數。數數的過程就是把要數的那個集合裡的元素，與自然數列裡從「1」開始的自然數，建立起一一對應。只要不遺漏，也不重複，數到最後一個元素所對應的那個數就是數數的結果，即總數。

從數數過程可以知道，在數事物時：

1.數數的結果總是唯一的，它與數事物的次序無關。

例如：數坐在座位上的幼兒，無論是按行數，還是按列數，只要每個人都數到，而且只數一次，那麼數的結果都是相同的。

2.數一種事物可以用另一種事物代替，數的結果不變。

例如，一班幼兒可以用他們每人的名字來代替，然後再數，與直接數幼兒所得的結果相同。

3.只要繼續有事物可數，數數是永遠可能的。

四、基數與序數

自然數作爲一類等價的非空有限集合的標記，它可以表示集合中元素的個數。另一方面，由於自然數在自然數列中是有序的，所以它還可以用來給集合中的元素編號，表示某個有序集合中每個元素所占的位置。

例如，我們讓一隊幼兒從排頭開始報數，那麼報出「1」的就可以看作是第1個幼兒，即第1號；報出「2」的就是第2個幼兒，即第2號；等等。這樣，可以根據每個幼兒的號數確定他在隊中的位置。

因此，自然數有兩個涵義：一個數當用來表示集合中元素的個數時，叫做基數；一個數當用來表示集合中元素的排列次序時，叫做序數。

自然數的兩個涵義可用下面的圖解說明：

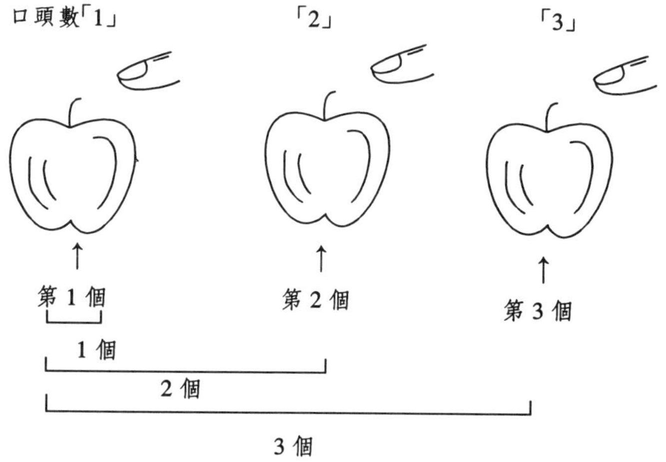

在上例中，如果最後一位幼兒報出的數是「9」，那麼「9」這個數，既可以表示這隊幼兒共有9個人，也可以表示最後這個幼兒是在第9個位置上。前一個「9」用的是基數的涵義，後一個「9」用的是序數的涵義。

五、0和擴大的自然數列

自然數是在表示「有」多少的需要中產生的。在實踐中還常常遇到沒有物體的情況。例如：盤子裡一個蘋果也沒有。爲了表示「沒有」，就產生了一個新的數「0」。

因此，0是空集合的標記，它表示集合中沒有元素。0不是自然數，它比任何自然數都小。

「0」作爲一個獨立的數，不僅可以表示「沒有」，還可以作爲某些數量的界限。例如，在數軸上它是正數與負數的界限。在攝氏溫度計上，它又是零上溫度與零下溫度的分界。溫度是0度，並不是沒有溫度，而是在正常情況下，水結冰的溫度。「0」是一個有完全確定意義的數。所以，在教幼兒認識「0」時，不能說「0就表示沒有」，而應該說「沒有可以用0來表示」。

假如，從單元素集合中取出一個元素，那麼它就成爲空集合，作爲空集合標記的數「0」比自然數「1」少一個單位。這樣，可以把0放在自然數列的前面，得到的是一個擴大的自然數列：

0、1、2、3……

擴大的自然數列也是有始的，它由0開始，而且也是一個有序的無限集合。

擴大的自然數列中的每一個數都是整數，即自然數和零都是整數。

有關整數加、減法的一些基礎知識

一、集合的運算

(一)交集

對於給定的集合A、B，由同時屬於A與B的一切元素所組成的集合，叫做集合A與B的交集。記作A∩B。例如：

1. A=｛大班的男孩｝
   B=｛大班戴帽子的孩子｝
   A∩B=｛大班戴帽子的男孩｝
2. ｛3，6，9，12，15｝∩｛5，10，20，25｝=｛15｝

用文氏圖分別表示如下：

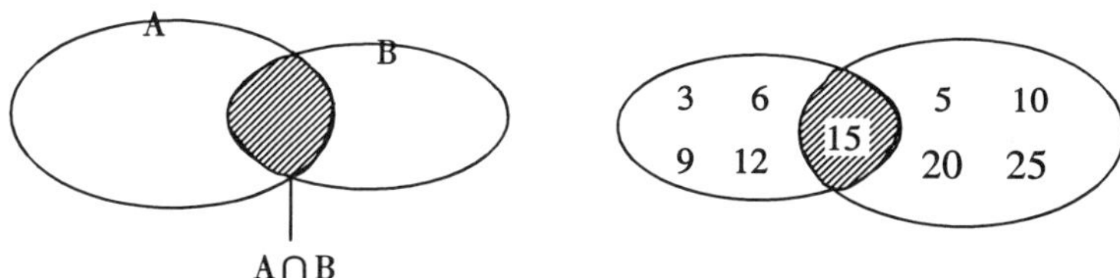

如果集合 A 與 B 的交集是空集，我們就說 A 與 B 不相交。

㈡並集

對於給定的集合 A、B，由所有屬於 A 或者屬於 B 的元素所組成的集合（公有的元素只出現一次），叫做集合 A 與 B 的並集。記作 A∪B。例如：

1.A=｛戴帽子的幼兒｝=｛小明，小平，小紅｝
B=｛穿裙子的幼兒｝=｛小光，小華，小紅｝
A∪B=｛小明，小平，小紅，小光，小華｝

2.｛1，3，5，7｝∪｛2，4，6｝=｛1，2，3，4，5，6，7｝

用文氏圖分別表示如下：

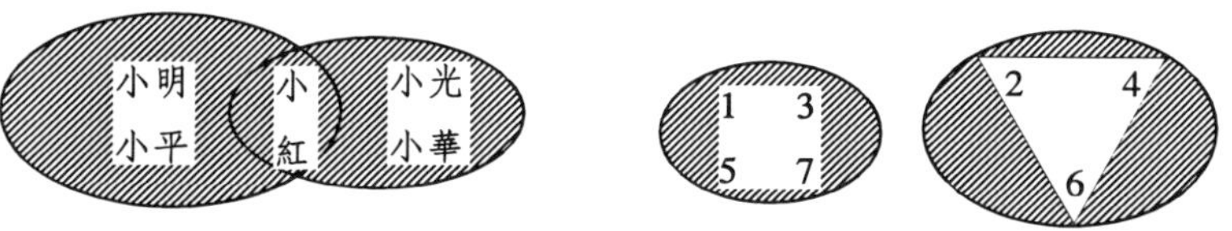

㈢差集

對於給定的集合 A、B，由屬於 A 而不屬於 B 的一切元素所組成的集合，叫做集合 A 與 B 的差集。記作 A \ B。例如：

1.A=｛小班的幼兒｝

B=｛小班戴帽子的幼兒｝

A \ B=｛小班不戴帽子的幼兒｝

2.A=｛10以內的自然數｝

B=｛能被2整除的自然數｝

A \ B=｛10以內不能被2整除的自然數｝

用文氏圖分別表示如下：

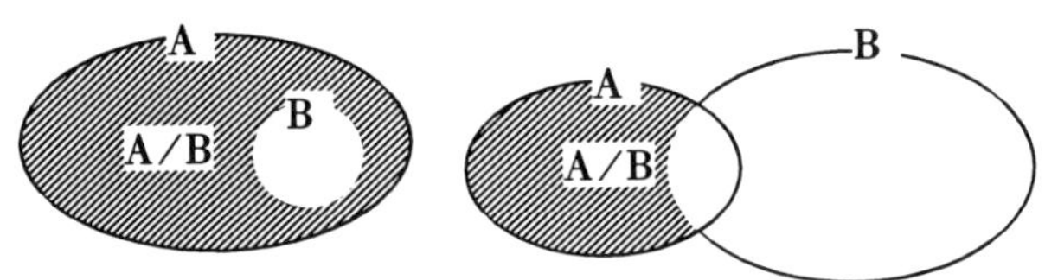

二、整數的加法和減法

㈠整數加法

設 A、B 是兩個不相交的有限集合，它們的基數分別是 a、b，如果集合 A 與 B 的並集是 C，那麼並集 C 的基數 c 就叫做 a 與 b 的和，求兩個數和的運算叫做加法。記作

$a + b = c$，讀作「a 加 b 等於 c」

a 與 b 都叫做加數；符號「 + 」叫做加號。

由加法的定義可以推出，兩個數的和不小於每一個加數。就是

$$a+b \geqslant a，a+b \geqslant b。$$

在教幼兒加法的涵義時，一般只要使幼兒知道，把一個數與另一個數合併起來，求一共是多少用加法計算。常用文氏圖表示如下：

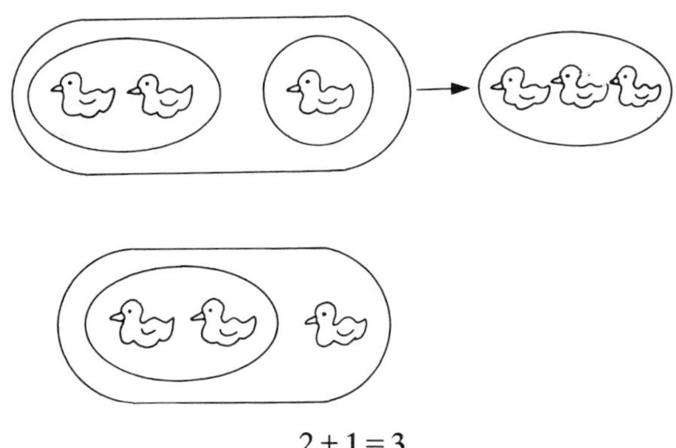

2+1=3

㈡整數減法

已知兩個數 c、a，要求一個數 b，使 b 與 a 的和等於 c，這種運算叫做減法。記作

$c-a=b$，讀作「c 減 a 等於 b」

c 叫做被減數，a 叫做減數，b 叫做 c 與 a 的差；符號「－」叫做減號。

從集合的觀點看，減法是這樣一種運算；已知有限集合 C、A，集合 A 是集合 C 的一個子集，它們的基數分別是 c、a，求 C 與 A 的差集 B 的基數 b 的運算叫做減法。

由上面定義可以知道：

$$如果\ a + b = c，那麼\ c - a = b$$

因此，減法是加法的逆運算。

在教幼兒減法的涵義時，一般只要使幼兒知道，從一個數裡去掉一個數，求還剩多少用減法計算。常用文氏圖表示如下

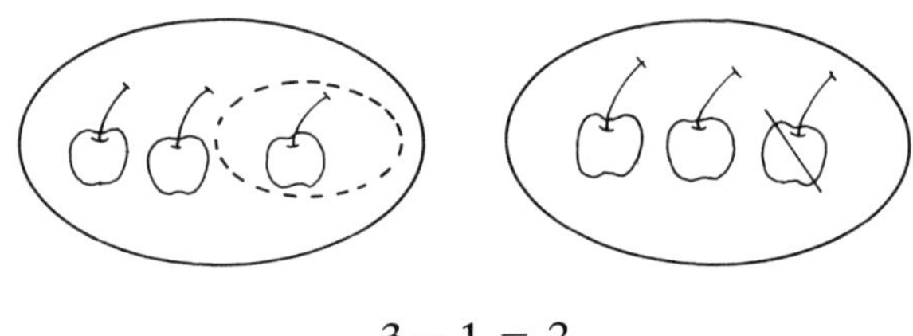

$$3 - 1 = 2$$

有關量的一些基礎知識

一、量的概念

物體或現象所具有的可以定性區別或測定的屬性叫做量。例如：長度、體積、質量、時間、溫度、壓力、電流等，都具有可以比較、可以測定的屬性，都是量。

量可以分爲不連續量和連續量兩種。例如，一個幼稚園裡有多少幼兒，活動室裡有多少皮球等，都是不連續量。而長度、面積、體積、質量、速度、溫度等，都是連續量。

在幼稚園教幼兒初步認識的一些量都是常見的，如長度（包括長短、粗細、厚薄、高矮、寬窄）、體積、重量、時間等。

二、量的計量

量的計量，就是把要測定的量同一個作爲標準的同類量進行比較。用來作爲計量標準的量叫做計量單位。例如：計量長度用米，計量質量用千克，米和千克都是計量單位。由於不同的需要，計量某一種量往往有幾個大小不同的計量單位。把其中的一個作爲主單位。其他的單位是主單位的若干倍或若干分之一。在同類的兩個計量單位之間較大的計量單位是較小的計量單位的若干倍，這個數値叫做兩個單位間的進率。例如：計量長度的主單位是米，比米大的單位是十米、百米、千米（公里），比米小的單位是分米、釐米、毫米等。每相鄰兩個單位間的進率是10。

用一個計量單位來計量某一個量，結果得到這個量含有計量單位的若干倍，這個數値就叫做這個量的量數。同一個量，用不同的計量單位來計量，所得的量數不同。例如：一條繩子，如果用米來計量，所得的量數是5，如果用釐米來計量，所得的量數是500。

常用的計量方法，有直接計量法和間接計量法兩種。把要計量的量直接同計量單位進行比較而得出量數的方法，叫做直接計量。例如：用米尺量布的長，用案秤秤蘋果的重。透過直接計量其他有關的量，並借助公式進行計算才能得到要計量的量的結果方法，叫做間接計量。例如：長方形的面積，要先量出它的長和寬，把得到的兩個量數相乘，才能求出。

在幼稚園只教幼兒初步學習直接計量。而且由於幼兒年齡小，還不教他們用通用的計量單位來計量，一般是利用自然物作爲量具（器）。如用小棒子、紙條、手指、瓶子等物作爲計量工具進行直接測量。這種計量方法通常叫做自然測量。

有關幾何形體的一些基礎知識

一、平面圖形

如果圖形上所有的點、線都在同一平面內，我們就把這種圖形叫做平面圖形。

(一)直線、射線、線段

一點在空間中沿著一定的方向和它的相反方向運動所成的圖形是直線。

一根拉緊的線，一張紙的折痕都給我們以直線的形象。

直線是向兩方無限延伸著的。

在直線上某一點一旁的部分叫做射線。這個點叫做射線的端點。

探照燈、手電筒的光線都可以看成射線的具體例子。

直線上兩點間的部分叫做線段。這兩點叫做線段的端點。

黑板邊、桌子邊、門邊都可以看成是線段。

(二)角

以一點為公共端點的兩條射線所圍成的圖形叫做角。角也可以看成是由一條射線在同一平面內繞著它的端點旋轉而成的圖形。

鐘面上的時針與分針、圓規張開的兩腳所夾的部分都給我們以角的形象。但要注意，要把數學上的角的概念和日常生活中所說的角區分開來。數學上講的角是平面圖形，而日常生活中所說的角，通常也包括多面角，如「牆角」。

(三)三角形

由三條線段首尾順次連結所組成的圖形叫做三角形。

三角形按邊的長短可分成以下三種：

三條邊兩兩不等的三角形叫做不等邊三角形。

三條邊中有兩邊相等的三角形叫做等腰三角形。等腰三角形中，相等的兩邊叫做腰，另外一邊叫做底邊，兩腰的夾角叫做頂角，腰和底邊的夾角叫幫底角。

三條邊都相等的三角形叫做等邊三角形。

三角形按角的大小可以分成以下三種：

三個角都是銳角的三角形叫做銳角三角形。

有一個角是直角的三角形叫做直角三角形。

有一個角是鈍角的三角形叫做鈍角三角形。

上述幾種三角形的關係用文氏圖表示如下：

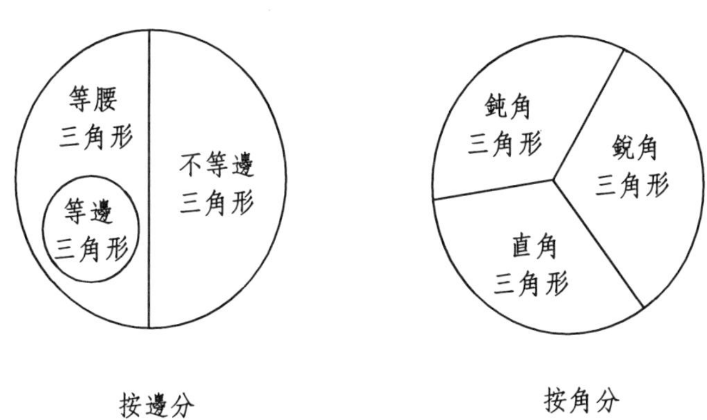

按邊分　　　　按角分

㈣四邊形

在同一個平面內，四條線段首尾順次連結而成的圖形叫做四邊形。

常見的四邊形有以下幾種：

兩組對邊分別平行的四邊形，叫做平行四邊形。

有一個角是直角的平行四邊形叫做長方形，也叫做矩形。

有一組鄰邊相等的平行四邊形叫做菱形。

有一個角是直角並且有一組鄰邊相等的平行四邊形叫做正方形。

只有一組對邊平行的四邊形叫做梯形。平行的兩邊叫做梯形的底，不平行的兩邊叫做梯形的腰，梯形兩底間的距離叫做梯形的高。

兩腰相等的梯形叫做等腰梯形。

上面幾種四邊形的關係用文氏圖表示如下：

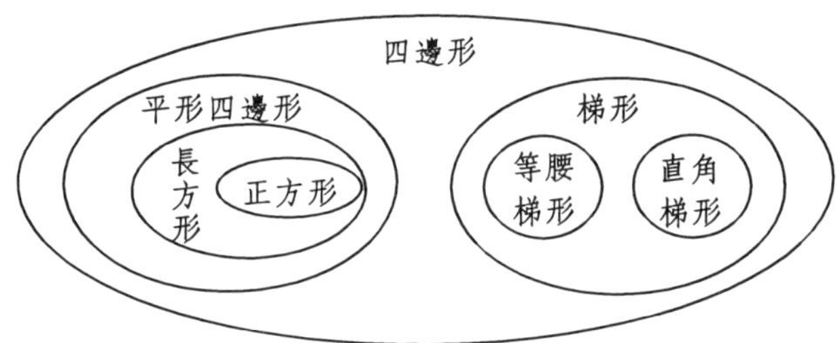

㈤圓、橢圓

在平面內，到一定點的距離等於定長的點的集合叫做圓。

在平面內，到兩個定點的距離的和等於常數的點的集合叫做橢圓。這兩個定點叫做橢圓的焦點，兩焦點的距離叫做焦距。

橢圓的畫法：取一條一定長的細繩，把它的兩端固定在畫圖板（紙）上 F_1和 F_2兩點，當繩長大於 F_1和 F_2的距離時，用鉛筆尖把繩子拉緊，使筆尖在畫圖板上慢慢移動，就畫成一個橢圓。

二、空間圖形

由空間的點、線和面所組成的圖形叫做空間圖形，也叫做幾何體。

㈠長方體和正方體

由六個平行四邊形所圍成的封閉圖形叫做平行六面體。

六個面都是矩形的平行六面體叫做長方體。相交於一個頂點的三條稜，分別叫做長方體的長、寬、高。

六個面都是正方形的平行六面體叫做正方體。

㈡圓柱

以矩形的一邊所在的直線爲旋轉軸，其餘各邊繞這個軸旋轉而形成的曲面所圍成的幾何體叫做圓柱。旋轉軸叫做圓柱的軸，在軸上這條邊的長度叫做圓柱的高，垂直於軸的邊旋轉而成的圓面叫做圓柱的底面，平行於軸的邊旋轉而成的曲面叫做圓柱的側面。

㈢球

以半圓的直徑所在的直線爲旋轉軸，這個半圓旋轉而形成的曲面叫做球面，球面所圍成的幾何體叫做球。

半圓的圓心叫做球心，連結球心的球面上任意一點的線段叫做球的半徑。

（摘自《幼兒計算教學法》，人民教育出版社，1988年版）

參考書目

1.幼兒師範學校課本：《幼兒計算教學法》，人民教育出版社，1988年版。
2.〔前蘇聯〕列烏申娜：《學前兒童初步數概念的形成》，人民教育出版社，1982年版。
3.劉範、張增傑主編：《兒童認知發展與教育》，人民教育出版社，1987年版。
4.〔前蘇聯〕敏欽斯卡婭：《算術教學心理學》，人民教育出版社，1962年版。
5.〔美〕R·W·柯普蘭：《兒童怎樣學習數學》，上海教育出版社，1985年版。
6.〔美〕康斯坦斯·凱米依：《怎樣教幼兒學數》，江蘇教育出版社，1986年版。
7.林崇德：《智力發展與數學學習》，科學出版社，1982年版。
8.〔英〕帕核拉·利貝克：《兒童怎樣學習數學——父母和老師指南》，人民教育出版社，1987年版。
9.肖湘寧：《幼兒數學活動教學法》，南京大學出版社，1990年版。
10.李家琳：《怎樣教孩子計算》，北京師範學院出版社，1986年版。
11.張慧和：《計算教學法》《幼兒園老師培訓教材》，人民教育出版社，1987年版。
12.幼兒園教材：《計算》（老師用書），人民教育出版社，1983年版。
13.祝士媛、唐淑主編：《幼兒教育百科辭典》（計算部分），上海教育出版社，1989年版。

14.林嘉綏：《美國幼兒數學教育》，《學前教育研究》，1989年第2、3期。

15.秦海之、張俊溶：《操作活動對幼兒掌握數學知識作用初探》，1989年北京市幼教年會論文。

16.上海徐匯區老師進修學院等：《計算教學中幼兒動手練習與不動手練習的比較實驗》，（湖南幼教），1982年第2期。

17.幼兒數概念研究協作小組：《國內九個地區3～7歲兒童數概念和運算能力發展的初步研究》（劉範執筆），《心理學報》，1979年第1期。

18.呂靜、王偉紅：《嬰幼兒數概念的發生的研究》，《心理科學通訊》，1984年第3期。

19.曹飛羽：《學齡前兒童數概念的發展》，《課程、教材、教法》，1984年第3期。

20.沈家鮮：《三四歲兒童數概念形成過程中的幾個問題》，《心理學報》，1962年第3期。

21.寇崇玲等：《學前兒童集合發展階段初步研究》，《學前教育》（北京），1988年第5、6期。

22.應迪等：《早期數學中關於分類教學的調查與研究》，《學前教育研究》，1989年第2期。

23.方富熹、方格：《學前兒童分類能力的初步實驗研究》，《心理學報》，1986年第2期。

24.李洪曾、鄭美玲等：《上海地區幼兒「計算」能力調查》，《上海教育科研》，1987年第5、6期。

25.林嘉綏：《兒童對部分與整體關係認識發展的實驗研究——4～7歲兒童數的組成和分解》，《心理學報》，1981年第2期。

26.林嘉綏、張梅玲等：《學前兒童數的組成與教育》，《慶祝北京師大校慶八十週年教育系論文集》，1982年5月。

27.張梅玲等：《幼兒百以內數概念的形成和促進》，《心理科學通訊》，1983年第2期。

28.張慧元：《大班10以內數的組成和加減運算教學的實驗》，《湖南幼教》，1983年第4期。

29.鄭萍：《10以內加減運算的兩種教法淺析》，《上海教育》（小學），1986年第7期。

30.楊期正、王默君等：《嬰幼兒差別物體大小能力發展的初步研究》，《心理科學通訊》，1983年第2期。

31.林嘉綏、王濱：《3～6歲兒童掌握長度排序的初步探討》，《學前教育研究》，1989年第5期。

32.邵渭溟、金蘊玉等：《4～8歲兒童邏輯推理能力的研究》，《上海幼教研究論文選編》，1987年。

33.丁祖蔭、哈咏梅：《幼兒形狀辨認能力的發展》，《南京師大學報》（社會科學版），1985年第3期。

34.陳敦淳：《兒童左右概念發展的實驗研究》，《心理科學通訊》，1982年第6期。

35.朱曼殊等：《兒童對幾種時間詞句的理解》，《心理學報》，1982年第3期。

36.南京市幼兒園數學活動教學法實驗小組：《幼兒園數學教育的活動教學法》（肖湘寧執筆），《早期教育》（江蘇），1989年第8、9期。

37.倪玉菁：《皮亞傑關於兒童邏輯數學概念的來源和構成及在教育上的意義》，《學前教育研究》，1987年第4期。

38.南京早期數學科研小組：《早期數學教育的內容和方法》，（張慧和執筆）《學前教育研究》，1988年第4期。

39.鄒兆芳：《早期數學教育改革的探索與看法》，《學前教育研究》，1988年第6期。

40.詹龍澤：《幼兒園計算的一些理論與實際問題》。

41.周淑惠（民86）。幼兒數學新論。台北：心理出版社。

42.盧素碧（民73）。幼兒教育課程理論與單元活動設計。台北：文景書局。

43.林朝鳳（民77）。幼兒教育原理。高雄：復文。

44.張翠娥（民70）。幼稚園教材教法。台北：大洋出版社。

45.游淑燕（民84）。我國幼稚園課程發展現況及其未來展望。國民教育研究學報，第一期，85—110頁。

國家圖書館出版品預行編目資料

幼兒數學教材教法／林嘉綏、李丹玲著.
--初版.—臺北市：五南, 1999[民88]
面； 公分
參考書目：面
ISBN 978-957-11-1760-7（平裝）
1.學前教育 - 教育法 2.數學 - 教學法
523.23 88002913

1I39

幼兒數學教材教法

作　　者 — 林嘉綏　李丹玲
校 訂 者 — 蔡明昌　吳瓊洳
發 行 人 — 楊榮川
總 編 輯 — 王翠華
主　　編 — 陳念祖
責任編輯 — 李敏華
出 版 者 — 五南圖書出版股份有限公司
地　　址：106台北市大安區和平東路二段339號4樓
電　　話：(02)2705-5066　傳　　真：(02)2706-6100
網　　址：http://www.wunan.com.tw
電子郵件：wunan@wunan.com.tw
劃撥帳號：01068953
戶　　名：五南圖書出版股份有限公司

台中市駐區辦公室/台中市中區中山路6號
電　　話：(04)2223-0891　傳　　真：(04)2223-3549
高雄市駐區辦公室/高雄市新興區中山一路290號
電　　話：(07)2358-702　傳　　真：(07)2350-236

法律顧問　元貞聯合法律事務所　張澤平律師

出版日期　1999年 3 月初版一刷
　　　　　2012年10月初版四刷
定　　價　新臺幣495元